人間のための経済学

人間のための経済学

開発と貧困を考える

西川　潤

岩波書店

はじめに――今日の開発経済学

本書は、一九八〇年代末―九〇年代に公にした経済発展、経済開発に関する論考を基礎として、まとめたものである。

一九九〇年頃を境に、開発経済学は大きく変化しつつある。すなわち、それまでの、ある地域の経済成長が均霑(トリックル・ダウン)効果により、自動的に成長と福祉を周辺地域に伝播していく、と考える近代化論に代わり、経済発展、開発の主要目的は人間そのものにあり、人間の開発、発展にこそある、人間の開発は人間の選択能力の拡大にあり、開発の目的は人間／民衆を中心に置かなければならない、とする人間／民衆中心型発展の考え方が登場し、しだいに影響力を強めている。また、人間開発は、保健、教育、購買力等により計られるため、社会部門への支出、社会開発が重要になると考える。同時に、人間／民衆中心型発展では、人間／民衆のイニシアティブや価値観が大きな役割を果たすため、文化の役割をも考察し、多元的な発展を考える必要が出てくる。こうして、従来の単線型経済開発に代わり、経済、社会、文化等の総合的開発がだんだん重要になってきている。

だが、経済理論の領域では、市場と国家の役割を対象とする新古典派総合の段階にとどまっており、必ずしもこうした開発経済学の新しい関心に対応した理論的展開ができていない。こうした欠落に対応するために、本書では文化と発展、地域発展、参加型発展等を重視する内発的発展論、社会構造と経済の動きの関係を解明する構造学派の諸理論(とりわけ従属論、世界システム論、レギュラシオン理論、ガンジー派)、そして社会、人間開発に関する諸分析を集めることにした。これらはいずれも、英米起源の新古典派総合からみれば、「異端」の理論だが、大陸ヨーロッパや第三世界(南の諸国)からの視点を含めた経済社会の見方は、二一世紀のグローバル経済社会を分析するに当たって必要な、グローバル経済学の土台石の一つとなるものと考えている。

第I部「内発的発展の世界」では、開発経済学をマクロ・レベルで豊かにする大きな理論体系として内発的発展論を取り上げ、その理論的骨格、国家との関係、グローバル化の下での新展開を検討している。まず、第1章「内発的発展論の起源と展開」で、欧米における諸起源を特にフーリエ、リスト、ケアリの三人についてしらべ、内発的発展の諸特徴を①人間の全人的発展、②他律的発展を否定し、自立、共生をめざす、③参加、協同主義、自主管理、④地域分権と生態系重視、経済の定常性、の四点にまとめ、現代社会での実現の条件を議論している。

第2章「国家と地域開発/発展」は、近代国家の成立と、地方の周辺地域化という観点から、国家主導型の開発が、地域個性を奪い、地方を中心地起源の分業体制に組み込む情況を、とりわけ北海道において検証している。そして、内発的発展論の見地から、北海道の自立的発展の条件・諸段階を、①住民主権の確立、②中心地起源の国際(内)分業の是正、③地方資源を利用した工業化、④地域産業の連関形成、⑤輸出代替、⑥他地域との水平的ネットワークの形成、に求めている。これは、一般的に地域発展、および途上国発展にも妥当しうるものだろう。

第3章「グローバル経済と内発性」は、経済グローバル化、市場経済化が時代の流れとなっている今日、内発的発展論の意義を、①文化や社会の役割重視、②多系的発展論、③外発性変化の重視に対する内発性変化への関心、④個人や社会集団のイニシアティブ、の四点にまとめ、その分析ツールとして、一方では文化人類学、他方では社会的経済学(経済社会学)体系の存在を指摘している。さらに開発主体として、市民社会(地方リーダー、住民・生活者・コミュニティ)の内実を分析し、内発的発展の今日的形態として、とりわけヨーロッパですすんでいる地域化、地域主義の流れに触れている。

第II部「豊かさと貧しさの理論」では、一九八〇年代に現れた、とりわけ経済社会の構造的側面を重視する諸理論を検討している。

第4章「経済発展から人間発展へ――シュンペーターとペルー」は、フランスのF・ペルーの発展理論の考察である。すなわち、構造学派の大御所ペルーは、シュンペーターの経済発展論を引き継ぎつつ、さらにこれに文化的社会的要素と人間・人間集団の創造的側面を重視した発展概念を構築した。ペルーの「成長の極」理論は、経済成長にはつねに生産要素を諸方面から集める「極」の形成が基本となるとし、地域開発論の一つのパラダイムを形成すると同時に、この極に生産要素を流出することによって「低開発化」する周辺地域の存在を指摘した。彼の理論は従属学派に大きな影響を与えたが、成長と区別される発展は「グローバル性」「内発性」「統合性」を特徴とする。ここに「人間発展/開発」の土台ができる。これは経済グローバル化時代の経済発展論の基礎となるものと考えられる。

第5章「構造学派から従属論へ――その歴史的意義」は一九六〇年代にラテンアメリカの構造学派

の流れから生み出され、たちまち南の諸国の経済思考に大きな影響を与えた従属論が、一九七〇年代には、一方では新国際経済秩序、経済主権、発展権の思想、政策を生み出しつつ、他方では世界システム論へと展開していく論理を示している。従属論の論理的結果としては、一つには、これまで近代社会を動かしてきた垂直的国際分業体制を否定し、より水平的なネットワーク型の国際・グローバル秩序を構想する方向、他方では、このような国際分業体制から自らを切断し、自力更生型の発展を指向する方向(文革中国、北朝鮮、キューバ等)の二つの方向が考えられるが、今日の世界経済の条件の下では、後者の道は孤立化を導いたことを示している。しかし、前者の方向は、世紀転換期の経済グローバル化時代に、市場経済万能型のグローバル化とは異なる、水平ネットワーク型の国際秩序を指示している。

第6章「世界システム論からレギュラシオン理論へ——制度的見方の展開」では、まず、マルクス主義の影響を受けつつ、従属論をベースとして、これを経済史に適用したイマヌエル・ウォーラーステインの「世界システム論」の特徴を検討している。一五、六世紀から西欧に生成した近代世界システムは、一つには、絶えず中核—半周辺—周辺地域の分業関係を通じて、地理的に拡大していく。この分業関係により周辺地域から中核地域へ絶えず価値移転が起こる。第二は、このシステム内部で、国家、階級、人種・民族集団、家計などの諸制度が発達し、これらの制度もまた貧富の格差を生み出し、分化していく。資本蓄積を軸としたこのシステムは景気循環を通じて自己展開していく。

世界システムの自己展開を強調する世界システム論に対して、レギュラシオン理論は国内の諸要因、諸紛争が、いかに主権国家内の諸制度を通じて調整されていくか、その調整のメカニズム解明を目的とする。資本主義における調整制度としては、貨幣、賃労働関係、市場形態、国家、国際体制との結びつき、等がある。世界システム論と同じくマルクス主義の影響を受けながら、レギュラシオン理論においては一層、社会関係と経済の対応、そこから起こるダイナミズムの解明が重視されている、といえる。

世界システム論とレギュラシオン理論はこうして、国際的・国内的要因をそれぞれ相補って、資本主義世界の動態的分析に貢献していく可能性を持つだろう。

第7章「豊かさと貧しさ——ガンジーとマザー・テレサの仕事から経済学を見直す」は、ガンジーとマザー・テレサにおいて、いかに「物の豊かさ」から「心の豊かさ」への貧富観念の切り替えがなされたか、を説明している。現代世界が他者の支配、暴力に立脚して貧富の格差をつくり出しているとすれば、地球人口の多くを占める貧困者がすべて、先進世界、富者並みの生活を営むことは不可能である。他者支配をしても、それは一つの貧しさから他の貧しさへと移行するだけにすぎない。むしろ、他者への愛、他者との分かち合いや交感を通じてこそ、人間は心の豊かさ、よい生き方(well-being)を実現することができる。このような豊かさと貧しさの概念変革、人間変革によって初めて、自立(スワラジ)と自給(スワデシ)の両原理に基づく水平的な人間関係、国際関係、世界秩序が形成されうる。

F・ペルー、従属学派、I・ウォーラーステイン、レギュラシオン学派はいずれも、ポスト・ケインズ派と共に、社会の中での権力、構造が経済に及ぼす影響を重視した人びとであり、ガンジーとマザー・テレサは物質優先世界のメカニズムと人間幸福との反比例関係を根底的に考えた思想家である。なお、ポスト・ケインズ派の開発―低開発観については、ここに収録することをしなかったが、ジョーン・ロビンソン『開発と低開発』(岩波書店、一九八六年)に付した筆者の「解説」を参照されたい。これらはいずれも、物質的豊かさの追求を課題としてきた、今日までの経済発展理論を再考するための理論的系譜を形づくっている。

第III部「社会、人間の開発理論」では、一九九〇年代に起こった、開発の目的、豊かさ/貧しさに関する認識転換を議論すると共に、自立、人間開発の主体としての市民社会の役割に注目している。

第8章「援助と自立」はしばしば援助がそのまま受け入れ側の発展、福祉に役立つと思い込みがちな私たちのナイーブな考え方を批判している。援助が一方的な「与える―受け取る」関係である限り、そのような関係は必ず差別や発展の歪みをつくり出す。開発とそのための政府開発援助(ODA)はしばしば、民衆福祉の万能薬であるかのように説明されるが、開発や援助が民衆の他者依存を深め、自立性を失わせ、環境を破壊する例は、数限りなくみられる。ガンジーは食糧不足が現れている時でさえ、外部からの食糧輸入は望ましくない、として、自立(スワラジ)の原理に従い、自らを変革していく道を示した。外からの開発、援助に代えて、自治、自立を重んじる内発的発展の方向をこそ尊重しなければならない。一方的な関わり合いに代わって、北(先進国)も南(発展途上国)から学ぶ分かち合いの関係こそが、南北の望ましい関わり合いであり、これを実現するために、南北双方での開発教育が必要になる。

第9章「社会開発とは何か――自立の条件づくり」は、一九九〇年代に経済開発に代わり、重視されるようになってきた社会開発の概念と、一九九五年にコペンハーゲンで開かれた社会開発サミットの際に提起された貧困、雇用、社会的統合という三大開発分野の意味を整理している。社会開発は突然出現した概念ではなく、すでに一九六〇年代から用いられてきた用語である。しかし、今日に至るまで、社会開発の概念の進展には、三つの時期が区分される。第一期(一九六〇―七〇年代)の社会インフラ重視時代、第二期(一九八〇年代)の人間の基本的必要(BHN)重視時代、第三期(一九九〇年代)の人間開発時代。

人間開発が開発目的としてクローズアップされてくると、経済グローバル化の中で急進展している貧困、雇用、社会分裂がもっとも人権、人間の尊厳を損なう要因として注目されるようになった。同時にこれらの問題の解決を政府、企業の手に委ねるばかりでなく、市民社会が積極的な役割を果たすべきことが強調されるようになった。こうして、今日の社会開発は、じつは市民社会の社会問題解決への積極的参画を意味するようになったのである。

第10章「貧困と格差――貧困緩和の諸方策」は、世界的に増大しているといわれる貧困問題を考えるに当たって、まず貧困を定義し、貧困には絶対的貧困、相対的貧困(権利の剝奪としての貧困)の両者があることを示し、貧困の指標について検討している。第二に、世界の貧困が現在の世界システムの下で、特定社会層に集中して現れている情況を、女性、農民、中高齢者、難民・災害犠牲者、先住民族、エイズ患者・HIV感染者、について検討している。第三に、貧困緩和の六つの方策――救貧、雇用、再分配、人権(ノーマライゼーション)、エンパワメント、ネットワーク――を説明し、政府、企業と共に市民社会がこれらのアプローチに責任を持つべきこと、政府と市民社会がその実現のための政策環境づくりを行なうべきこと、を論じている。

第11章「社会的経済――市民社会の経済学をめざして/EUの実例」は、豊かさ/貧しさを再考するためには、社会と経済の関係を見直すメゾ・レベルで、社会的経済の理論が存在することに着目して、社会的経済の理論とその実践を検証している。すなわち、一九世紀ヨーロッパにおける社会的経済の起源、その思想史をまず眺め、ついで、先進経済において近年復活してきた理由、社会的経済の担い手としての非営利・社会的セクターの将来について概観している。さらにEU統合における「社会的ヨーロッパ」形成の試みに、社会的経済理論がどう生かされているか、を分析して、その現実的妥当性を明らかにしている。

先進経済においては、ヨーロッパにみるように、社会組織がしだいに民主、公開、協同を重視していく動きが現われている。それと共に、社会的経済の理論は、一方では非営利・社会的セクターの重要性を説明するものとして、また、他方では、社会的組織によって、市場の失敗、政府の失敗の双方を是正し、望ましい経済の動きを実現していく理論として、その比重を高めていくことになろう。日本は、中央集権的国家の下で欧米へのキャッチ・アップをはかってきたが、国家主導型発展が袋小路に陥った今日、政官業体制の民主化、透明性、情報公開、また、地方分権等が課題となり、構造改革における市民社会の役割が重視されるようになっている。これは多くのアジア諸国に共通した問題といえる。社会的経済の理論は、このような日本、アジアの構造改革に役立つ理論であると考えられる。第12章「アマルティア・センの人間開発理論」は、国連開発計画（UNDP）の人間開発論の基礎となったA・センのケーパビリティ論を検討している。センは、主流派経済学が人間行動を効用＝営利に求めることを批判し、人間の社会行動は必ずしも利己的動機に基づかないことを示した。すなわち、すべての人間は原初的にある財・サービスの組み合わせに対する権利を保有し、それによって衣食住から社会活動に至る基本活動の選択を通して、さまざまな可能な生の間に選択を行なっていく。これがケーパビリティ（能力、潜在能力）だが、何らかの理由によりエンタイトルメント（財・サービスの組み合わせに対する権利、アクセス）が失われ、ケーパビリティが阻まれるとき、貧困が現れる。つまり、貧困とは低所得に由来するもの（所得貧困）ではなく、資源や機会へのアクセス（エンタイトルメント）が剝奪され、それによって基本活動が実現しえていない情況を指している。この場合に人間の基本活動の組み合せを選択し、実現していく能力は限定されたものでしかない。これが人間貧困である。

このように貧困を定義するならば、選択能力としてのケーパビリティの拡大こそがよりよい生（well-being ――与えられる福祉 welfare ではない）を実現し、人間は効用よりもそのような価値へのコミットメントを重要と考え、そのように行動することになろう。ここでの人間貧困が第10章でみた権利の剝奪としての貧困（deprivation）と同一であることはただちに知られよう。

ケーパビリティ論は伝統的経済学の柱としての経済人に代わって、自由人を置いた。ここに人間の自由な選択の可能性を重視する人間開発論が成立する。

終章「社会的経済理論と社会・人間の開発／発展」は、一九九〇年代より開発経済学の新しいパラダイムと化した人間開発論と、それを民衆／人間中心型発展という形で支持する社会開発論、および異なるコンテキストから現われてきた社会的経済学、そして第I部で論じた内発的発展論、四者の関係を議論している。人間開発論は今日までの経済学主流派のイデオロギー基盤としての「経済人」パラダイムを「自由人」パラダイムに転換した。だがそれは、個人＝ミクロ・レベルにとどまっているために、社会との接点がさだかではない。それゆえこれをベースに開発経済学を構築するためには、メゾ(中間)・レベルで市民社会の開発過程参加を重視する社会開発論と、社会発展における非営利的要因に着目する社会的経済学の両者を組み合わせる必要がある。さらに、そこから生まれる多系的な発展を説明するために、マクロ(巨視)・レベルでの内発的発展論を採用すれば、そこに経済社会の変化、発展(開発)を説明する経済学の新しい分野としての一つの開発経済学体系の新しい次元がひらけよう。内発的発展論も、社会的経済学も、これまでの開発経済学には未知の領域の理論体系だが、一方では文化と発展との関係、他方では地域主義の理論としての内発的発展論は現代世界での多系的発展を説明するためにますます重要となろう。また、社会的経済学は、一方では非営利、社会セクターの経済学として、他方では社会により経済をコントロールする学問として、開発経済学を単に途上国対象の学問とするのではなく、先進国・途上国共通の発展問題を説明することができるように、その学問的幅をひろげるのに役立つだろう。

以上、おおまかに本書の内容を要約したが、本書は一言でいえば、内発的発展論、社会的経済学と人間・社会開発論を総合して、発展／開発問題をマクロ(世界・国家)、メゾ(地域・社会)、ミクロ(個人)、それぞれのレベルの複合と考え、より現実に近い形で説明し、また再構成しようとする試みの一歩である。それは言い代えれば、従来の西欧起源の経済成長論、近代化論に根差した単線的な開発経済学が、複雑化した現代の発展／開発問題を説明できず、先進国の側のイデオロギーと化している、との認識に立って、よりグローバル化と地域主義化の現実に近い経済、社会、文化の総合的な学問体系が発展／開発問題の解明に必要になっている、との思考に基づくものである。こうした学問ツールの変換は同時に経済学の基本パラダイムとしての豊かさ・貧しさの概念転換を前提とする、と筆者は考えている。本書はそうした意味で、二一世紀グローバル社会の展開の時点に当たって、人間を中心に据えた開発経済学を再構築するための議論を整理したものである。

目　次

第I部　内発的発展の世界

第1章　内発的発展論の起源と展開

一　はじめに

「内発的発展」(endogenous development)という言葉は比較的最近のものである。一九七〇年代の中葉、石油ショック後に、スウェーデンのダグ・ハマーショルド財団が、国連経済特別総会(一九七五年)の際につくった報告『何をなすべきか?』で「もう一つの発展」という概念を提起したときに、その属性の一つとして「内発的」という言葉を「自力更生」と並んで用いたのが最初のように思われる。

「もし発展が、個人として、また社会的存在として、解放と自己展開をめざす人間の発展であるとするならば、このような発展は事実上、それぞれの社会の内部から発現するものでなければならない[1]」。

こうした発展はそれゆえ、近代資本主義世界の発展をになったような「経済人」としての人間類型にみられるような一面的な人間、利潤動機によって動かされるような一面的な社会、それぞれの型の発展を拒否し、自然環境との調和や文化遺産の継承、そして他者・他集団との交歓を通じる人間と社会の創造性を重視する発展にほかならない。それは、自己の生活様式や発展方法に関する自律性を前提とする。そのような意味で、内発的発展とは、他者への依存や従属を峻拒する人間、または人間たちの発展のあり方といってよいだろう。

さらに、この報告は「自力更生」(self-reliance)は、地方、国、国際的なレベルで用いられるのに対し、内発的発展は、集団のレベルと個人のレベルとを結ぶ概念である、と述べている。(2) このように考えるならば、内発的発展とは、社会発展のあり方を決めるような個々の人間とこれらの人間がつくり出す社会、経済、世界秩序との関連にかかわっている、ということができよう。その意味で、内発的発展とは、単に経済発展の概念を示すのではなく、文化的・社会的な発展概念と関連している。

このような意味での内発的発展は、一九八〇年前後からまずユネスコの研究プログラムに、ついで国連大学の研究プログラムに入ってくるようになった。

ところが、同じ七〇年代の中頃、鶴見和子は独自に、タルコット・パーソンズにおける近代化社会の「内発発展型」(endogenous)と「外発発展型」(exogenous)との類型化を、後発社会に適用し、後発社会にとって先進社会の模倣にとどまらない、自己の社会の伝統の上に立ちながら外来のモデルを自己の社会の条件に適合するようにつくりかえてゆく発展のあり方を「内発・自成の発展論」とよんだ。(3)

この頃、期せずして洋の東西で「内発的発展論」の問題提起がなされたことは、一つには、欧米先進国がつくり上げた世界的な国際分業体制が崩れて、南の世界の国ぐにが独立し、自らがその犠牲となってきた支配型発展とは異なる、新たな発展の道を模索し始めたことと関連していよう。『何をなすべきか?』が石油ショックに引き続き、国連の場で新国際経済秩序が討議され始め、先進国が新たな生き方を模索し始めた時期に出版されたことは象徴的である。この時期はまた、鶴見の指摘するように、国際関係が米ソの双極体系から、「より流動的な多極体系へ移行」(4)を始めた時期に、複数の価値観を生かしたような発展のあり方への関心が高まってきた時期でもある。鶴見自身の仕事が、柳田國男など、民衆の伝統的思考を再評価し、「内発性の重視」の上に立った学問を構築した人びとを研究し(5)、また、日本や中国での伝統を再検討する諸研究を基礎として、形成されてきたことを注意しておきたい。

つまり、一九七〇年代中葉からの内発的発展論の展開は、一方では、西欧的近代化論の直輸入に対する批判、他方では、非西欧社会における独自の価値伝統の再評価、この水平的・垂直的な認識の両軸に拠りつつ、新しい国際秩序、相互依存的世界形成の不可分の要因となってきたのである。

だが、このような内発的発展の思考は、単に一九七〇年代に南の世界の興隆と共に始まったのではない。私の見るところではそれは、すでに一九世紀に、イギリスが「世界の工場」への道を歩むと共に、イギリス起源の自由主義・普遍主義が後発地域を巻きこもうとした時点で、ドイツ、フランス、アメリカなどで、この自由主義・普遍主義に対抗する思想として現われた。これは、内生的、内発的思想の第一の波とよんでよいだろう。これらの思想は地域の歴史的条件や文化伝統により、あるいは国民経済学、あるいは協同型社会主義、あるいは地方発展の思考として、それぞれ展開したのである。

いわゆる「西欧思想」の内部にも、覇権大国の強いる画一的思考に対抗する思考の流れがつねに存在したし、また存在し続けていることを、私たちは忘れてはならない。

内発的思想の第二の波は、二〇世紀にアジア・アフリカの興隆と共に現われた。インドの民族独立運動を精神的に指導したガンジーが、人生の価値として真理、非暴力=愛、そして自律性を立てたこと、中国で毛沢東が、西欧起源の社会主義革命の思考を、中国土着の条件の中に移しかえ、自力更生の思想を形成したことなどは、それぞれ、南の世界の側からする内生的、内発的な思考の提示である、ということができる。やや時代がさかのぼるが、日本において国家的発展に対抗して生み出された農本主義の思想も、この波の中に位置づけてよいかもしれない。

さらに第二次大戦後、ラテンアメリカでの構造学派、従属学派の流れの上に新国際経済秩序の思想が生まれてきたが、それと共に、今日の内発的発展の思想が明確な輪郭をとってきたことは、前述したとおりである。

本章では、まず第一に、一九世紀における自由主義に対抗するいくつかの内生的、内発的思考の流れを検討して、内発的発展論の源流をさぐる。

ついで、一九七〇年代以降に、世界・国際秩序の変化に対応して各地で生まれてきた内発的発展の論理構造を、そのもつパラダイム、目標、社会組織、政策用具の諸点から分析することにしたい。

これらの検討を通じて、内発的発展の思想が、近代世界を動かしてきた発展思考に対してオルターナティブな発展の方向を提示していることが、明らかにされるであろう。

二　一九世紀ヨーロッパにおける内生思考

内発論の起源に関する議論で、スコットランド人サムエル・スマイルズの『自助論』(*Self-Help*)が引かれることもよくある。「天は自ら助くる者を助く」の引用に始まるこの本は、国家富強の源泉を、個々人の勤勉、力行、正直などの徳性に求め、一九世紀イギリスのブルジョワ社会の道徳論を築き上げた。自ら鉄道事業に携わり、典型的な上昇期ブルジョワジーの一員であったスマイルズは、ある国民の進歩は、法や制度によるのではなく、個々人の自主独立の行動、努力の積み重ねによる、と考えた。「国民なるものは、各個人の状態の集合にほかならない(6)」。「人間が外部からどれだけ支配されるかということの影響は比較的わずかであり、人間はいかに内部から自らを治めるか、ということこそ重要である(7)」。

個人の自助の精神、努力が活力ある社会の源泉となることは事実だが、個人の努力だけでは個人の運命が改善されない場合がしばしばある。上昇期ブルジョワジーの内部では、個人の努力こそが社会の進歩をさらにすすめるのだが、その周辺部の社会では、自助パラダイムは必ずしも妥当しない。私のみるところでは、内生・内発パラダイムは、一九世紀に興隆する支配国家イギリスの周辺地域において、中心部パラダイムの導入に対抗し、個人の運命を社会秩序・世界秩序のあり方と結びつける形で、提起されてきた。これを、ドイツ、フランス、アメリカの三周辺部でみることにしよう。

一九世紀にイギリスから起こった「自由主義」「自由貿易」の波は実際、ヨーロッパを始め、他の国ぐにに大きな衝撃を与えた。ナポレオン戦争は、「大陸封鎖」により、イギリス工業に対抗しつつ、フランスの工業化を進めることを目的とした。[8]「力」は「富」と相伴ったのである。

一八二〇年前後には、ドイツ国内で自由貿易を求めるハンザ諸都市などが「関税同盟」を結成して、イギリスに対抗する動きを鮮明にしたが、このドイツ商工業同盟の理論的指導者フリードリヒ・リスト(Friedlich List, 1789–1846)は、イギリス自由貿易の理論的バックボーンである古典学派の理論、リストのよぶ「世界主義」「普遍主義」を論駁することに心血を注いだ。

「三〇年にわたって祖国の草を踏み枯らしてきたあの世界主義体系を粉砕しないで世を辞することはできなかった[9]」。

古典学派は、等質の諸個人が全面的な自由競争を媒介として営む商品交換の世界を対象とし、そこに普遍的な世界共和国が生まれるとする。だがリストは、それはじつは「支配的な工業・貿易・海軍国の至上権におさえられた後進諸国民の世界的隷属[10]」を導くものとみる。古典学派の自由貿易論は、後進諸国の生産力を破壊し、後者を後進状態にとどめる理論である。

リストはこうして、「経済人《ホモ・エコノミクス》」を根底に据えた「富＝交換価値」の理論に対抗して、「国民体《ナツィオナリテート》」を根底に据えた「富と力」、すなわち、交換価値と生産力の理論を提起する。ある国民の繁栄は「国が富すなわち交換価値をたくさん蓄積したら、それだけ大きいのではなくて、国民が生産諸力を著しく発達させたらそれだけ大きい[11]」とリストはいう。

リストは、経済人の私利追求が自然調和をもたらすとする古典学派の理論が、強者の弱者支配、大魚の小魚併呑をもたらす理論にほかならないことを鋭く見抜いて、自由主義に基づく国際分業体制を否定し、農工商の国内経済循環を持ち、科学技術と独自の文化をそなえた「正常な国民国家」形成の必要を説いた。

このような「正常な国民国家」こそはじつは、リストが渡米時にその形成を目の当たりにした「アメリカ体制」、そして彼自身が深くかかわったドイツの共通関税に保護された将来の「国民国家」にほかならなかった。

一九世紀初め王政復古期のフランスでは、イギリスから輸入された自由主義が、J＝B・セイらの手によって隆盛を極めることになるが、この時期にやや先立ち、すでに、イギリス的イデオロギーが、人間が本来もつ情念を抑圧することを見てとった著作家がいた。フランスの生んだ独創性に富んだ思想家で協同社会の提唱者シャルル・フーリエ(Charles Fourier, 1772-1837)である。

フーリエは、イギリスの唱える自由貿易が「島国による独占」にほかならないことを指摘した。「自由競争と称する現行方式」は、商業精神の勝手気ままな支配をひろげ、独占や投機や破産や産業破壊を導き、女性の自由を束縛し、文明秩序を衰退させる。

「全人類は今日、共通の災禍、あらゆる点で社会に害を与える島国による独占に責め苛まれ、卑められている(12)」。

フーリエは、島国がもちこむ「商業精神の支配」に対抗して、ヨーロッパ諸国の統一(ＥＵの先駆思想!)を説く一方で、他方では、人間の五感の快楽(味覚、触覚、視覚、聴覚、嗅覚)の解放や、人間同士の結合原理(友情、意気、愛情、家庭愛)に基づくような協同型社会(l'association sociétaire)の建設を構想した。島国独占の産物たる分業社会は、一方では豊富を生みながら、他方では貧困をつくり出す。このような社会は力によって初めて維持されるので、国家がその役割を担うが、その結果、個々人のもつ情念は窒息させられてしまう。フーリエの提唱した生産・消費・生活を構成員が自主管理する協同社会(〝ファランジュ〟とよばれる)では、人間の移り気(変化への欲求)、集団形成欲求など、本来もつ情念が解放される。フーリエの協同社会構想は、J=S・ミルに影響を与え、今日の協同組合社会主義の源流となった。これはリストの「国民国家」型内発発展の構想とは別コースの、「協同社会」型内発発展のコースといえる。

一九世紀における第三の内生的な発展思考は、リストが範をとった「アメリカ体制」を生み出したアメリカで、しかし、リストの国家型発展とはきわめて異なった発展構想として現われた。それはヘンリ=チャールズ・ケアリ(Henry Charles Carey, 1793-1879)の地方分権思想である。アイルランド移民の出版業者、保護主義的実業家(マチュー・ケアリ)の息子ケアリは、マルクスによって、「イギリス経済学者に反対して、北米ブルジョワ社会のより高度の潜在的発展力」を主張した「北アメリカ人の中では唯一独創的な経済学者」[13]と描かれている。

ケアリは、イギリス古典学派の自由貿易、国際分業、階級対立論に対抗して、保護貿易、地域発展、階級調和論を根幹とした大著『経済学原理』(三巻、一八三七―四〇年)、『社会科学原理』(三巻、一八五八―六〇年)、『農工商の利害調和』(一八五〇年)等を著した。

ケアリは、古典学派の基本的人間像である利潤追求をめざす「経済人」(Homo economicus)に対して、他人との協同や個性、責任感、進歩の能力をそなえた「現実人《リアル・マン》」(Real man)を、「社会科学」の根底にすえた。ケアリによれば、文明が進むと共に、人間の他人との協同(association)傾向は強まる。それと同時に、個人の趣味、感情、能力の差異など個性も増大してくる。個性が発達してくると、人間の自主性や責任感も高まってくる。協同、個性、責任感の高まりと共に、人間は自己の努力と先人や他者の努力とを結合させる能力を高めるが、これが進歩の能力にほかならない。古典派の静態的、一面的な経済人像は、このような人間の多面的、動態的な諸側面を不当に単純化している。[14]

社会科学とは、ケアリによれば、人間が自分自身の個性を最高に伸ばすと同時に、同朋との協同の力を最大とするように努力する際、人間が従うような諸法則の科学にほかならず、経済学とはその諸法則が実現するために必要な諸方策の学問である。[15]

ケアリの経済理論は、イギリス古典派の公準である収穫逓減の法則を駁して、収穫逓増の法則を唱えるなど、独創性に富んでいるが、とりわけ古典派の自由貿易論に対する批判は、彼の面目躍如たるものがある。

彼は、交通(commerce)と貿易(trade)とを区別する。交通とは、国内で農、工、商業を相互に結び合わせ、発達させて、協同の実体をつくり出す。ケアリは、イギリスやフランスが、国内産業の保護・育成により、交通をすすめ、独立富強を実現した、と指摘する。

これに反して、貿易とは、他国を従えて、植民地化していくような動きである。イギリス体制は、自由貿易を通じて、他国の経済を破壊していく。交通が農、工、商をつなぎ、自立的な地域経済を形成していくのに対し、貿易は、農、工、商の調和的発展を壊し、中央集権化された経済を世界にひろげていく。これは不等価交換(「安く買って高く売る」原則)による収奪の道であり、結局「世界が今日まで目にした最大の奴隷体制[16]」の拡散にほかならない。イギリスがつくり出す「独占体制」の産物なのだ。ポルトガル、スペインの没落、アイルランドやインドの飢餓や貧困は、イギリスがつくり出す「独占体制」の産物なのだ。

こうした貿易による「中央集権化」(centralization)に対してケアリは、「地方集中化」(concentration)の道を対置する。[17]すなわち、後者は地方レベルで農、工、商の調和を交通により実現し、自立した地方経済の連合体を形成していくことにほかならない。交通は等価交換であり、諸経済単位の自治、独立を導く。中央集権化が人間の奴隷化をもたらすとすれば、地方集中化は個人の自立の基盤となる。ケアリは故郷アイルランドの植民地化された悲惨さを、移住地アメリカ東部の自立した町まちの連合体と対置したのである。

ケアリの経済学はかくして、自由貿易、国際分業＝イギリス体制と結びついた南部＝奴隷制に対し、保護貿易、アメリカ体制を要求した北部の立場を理論化し、南北戦争の際に北部を正当化するイデオロギーを提供した。

こうして、一九世紀にイギリスが世界に「自由貿易」を力で押し拡げた時点で、ドイツ、フランス、アメリカで、それぞれこれに対抗する内生的議論が形成され、後発国の発展に大きな影響を及ぼすこととなった。すなわち、ドイツでは国民経済、フランスでは協同社会、そしてアメリカでは地域発展の理論が。これらは、それぞれの国での歴史的、社会的条件に発して、すぐれた思想家によってまとめられた内生的思考による発展理論として、内発的発展理論の先駆となったといえる。

三　現代における内発的発展の論理と構造

さきに引いたダグ・ハマーショルド財団が一九七七年に出版した『もう一つの発展——いくつかのアプローチと戦略』[18]では、「ゆがんだ発展」(maldevelopment)を生み出すような経済成長優先型の発展に代わる「もう一つの発展」の内容として、次の五点を挙げている[19]。

(1) 基本的必要に関連している(need-oriented)。これは、発展目標が、物財の増大にあるのではなく、物質的・精神的な人間の基本的必要を充足することに向けられることを指している。とりわけ、今日人類の大多数を占める被支配・被抑圧大衆の衣食住、教育、衛生等の基本的必要を満たすことが課題である。発展の究極の目標は、すべての人間が、自己表現、創造、平等、共生等の必要、そして自分で自分の運命を決める必要を充足していくことにある。

(2) 内発的である(endogenous)。これは、自ら主権を行使、自らの価値観と未来展望を定めるような社会の内部から起こってくる発展のあり方を指している。このような発展は必然的に単線的なものではありえず、したがって普遍性を主張することもないから、自ずとそれぞれの経済社会単位の歴史的・構造的情況に応じた複数の発展パターンとならざるをえず、また、そのような発展のあり方の複数性の尊重を意味している。

(3) 自立的である(self-reliant)。内発性の基盤は自立性である。すなわち、それぞれの社会の発展は、その自然的・文化的環境の下で、まず当該社会構成員のもつ活力を生かし、その経済社会のもつ諸資源を利用する形で行なわれるべきである。このことはもちろん、アウタルキー(自給自足圏形成)的自給論やブロック化を意味するのではなく、リカード派の国際分業論のように他者・他単位のもつ諸資源を当初から自己の経済成長に組み込んでいくような発展のあり方が、必然的に国内外における支配―従属関係を導くことに対する警戒心を示している、と理解されるべきである。自立的経済の形成は、国民経済レベル、国際経済レベル(〝集団的自力更生〟)で行なわれうるが、その根幹は、かつてケアリが指摘したように、地域経済の自立性にある。

(4) エコロジー的に健全であること(ecologically sound)。支配的な経済成長優先型の発展では環境保全の側面がしばしば無視され、子々孫々の世代が享受すべき環境資源、生態系を破壊して、将来世代ばかりか現在世代の貧困化をも導くことが多い。もう一つの発展では、地方的な生態系に将来世代の利用に対する配慮を加え、現在世代と将来世代が共に環境資源から最大の利益を得つつ、これを合理的に利用する方向がはかられる。それは同時に、適正技術を用いつつ、あらゆる資源に対して社会成員のすべてが公正な利用機会を保障されることを意味している。

(5) 経済社会構造の変化に基づいていること(based on structural transformation)。社会構成員のすべてが自分に影響するような意思・政策決定に関してこれに参加し、また、自ら管理することができるためには、しばしば、社会関係、経済活動やその空間的な分布、また権力構造等の面での改革が必要である。これは、農村、都市から全世界に至るまで同じことがいえるので、こうした経済社会構造の変化なくしては、もう一つの発展は決して達成されないだろう。

ダグ・ハマーショルド財団はこのような「もう一つの発展」を世界的規模で推進するべく、雑誌 *Development Dialogue*(年二回刊)を発刊し、また、この雑誌の編集長マルク・ネルファンはスイスのオルターナティブ発展国際財団の場で、「もう一つの発展」に関する研究を全世界レベルで組織し、その成果を *Dossier* として発行した[20]。

ダグ・ハマーショルド財団の問題提起と精力的な活動に刺激されて、ユネスコは一九七〇年代末から、これらのもう一つの発展の特徴のなかで、とりわけ文化的な特性と関連している内発的発展の問題を取り上げ、研究プロジェクトを組んだ。その成果は一九八〇年代中葉までに、以下の四冊の報告書として刊行された。

① Bruno Ribes et al., *Domination or Sharing. Endogenous Development and the Transfer of Knowledge*, The UNESCO Press, 1981.
② J.-L. Reiffers et al., *Transnational Corporations and Endogenous Development*, UNESCO, 1982.
③ X. Greffe (dir.), *Science économique et développement endogène*, UNESCO, 1986.
④ Huynh Cao Trí et al., *Strategies for Endogenous Development*, UNESCO and Oxford & IBH Publishing Co., 1986.

①は、支配的発展の特徴を、そこでの権力構造による知識・技術の独占ととらえ、それに対抗して知識の分かち合い、技術移転をすすめて、支配的発展を解体していく条件を論じたものである。②は、支配的発展の媒体としての多国籍企業が、各国・地域レベルでの文化的価値、情報通信、教育、科学技術等に影響を及ぼす側面を分析し、内発的発展の要件をそれぞれの地方的発展のもつ複数の価値観や文化の尊重に見出している。③は、支配的発展を支える科学としての経済学の構造を分析し、支配的発展がしばしばゆがんだ発展(maldevelopment)にほかならないことを明らかにし、科学知識の内発性とその伝達の条件を調べたものである。④は、内発的発展の基礎を構成する文化的アイデンティティ、教育、科学、情報通信と民衆参加の関係を中国、メキシコ、アジア諸国、アフリカなど各地での例証を通じて検討している。

ユネスコでの研究は、ユネスコの最大課題である科学、教育、文化等の振興と内発的発展を組み合わせて行なわれているが、このほかに国連大学でも内発的発展をテーマとした一連の研究が行なわれた。[21] また、一九八四年にイギリスで発足した「もう一つのサミット財団」(The Other Economic Summit—TOES)は八七年に「新しい経済学財団」(The New Economics Foundation)と改称したが、ここでの研究成果をまとめたエキンズ編『生命系の経済学』[22]を読むと、協同組合主義者、エコロジスト、シューマッハー主義者らの集まったこの知的運動が、内発的発展の思考ときわめて近いことが知られる。

本節では、これらの研究業績を通じて、内発的発展の特性を次の四点にまとめて分析することにしたい。

⑴ 内発的発展は経済学のパラダイム転換を必要とし、「経済人」に代え、人間の全人的発展を究極の目的として想定している。

⑵ 内発的発展は他律的・支配的発展を否定し、分ち合い、人間解放など共生の社会づくりを指向する。

⑶ 内発的発展の組織形態は参加、協同主義、自主管理等と関連している。

⑷ 内発的発展は地域分権と生態系重視に基づき、自立性と定常性を特徴としている。

次に、これらの点をみていくことにしよう。

1　内発的発展とパラダイム転換

まず第一に注目したいことは、内発的発展の思想は、経済発展論の流れにおける一つのパラダイム転換をはかる考え方だ、ということである。イギリス古典派経済学は、経済を動かす動因を、私利を追求する経済人に求めた。経済人の利潤極大化行動が、見えざる調和を導き、社会厚生の極大化を達成する。新古典派は限界革命で、人間を限界効用の極大化をつねに求める存在と位置づけ、経済人の理念を強化した。リストが、これに対して「国民」を、ケアリが多面的発展を求める「個人」を、それぞれ対置したことは前述したが、第二次大戦後の人権概念の展開と共に、人間の生存権・発展権がしだいに重視されるようになり[23]、それと共に、衣食住・教育・衛生など人間の基本的必要の充足が新

しく発展経済学の課題となってきた。(24)

このような方向への転換のきっかけは、一九四八年の世界人権宣言である。この宣言は第二二条で、次のように述べている。

「すべて人は、……各国の組織及び資源に応じて、自己の尊厳と自己の人格の自由な発展とに欠くことのできない経済的、社会的及び文化的権利の実現を求める資格を有する」。

また、第二八条では、このような経済的、社会的、文化的権利、すなわち、生存権および発展権は、国内および国際的な秩序の形成と関連していることが、指摘されている。

「すべて人は、この宣言に掲げる権利及び自由が完全に実現される社会的及び国際的秩序に対する権利を有する」。

ここに人権の実現が、国内外の経済社会秩序と関連していることが明らかにされ、人権の実現または人間の基本的必要の充足が、発展の目的自体でなければならない、という思考の流れが現われる。こうして、内発的発展は、今日までの支配的経済学のパラダイムである経済人に代えて、人間の基本的権利の実現、基本的必要の充足という新しいパラダイムを提起している。

2　他律的発展の否定と共生社会の確立

第二に、内発的発展はいっさいの他律的・支配的な発展を否定する。従来の型の発展が中心―周辺、支配―従属関係を世界システムに導いてきたとすれば、内発的発展はこのような中心支配圏と周辺従属圏の二分法による発展に対して、共生、分かち合いなど人間個々の相互依存関係と調和を重視した発展を対置する。ブラジルの教育学者パウロ・フレイレは、抑圧―被抑圧関係が必ず暴力(見える直接的暴力にせよ見えない構造的暴力にせよ)によって支えられ、したがって抑圧者、被抑圧者双方を人間を物化する思考に縛りつけていくことを示した。[25] 人間解放とはこのような人間の物化を拒否し、豊かな人間性を追求することから始められなければならない。

もともと近代市民社会の形成期に、アダム・スミスのような道徳哲学者は、市民社会をつらぬく倫理として、「私利」(self-interest)と「共感」(sympathy)の二つを挙げた。人間の私利追求は市民社会の見えざる調和の基底にある。しかし、市民社会は、「私利」だけでは成立しない。各人の他者に対する「共感」が存在してはじめて、人びとを社会に結びつける接着剤が見出される。だが、スミス以後の自由主義の進展のなかで、後者の要因は忘れ去られ、やがて「大魚が小魚を食う」ヴィクトリア朝後期の帝国主義社会が現出してくる。こうした時代の趨勢の中で、しだいに強まる思想的画一主義の風潮に抗して、発展の問題を「人間個性の発展」と置き代えたのは、J=S・ミルである。ミルは、その『自由論』(一八五五年)の第三章「幸福の一要素としての個性について」で、発展とは個性と同一事であり、個性の育成のみが十分に発展した人間を生み出すことを指摘した。ミルによれば、人間の自由と「人びとを相互に似させない」[26]境遇の多様性こそが、人間個性を伸ばし、独創性の源泉となる。現代世界でしばしば社会が個性を抑えるが、そこでは「習慣の専制」が人間を支配する。人間精神がこうした習慣のくびきから、自由と多様性に基づいて、独創性を培い、自らを解放していくとき、偉大な社会が形成される。

ミルの議論は、蓄積を目的とする「私利」人という人間像を、自由を目的とする「個性」人におき代え、社会の他律性を排する自律的な人間成長が、そのまま社会発展につながるとするものだが、ここでは、個人の成長＝社会発展とみる西欧の自然法的近代市民社会観がそのまま継承されている。しかし、人間と社会の関係をより相関的にとらえ、平和的＝非暴力的な社会形成が、人間、社会双方の変革なしには実現しない、という思考はアジアから出てきた。

マハトマ・ガンジーはすでに一九〇八年、近代文明の本質は物欲を増大させることにある、と指摘している。「人びとはいまや、金銭や金で買うことのできる奢侈財の奴隷となっている(27)」。だが、物的な快適さが増大することは、決して道徳的な成長を導くものではない。インドがイギリスに隷属しているから人びとが不自由なのではなく、人びとが自由でないからこそ、絶えずモノを追いかけているからこそ、インドが他国に隷属しているのだ。ここから『インドの自治』での、あのすばらしい言明が出てくる。「もしわれわれが自由になれば、インドも自由になる。……われわれが自分自身を支配することを学ぶとき、それが自治《スワラジ》にほかならない。自治はわれわれの掌中にあるのだ(28)」。

この認識から、ガンジーは、近代文明＝外国支配に対する不服従運動を「真理をつかむ」(サティヤーグラハー)とよんだ。

西欧文明と異なる真理をもたらす文明は、自律性の高まりと共に他者との調和にある。「真の意味での文明は、欲望をたえず増大させることにあるのではなくて、むしろ欲望を決然と、意志の力で減少させることにある。このことによってのみ私たちは、真の幸福や満足を高め、他人に奉仕する能力を増大させることができる」[29]。

人間の幸福や満足は、物質的富の増大にあるのではなく、自律性の高まり、他者への奉仕(＝他者との調和)にある、との基本的な認識がここにみられる。ここでの人間は、社会から切り離され、孤立した個人ではなく、むしろ社会と相関的に相互を向上させていくような存在である。正義と公正に基づいた新しい経済社会秩序は、人間が自らを変革していくことにより達成される。このような人間変革の手がかりを、ガンジーは、アシュラム(修道場)に入る弟子たちに課した誓いにおいて与えている。つまり、非暴力、真理の追求、盗みをしないこと、物に固執しない、肉体労働の尊重、好き嫌いをしないこと、恐怖感を抱かないこと、スワデシ(地方自身による地方的生産)などである。これらの誓いを人間が実現していくとき、人間は真理をつかみ(サティヤーグラハー)、愛＝非暴力(アヒンサー)に生きることになる[30]。

ここには、他律性の否定、個性の展開がじつは新しい共生の社会への展望を拓く、という思想が見出される。この意味で、ガンジーの思想は西欧文明へのもっとも根元的な批判をなしている。イヴァン・イリイチはこのテーマを引き継ぎ、「共生の社会」(convivial society)を、「人びとの間の自律的で創造的な相互交渉、人びとと環境との間の相互依存、他人によってつくり出された必要に条件反射的に飛びつくのではないような生き方、……つまり、人間が相互依存関係を通じて実現していくような個人の自由」[31]と考えている。人間たちは、社会におけるさまざまな決定に関与していく程度に応じて、共生の度合いを高めていくのである。こうした共生の社会では、個人や社会間の支配―従属関係は否定され、情報や知識や経験の分かち合いが重要になる。

3　協同主義と自主管理

第三に、内発的発展の組織形態としては、協同主義(association)、自主管理(autogestion, self-management)または参加(participation)がとられる。これらはいずれも、生産の場での組織形態が、社会の運営・決定に対して発言権を持つような経済社会形態を想定している。

産業社会の初期に、工業化が人類の協同状態をすすめることを説いたのは、サンシモンであった。彼は、有閑階級が支配する「対立の社会」では「腕力の支配」と「人間による人間の搾取」がそこでの法則となるが、工業化の進展と共に、蜜蜂(生産者)としての人間たちは、複数の家族を都市へ、複数の都市を国民体へ、そして複数の国民体を一つの連邦へと結びつける協同社会を進展させる、とみた。このような「普遍的協同」の進展による社会の平和的組織の達成こそが、人類の発展にほかならない[32]。

マルクスは、サンシモンの「協同」の概念を借りて、自由人の連合としての理想社会のあり方を描写したが[33]、マルクスが天上にあげた連合概念を地上に引き戻したのは、J＝S・ミルであった。すなわち、ミルは『経済学原理』の第四篇第七章「労働諸階級の将来の見通しについて」で、社会組織に関する理論として「従属保護」の理論と「自立」のそれとを対置し、現代社会においては前者が妥当しなくなったとして、労働者の自立性を保障するような社会組織として「協同」(association)の概念を提示した。(34)

「協同」には二つの組織形態が存在する。一つは、資本家と労働者間の協同であり、これは今日の日本企業における年功・稟議・TQC制やドイツでの経営参加(Mitbestimmung)に引き継がれる概念である。他方では、労働者同士の協同である。ミルは当時のイギリスで数多く生まれていた労働者間の協同組合の実例を分析して、後者の形態こそが労働者の自立にもっともふさわしい、とのべた。

ミルの分析した事例の中に、今日の協同組合運動の発端とみなされるロッチデール公平先駆者組合がある。オウエン主義者たちが設立したこの組合は、次のような原理に基づいて組織されていた。(35)

(1) 各組合員が一票の投票権を持つ民主的運営をとり、資本投資に応じた発言権を認めない。
(2) 自由加入制。なにびとでも当初の組合員と平等な条件で組合に加入できる。
(3) 組合に払い込んだ出資に対する利子は一定額に制限する。
(4) 利子と経費を支払った残りの剰余金は、組合員に対し、購買額に比例して分配する。
(5) 売買は現金に基づき、信用取引をしない。
(6) 純粋で混ざりもののない商品のみを売る。
(7) 組合員に協同組合原則を教育するために積立てを行なう。
(8) 政治的・宗教的な中立性。

これらの原則はいずれも、資本の支配、身分制の双方を排除し、自立した個人間の平等な連合関係を保障するような社会組織原理を示唆している。ミルによる理論化以来、協同組合運動は全世界で発展し、今日では数億人を組織して、国家部門、民間企業部門と並ぶ有力な経済部門を構成している。

また、ミルにやや先立つW・トンプソンが、真の女性解放は、強者原理の先立つ資本制の下では実現できず、弱者の相互扶助原理に基づく協同組合経済の下ではじめて実現する、と指摘していた[36]ことをもつけ加えておこう。

マルクス主義の側はつねに、協同組合主義に対し、それが現存の階級国家機構を容認し、その中で社会的改良=体制維持を策するものとして疑いの目で見てきた。しかし、すでに中央集権的計画経済体制時代のソ連でも、一九八〇年代には経済低迷からの脱出策として新たに協同組合部門を認めるようになった。また、従来、生活協同組合の分野に偏っていた協同組合運動の中でも、近年ではしだいに、「ワーカーズ・コレクティブ」「ワーカーズ・コオポラティブ」とよばれるような生産協同組合がふえてきており[37]、スペインのモンドラゴンのように協同組合原理に基づく地域社会も出現してきている[38]。こうして、現在の資本主義的国家の内部で、生産協同組合を拠点として、生産者・勤労者の自律的経済社会を拡大していくことを目指す「協同組合セクター」論も盛んになってきていることに注目したい[39]。

一九八〇年に公にされたレイドロウ『西暦二〇〇〇年における協同組合』は、二一世紀にかけて、世界の協同組合が、①飢えを満たす、②生産的労働を組織する、③生活者=消費者の保護者としての役割を高める、④協同組合地域社会を建設する、という四つの役割を果たしていく、と展望しているが、実際これらの分野での協同組合運動の仕事はますます増大していくにちがいない。[40]

他方、旧ユーゴスラビアの労働者自主管理の経験に発し、東欧諸国で当時のソ連および共産党支配体制に対抗する労働者の運動は、ハンガリー、チェコスロバキアに、またポーランドなどで「自主管理」をめざしてきた。自主管理社会主義は、政治的中立を掲げる協同組合主義とは、労働者の自主・共同管理を国家の政策決定レベルに及ぼそうとする点で異なるが、[41]西欧の社会民主主義にも大きなインパクトを及ぼすことになった。フランスでは、自主管理社会主義を名のるフランス社会党が[42]七〇年代末に政権を獲得し、これまで雲の上にあった国家権力を、中産階級・ホワイトカラー・知識人層にずっと身近なものとする役割を果たした。

今後、協同主義は自主管理の思想と結びつくことによって、さらに現代における内発的発展を推進していく組織原理として機能していくことになろう。

4　地域発展・自力更生と生態系保全

内発的発展は、歴史的にみて、中央集権的発展を排除し、人間の物化を拒否する思想として、生成・発達してきた。それゆえ、内発的発展の経済的要因として重要なのは、自力更生(self-reliance)に基づく地域的発展である。

筆者はかつて、自力更生路線をとるアジア社会主義諸国の発展経験を、つぎの四点に要約した。[43]

(1)　国内余剰の国民的統制と貯蓄率の上昇。

(2) 所得の再分配。
(3) 国内的経済循環構造の形成。
(4) 民衆参加。

これらは、内発的発展を国民的レベルですすめる際の経済的要因といってよいが、今日の日本で、国家の推進する「地域開発」路線に対抗して、「地域おこし」「地域主義」による地域発展をめざす思考が、きわめて、自力更生の思考に近く、またそれと内在的な連関性を持つことは驚くばかりである。

宮本憲一は、日本の村おこし、島おこしの事例を検証しつつ、その特徴を次のようにまとめている(44)。

(1) 外来的開発と異なり、外部の大企業に依存せず、住民自らの創意工夫と努力によって産業を振興する。外来資本や補助金を導入する場合は、地元の経済がある程度発展して、それと必然的な関係を要求したときである。

(2) 地域内需給に重点をおき、全国市場や海外市場の開拓による急激な売上げの増大を最初からめざさない。まず、安定した健全な経営を実現する。

(3) 個人営業の改善にはじまり、全体の地域産業の改善へすすみ、できるだけ地域内産業連関を生みだす。また、経済振興ばかりでなく、文化、教育、医療、福祉などを総合したコミュニティづくりを行なう。

地元の主体性の下に、地域内需給に重点をおき、地域内産業連関の形成に努める発展の路線は、「地域開発といえば、住民の所得収入の増大に直結する産業経済の振興や生産・生活の物的基盤整備という発想が従来まずなされてきたのに対して、地域社会における住民の人間的発達や生活の新たな連帯・共同性の創出を地域開発のあり方や地域づくりの目標としてより直截に示そうとする」(45)ものといってよい。

従来の地域開発理論は、中央集権によって「成長の極」(growth pole)を大都市・特定地域につくり出し、その波及・均霑効果を周辺地域に及ぼしていく、とするものが支配的であり(46)、発展途上国の開発も「近代化論」とよばれるこの理論が主流となっているが(47)、成長の担い手としての巨大企業・多国籍企業による企業内分業の展開が、地域経済の循環性を破壊し、地域間不均衡を生み出すという問題が、ヨーロッパ統合や途上国開発をめぐって起こってきている(48)。

日本の地域づくり論も、世界的な規模での「近代化論」に対抗する地域発展論のコンテキストに入るものと考えられよう。

たとえば、清成忠男は「内発的地域振興の具体策」として、経済の「地域化」に五つの段階があることを指摘する(49)。

(1) 移入代替。いま移入に依存している製品で、地元産出可能なものは、地元産品に切り換える。

(2) 移出代替。移出財の加工度を高める。素材のまま移出している財については、加工して付加価値を高めて移出する。付加価値が高まった分だけ、雇用が増大する。

(3) 移出財の再輸入の阻止。域外に移出した食料、原料等が付加価値をつけて再移入されることを防ぎ、域内循環システムを形成する。

(4)既存産業の見直し。もともと地元に存在していた産業を、現代のニーズに合わせて再組織化する。すでに蓄積されている技術や技能を利用する「中間技術」の活用が重要である。

(5)地元の資源や労働力を生かして、新しい産業を起こす。

これらの点に、私は次の点をつけ加えておきたい。

(6)直販、生産者・消費者提携、地域・団体間販売など、新しい域内外の流通ネットワークを形成する。

これらのうち、(1)—(3)が独立後の発展途上諸国が通常とっている輸入代替、輸出加工、自国資源利用の諸発展戦略に対応していることはいうまでもない。しかし、じつは発展途上国の経済発展において(そして日本の過疎地域においても)もっとも困難なのは、(4)—(6)の領域である。これらは、前述のアイデンティティや分かち合い(シェアリング)など、内発的発展の問題がただちに関係してくる領域なのである。

結局のところ、発展とは内側から変化を導く能力にほかならず、内発的発展とは、このような変化を統御し、創出する主体的条件の整備といってもよい。内発的発展はしたがって、発展途上国においても、また後進(過疎)地域においても、従来の発展戦略の枠を越えて、南北格差の是正をはかろうとするとき、重要となってくる発展戦略のてこにほかならない。

内発的発展にはこのように、国際経済のレベル、国民経済のレベル、地域のレベル、都市のレベル、農村のレベル、それぞれのレベルで自力更生をめざす理論・方策が存在するが、ここではこれ以上立

入らない。(50)

最後に、内発的発展はそれが地域における住民の空間的・時間的に最適のコミュニティ生活形成と関連している以上、生態系・環境の保全を重要な要因としていることを述べておきたい。

今日までの中央集権的開発においては、自然はつねに開発の対象と考えられ、自然と人間の形成する生命の循環システム(生態系)という概念はほとんど考慮されることはなかった。アメリカで環境保全が問題となってくるのは一九世紀末の「保全運動」(conservation movement)による国有林の増大を通じてのことであった。(51)しかし、アジアでは、ガンジーの簡素な生活のすすめにもみられるような自然と人間の調和という思想の流れがつねにあった。こうしたアジアの思想に影響を受けて、シューマッハーが「スモール・イズ・ビューティフル」の思想を提起して、現代工業世界による生態系・環境破壊に警鐘を鳴らしたことはよく知られている。

人間の経済は、図１が示すように、自然環境を開発し、自然から低エントロピー資源をとり出し、立地・燃料・水などさまざまな通過要素(throughput)を用いて、これを生産過程に投入(input)し、生産物を産出(output)する。この経済から生み出されたサービスが、自然環境から取り出されるサービスの流れとともに、人間の豊かさの内容を形づくる。ところが、この生産過程を通じ、厖大な通過要素が利用されるとともに、生産物利用後の廃物・廃熱とあいまって、高エントロピーの廃物・廃熱が自然の生態系へと還元されていく。(52)図１でＡは開発過程、Ｂが保全過程だが、今日の大規模開発ではしばしば、生産と汚染、開発と保全のバランスがくずれ、人間の富がそこに立脚しているところの

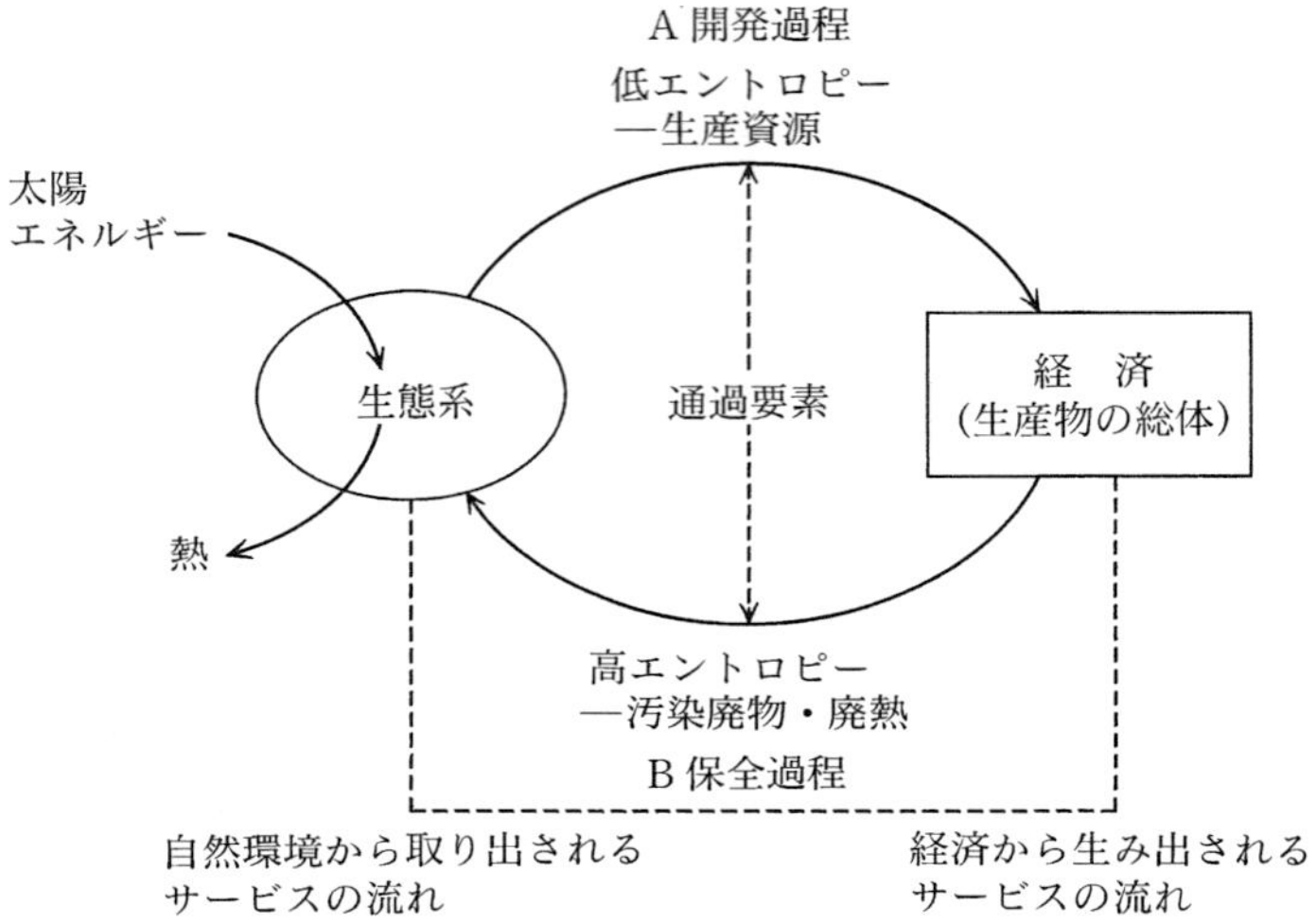

図1　生態系と経済からえられるサービスの流れと開発，保全過程

生態系を非可逆的に破壊して、空間的にみて大多数の人間を貧困化させるばかりでなく、じつは時間的にみて、私たちの子々孫々の利用しうる環境ストックを壊し、子孫の世代を貧困化させているのである。砂漠化、熱帯林など再生可能資源の破壊、酸性雨、異常気象、種の絶滅、原発・農薬・化学物質等による大規模汚染や生命系の破壊など、人間は自然の生態系を壊し（エントロピーを増大させ）、自らの類的貧困化をすすめている。かつてミルが憂慮したような「地球にその楽しさの大部分を与えているもろもろの事物の破壊」は非可逆的にすすんでいる、といわなければならない。

今日までの経済学の主流派は、投入―産出効率の極大化のみを取り上げ、この図にみられるような生態系―経済というより広い「人間の経済」[53]の仕組と、そこでのエントロピー増大という問題を取り上げることがなかった。そこから、中央集権的・大規模開発による住民の貧困化がまかり通ることになったのである。

内発的発展は、地方分権的地域発展をそのベースとすることにより、地域レベルで開発と保全のバランスを再建することに努める。そして、そのような経済は自ずと、産出の極大化を目的とするのではなく、人間と自然の調和、人間コミュニティの再建を目的とするがために、定常的な経済とならざるをえないのである。(54)

四　結　論

一九七〇年代中葉から、ユネスコ、国連大学、またいくつかの国の研究機関や研究者から呈示されるようになった内発的発展論は、第二次大戦後の世界における西欧へゲモニー文化の衰退、支配的な欧米の発展段階説的歴史観に対する批判から生まれた複数発展路線という問題提起、という二つの歴史的条件の中から生成した。

前者は第三世界(南の諸国)やアジアなど非西欧文化のアイデンティティ模索と相伴うものであるし、後者は、近代化論による支配―従属関係の形成を否定した従属理論、これを基盤とした新国際経済秩序の要求に支えられた。内発的発展論は、こうして西欧文化特有の力学的・機械論的発展論を否定し、文化的要因を重視する一方で、単に個人の発展を目的とするのではなく、人間と国際的・国内的秩序との相関関係による人間社会の発展を基軸と考える、という特徴を持つ。

このような内発的発展論の先駆は、すでに一九世紀に、イギリス支配文化が世界に拡散して、自由貿易を基軸とするイギリス体制を築き上げようとしたとき、これに対抗する内生的発展の模索として、ドイツ、フランス、アメリカという周辺地域で興隆した諸理論に見出される。これらの理論は、国民経済学、協同社会論、地域発展論とその形態はいずれも大きく異なるが、イギリス起源の自由主義・普遍主義に対抗して、自らのアイデンティティを「国民」「協同主義」「多面的個人」などに求め、それぞれ独自の発展路線を指向した。これらの発展路線は、今日でもそれぞれの国や地域社会の発展の仕方に大きな影響を及ぼしていることは、驚くばかりである。二〇世紀の最後の四半世紀に、発展途上国を中心に勃興した内発的発展論も、その骨格の多くを、これらの理論に得ている。

今日の内発的発展論を検証するとき、私たちは次のような特徴を見出すことができた。

まず、内発的発展論は、欧米起源の資本蓄積論、近代化論のパラダイムを転換し、後者の経済人像に代え、全人的発展という新しい人間像を定立している。したがって、利潤獲得や個人的効用の極大化よりは、むしろ、人権や人間の基本的必要の充足に大きな比重がおかれる。

第二に、内発的発展は、自由主義的発展論に内在する一元的・普遍的発展像を否定し、すなわち、それに伴う他律的・支配的関係の形成を拒否し、これに代えて、自律性や分かち合い関係に基づく、共生の社会づくりを指向する。人間の自律性、物化の拒否が社会や民族の自立と重ね合わされる。

第三に、内発的発展は、参加、協同主義、自主管理等、資本―賃労働、国家―大衆という、資本主義や中央集権的計画経済における伝統的生産関係とは異なる生産関係の組織を要求する。国家機構や経済運営のさまざまなレベルにおける労働者、生産者、利用者たちの参加、共同決定、協同管理は、資本主義、社会主義双方の経済社会の内部に協同組合セクターを育て、これらの経済社会システムにおける中央集権主義、権威主義的他律関係を緩和していく役割を果たしている。

第四に、内発的発展においては、地域レベルにおける自力更生(self-reliance)、自立的発展のメカニズム形成が重要な政策用具となる。国家、地域、都市、農村等あらゆるレベルの地域的産業連関、地域内需給の形成による地域的発展、地域的共同性の創出が、巨大開発や多国籍企業による外部からの分業設定や資源吸収、単一文化の押しつけに対して地域のアイデンティティを守る経済的基盤となる。地域自立は同時に、住民と生態系間のバランスに支えられなければならない。生態系や環境の破壊は、住民を貧困化させ、自力更生の基盤を壊すからである。内発的発展においては開発と保全のバランスによって、時間的にも空間的にも、住民共同体が限られた地球・地域の資源から利益を得て、自らと子々孫々にいたる豊かな生活を保障していくことが計られる。このような発展は自ずと、定常型に近いものとならざるをえない。

以上みたように、二〇世紀の七〇年代以降呈示されてきた内発的発展の思想は、近現代世界で、つねに他民族・他者とそして自然を収奪することにより、人類の限られた一部に富を集積し、このような価値観を唯一絶対のものとしてすべての人間に押しつけることを至上命令とした欧米起源の資本蓄積・経済成長論、近代化論に対するアンチテーゼとして、人類の大多数の側から生まれてきたものである。この思想は、近代世界の主流をなしてきた自由主義と支配主義に対抗した多くの人びとの闘いと辛酸を経て、しだいに形成されてきた。それは正統派の経済思想に対して、人類のもう一つの思想遺産をなしている。この遺産は近年、人間と社会を結ぶ非西欧世界の豊饒な思想の流れと合体して、急速に現代世界の直面している巨大なアンバランス――南北格差、投機経済、地域格差、環境破壊、軍拡経済等――の進行に対するオルターナティブな発展思考としての体系化の道を歩みはじめている。二一世紀の世界において、内発的発展の思想が新しい正統派の位置につきうるか否か、それは結局のところ、この思想の論理化がどれだけ進むか、そしてこの思想がどれだけ人類の大多数の指向を吸収し、これらの人びとを動かしていくか、にかかっているだろう。

注

(1) Dag Hammarskjöld Foundation, *Que Faire ?*, 1975, p. 35.
(2) *Ibid.*
(3) 鶴見和子「国際関係と近代化・発展論」(武者小路公秀・蠟山道雄編『国際学――理論と展望』東京大学出版会、一九七六年所収)。
(4) 前掲書、七〇頁。
(5) 鶴見和子編『思想の冒険』筑摩書房、一九七四年。
(6) Samuel Smiles, *Self-Help*, London : J. Murray, 1st ed., 1859, p. 2.
(7) *Ibid.*, p. 3.
(8) 吉田静一『フランス重商主義論』未来社、一九六二年。
(9) F・リスト、小林昇訳『農地制度論』岩波文庫、二一一頁。

(10) Ｆ・リスト、小林昇訳『経済学の国民的体系』岩波書店、一九七〇年、一九〇頁。

(11) 前掲書、二〇七頁。

(12) Ｃ・フーリエ、巌谷国士訳『四運動の理論』現代思潮社、下巻、第三部第二証明「島国による独占について」二二七頁。

(13) Ｋ・マルクス、高木幸二郎他訳『経済学批判要綱』大月書店、第五分冊、九五六頁。

(14) H. C. Carey, *Principles of Social Science*, Philadelphia : J. B. Lippincott & Co., vol. I, 1858, Reprint by M. Kelley, pp. 23-63.

(15) *Op. cit.*, vol. III, 1865, p. 409.

(16) H. C. Carey, *The Slave Trade, Domestic & Foreign*, Philadelphia : A. Hart, Carey & Hart, 1853, Reprint by M. Kelley, p. 364.

(17) H. C. Carey, *The Past, The Present & The Future*, Philadelphia : Henry Carey Baird, 1847, Reprint by M. Kelley, Chap. X : Concentration and Centralization; *ibid.*, Principles of Social Science, vol. III, *op. cit.*, Chap. XLIV : Of Concentration and Centralization ; Chap. L-LIII : Of Commerce. トンプソンが女性解放を協同経済と結びつけたのと同じく、ケアリは、女性の隷属を中央集権化と結びつけ、両性間の平等は交通による地方集中化によって初めて実現する、と説いた(PSS, vol. III. Chap. L)。なお、邦語のケアリ研究文献としては、久保芳和『アメリカ経済学史研究』(有斐閣、一九六一年)、および宮野啓二『アメリカ国民経済の形成』(御茶の水書房、一九七一年)がある。

(18) M. Nerfin (ed.), *Another Development. Approaches and Strategies*, Uppsala : Dag Hammarskjöld Foundation, 1977.

(19) *Ibid.*, pp. 10-11.

(20) International Foundation for Development Alternatives, *Dossier*. このシリーズは一九八八年一〇月

までに六七号を刊行した。

(21) 国連大学のプロジェクトでは、Anouar Abdel-Malek (ed.), *Intellectual Creativity in Endogenous Culture*, U. N. U., 1978 が刊行された。

(22) P. Ekins (ed.), *The Living Economy*, London : Routledge & Kegan Paul, 1986 (エキンズ[一九八七]).

(23) 斉藤恵彦『世界人権宣言と現代』(有信堂高文社、一九八四年)、および田畑茂二郎『国際化時代の人権問題』(岩波書店、一九八八年)。

(24) 南北問題の経済学における人間の基本的必要(BHN)の扱いについては、拙著『南北問題』(NHKブックス、一九七九年)参照。

(25) パウロ・フレイレ、小沢有作他訳『被抑圧者の教育学』(亜紀書房、一九七九年)。また、G. J. Kruijer, *Development through Liberation*, London : Macmillan, 1987 も人間解放を発展問題の根本におく思考をよくまとめている。

(26) J＝S・ミル、塩尻公明・木村健康訳『自由論』岩波文庫。

(27) M. K. Gandhi, *Indian Home Rule*, Madras : Ganesh & Co., 1908, p. 33.

(28) *Ibid*., pp. 68–69.

(29) M. K. Gandhi, "From Yeravda Mandir", in J. S. Matur (ed.), *Economic Thought of Mahatma Gandhi*, Allahabad, 1964, p. 612.

(30) J＝S・マトゥール「ガンディーの平和思想と現代」(『平和研究』第九号、一九八四年)。

(31) I. Illich, *Tools for Conviviality*, New York ; Harper & Row, 1973, Chap. 1.

(32) バザール他、野地洋行訳『サン-シモン主義宣言』木鐸社、一九八二年。

(33) K・マルクス『ゴータ綱領批判』(マルクス・エンゲルス全集、第一九巻、大月書店所収)。

(34) J＝S・ミル、末永茂喜訳『経済学原理』岩波文庫、第四巻、第七章。

(35)　G＝D＝H・コール、森晋監訳『協同組合運動の一世紀』家の光協会、一九七五年、九五―一一二頁。

(36)　W. Thompson, *An Appeal of One-half the Human Race, Women, against the Pretensions of the Other Half, Men. to Retain Them in Political, and Thence in Civil and Domestic Slavery*, 1825, Reprinted by Virago Press, 1983. トンプソンの女性解放思想の紹介として、中川雄一郎「女性解放思想と協同組合」(斉藤仁監修『今日に生かす協同思想』家の光協会、一九八四年)がある。なお、女性解放と協同組合活動の関連について、佐藤慶幸編著『女性たちの生活ネットワーク』(文真堂、一九八八年)、高杉晋吾『主婦が変われば社会が変わる』(海鳴社、一九八八年)が生活クラブ生協の実践を分析して興味ぶかい。

(37)　J. Thornley, *Workers' Co-operatives*, London : Heinemann, 1981; R. Oakeshott, *The Case for Workers' Coops*, London : Routledge & Kegan Paul, 1978 は、それぞれ、欧米ワーカーズ・コオポラティブの概観を与える。P. Cockerton & A. Whyatt, *The Workers Co-operative Handbook*, London : ICOM Co-publications, 1984 はワーカーズ・コオポラティブ設立のマニュアル。石見尚編著『日本のワーカーズ・コレクティブ』(学陽書房、一九八六年)は日本での生産協同組合概観。宇津木朋子他著『もうひとつの暮らし・働き方をあなたに』(協同図書サービス、一九八七年)は生活クラブ生協の場でのワーカーズ・コレクティブ実践の経験を語る。

(38)　『協同組合の拓く町――スペイン・モンドラゴンの実験』(芽ばえ社、一九八四年)、トマス／ローガン、佐藤誠訳『モンドラゴン――現代生産協同組合の新展開』(御茶の水書房、一九八六年)。なお、協同組合と地域社会の関係については、生活問題研究所編『イタリア協同組合レポート』(合同出版、一九八五年)、千里山生協文化教育委員会『人間としての街へ』(ユニウス、一九八六年)等を参照。

(39)　協同組合セクター論については、農林中金研究センター編『協同組合論の新地平』(日本経済評論社、一九八七年)の第五章「協同組合セクター論」(有賀文昭、斉藤仁監修、前掲書)。生活クラブ生協プロジェクト・チーム『いま生活市民派からの提言』(御茶の水書房、一九八八年)、古沢広祐『共生社会の論理』(学陽

書房、一九八八年)、International Co-operative Alliance, *Co-operatives Today*, Geneva, 1986 等を参照。

(40) レイドロウ報告『西暦二〇〇〇年における協同組合』は全国農協中央会より一九八〇年に邦訳が出ている。その意味とワーカーズ・コオポラティブ社会との関連については、P・デリック他、高橋芳郎・石見尚編『協同社会の復権』(日本経済評論社、一九八五年)を参照されたい。

(41) 自主管理については、さしあたって、Y・ブールデ/A・ギレハム、海原峻・宇佐美玲里訳『自主管理とは何か?』(五月社、一九七九年)、P・ロザンバロン、新田俊三・田中光雄訳『自主管理の時代』(新地書房、一九八二年)、A. Dumas (éd.), *L'Autogestion, un système économique ?*, Paris : Dunod, 1981 を参照。Y. Bourdet, *La délivrance de Prométhée*, Paris : Anthropos, 1970 はパリの五月革命を踏まえた自主管理論の古典である。A・メイステル、川崎嘉元・小池晴子訳『自主管理の理念と現実』(新曜社、一九七九年)はユーゴスラビア自主管理社会主義の批判的検討。

(42) フランス社会党編、大津真作訳『社会主義プロジェ』(合同出版、一九八二年)に自主管理社会主義の基本理念が示されている。なお、自主管理に関する基本資料として、一九六六年から八六年までブールデらの手によって発行された雑誌 *Autogestions* (全二二号)を挙げておこう。

(43) 西川潤[一九八〇]。これらアジア社会主義国は中央集権化の弊害「政府の失敗」から、市場経済への移行をすすめているが、同時に市民社会の育成に努めない限り、ロシアのような混乱に巻きこまれることになろう。

(44) 宮本憲一『現代の都市と農村』日本放送出版協会、一九八二年、二四三―四四頁。

(45) 成瀬龍夫「地域づくり論の現状と展望」(『地域と自治体』第一三号、自治問題研究所編、一九八三年)、四七頁。

(46) 長峯晴夫『第三世界の地域開発』名古屋大学出版会、一九八五年、第四章。

(47) 西川潤『南北問題』日本放送出版協会、一九七九年、第V章。

(48) S. Holland, *Capital versus the Regions*, London : Macmillan, 1975(仁連孝昭・佐々木雅幸他訳『現代資本主義と地域』法律文化社、一九八二年); *ibid.*, The Regional Problem, London : Macmilan, 1976 ; J.-L. Reiffers, *Transnational Corporations and Endogenous Development*, Paris : UNESCO, 1982.

(49) 清成忠男『地域主義の時代』(東洋経済新報社、一九七八年)六七—七三頁、および同『八〇年代の地域振興』(日本評論社、一九八一年)一五一—一七頁。

(50) 自力更生の諸理論、方策の検討については、J. Galtung et al. (ed.), *Self-Reliance. A Strategy for Development*, Geneva : Institute for Development, 1980 をさしあたって参照。なお、自力更生論の古典として、マーク・セルデン、小林弘二・加々美光行訳『延安革命』(筑摩書房、一九七六年)がある。

(51) H. J. Barnett and C. Morse, *Scarcity and Growth*, Baltimore : J. Hopkins University Press, 1963, Chap. 4.

(52) 玉野井芳郎『エコノミーとエコロジー』(みすず書房、一九七八年)、H. E. Daly [1977].

(53) K・ポランニー、玉野井芳郎他訳『人間の経済』I、II(岩波書店、一九八〇年)、および玉野井、前掲書。

(54) H. E. Daly, *op. cit.*; エキンズ、前掲書。

第2章　国家と地域開発／発展

一　近代国家と開発

開発という言葉が社会科学や人文科学に最初に入ってきたのは、それほど遠いことではない。一八世紀の終りから一九世紀の初め、国家の概念が確立した頃のことである。この時期に市民社会の哲学者ヘーゲルが歴史の進歩を指してEntwicklungという言葉を使った。ここで日本では、開発あるいは発展と訳されることになる概念が出てきたわけである。ヘーゲルの場合には、歴史を理性の自己展開(Entwicklung)と考えた。ヘーゲルでは「理性」が、近代国家を枠組として発展する市民社会の概念と重なっていた。ヘーゲルの理性はやはり西欧的理性といえる。ヘーゲルの場合には、あるものが自己発展していくモメント、それからあるものが組織的に展開されていくモメント、この両モメントが合致して、Entwicklungという概念を形づくっていた。

開発という概念はこの二つが重なり合うのだが、ところがそれ以後、近代国家では、だんだん組織的に何らかの考え方が展開されていく、新しいものが開かれる、という後者の意味で使われてきたようである。ゲーテの『ファウスト』(一八三一年)では、悪魔のメフィストフェレスに魂を売って、交換に全能の力を手に入れたファウストが、人類の楽園を築くべく「開拓事業」にのり出し、そこに平和に住む老夫婦を追い出し、殺してしまう話が出てくる。(1) 日本では、徳川時代に新田開発といった形で行なわれる「御上」の上からの開発を、仏教用語の「開発」(かいほつ、これは自動詞)から転用して、こうよんだ。これはいずれもヘーゲル的な市民社会の自己発展とはずいぶん異なる。こうして開発ということがしばしば、中心地の産業経済構造が発展するときに、周辺地あるいは後背地の産業経済構造がそれに合わせて組織されていくことを示すようになる。すなわち、あるシステムの形成の中で、中心地と周辺地が分化してきて、いままでは周辺地でもなんでもなかったところが、後進地という名目の下に近代化されていく。そして民族がエスニック化または部族化されていく。

こうした開発が、今日までの世界の発展を動かしてきた。その際、中心地・周辺地双方とも経済社会構造が大きく変化するが、とりわけ中心地の影響を受ける周辺地においては、経済社会の構造がラディカルに変わってくるという事態が生じる。哲学者のイヴァン・イリイチはこれを、開発が必ず非平和情況を生み出すと指摘した。実際、近代国家、とりわけ一六―一七世紀に原始蓄積を推進する初期国家は多かれ少なかれ、海外市場をいかに確保するかという問題と国内の後背地をいかに開発するかという問題の二者択一に直面していた。当時、海外市場を確保するにはかなりの資本が必要であった。その資本をどこからもってくるか。重商主義は貿易差額でそれを賄おうとしたが、実際は、初めは海外に船を送ることだけでも大変な資金を必要とする。海外に出ていくためには、国内で後背地を組織して、初期資本を集める手段がとられた。一七世紀のイギリスが新大陸貿易の覇をスペインと競いながら、国内ではエンクロージャー(土地囲い込み)を続けたのがその例である。同時にイギリスは、アイルランドを植民地化していった。だから、クロムウェル軍の軍医としてアイルランドに渡ったウイリアム・ペティの本(『アイルランドの政治的解剖』)を読むと、いかにイギリスのために、アイルランドが羊毛の供給地として開発されていったかがわかる。ペティが後進国アイルランドの発展の処方箋として書いたのは、イギリスの羊毛植民地として、つまり、イギリスへの羊毛提供地として発達する方向であった。そしてペティ自身、アイルランドで大地主になり、開発の先頭に立ったわけである。

次に、一九世紀のイギリスをとろう。この時期にはイギリスは自由貿易の時代である。資本蓄積もかなり進んでいる。ところが一八四〇年代からイギリスで、自由貿易帝国主義(Free trade imperialism)といわれるような、帝国主義的な海外進出が始まる。このときのスローガンがウェークフィールド(『イギリスとアメリカ』)によって理論化されている。すなわち、開発と資本輸出と移民である。移民によって、海外の植民地を確保し、その植民地に資本を輸出して、そこを本国と結びつける。その海外植民地の主要地点、多くは港湾都市を拠点として、海外諸国を植民地化していく。このときに開発というのは、はっきり三位一体として資本輸出、植民と結びついている。このような植民地の形成を通じて、自由貿易が進展した。海外は原料、あるいは食料の供給地に変わってくる。本国は工業を発達させて、これを土台に、リカードが自由貿易によって実現すると考えていたような国際分業体制が、イギリスの力を背景として実現していく。(2)

イギリスが組織的な植民地化(systematic colonization とこれをウェークフィールドは呼んだ)に

とりかかるとともに、ヨーロッパの後発工業国はイギリスに対して、一方では自由貿易を通じてキャッチ・アップを試みながら、他方では自らもやはり海外進出への対応を迫られていった。フランスの第二帝政が典型的な例である。フランスの場合には、一八六〇年代、ナポレオン三世がアグレッシブにメキシコと日本の両方に進出を図ったが、メキシコでインディオの軍隊に敗北した結果、日本での幕府へのてこ入れからも退出せざるをえず、結局プロイセンに軍事的な敗北を喫した結果、フランスの帝国主義的な進出は崩壊した。

ところがドイツの場合、プロイセンによる統一をきっかけとして、七〇年代後半の不況を契機として、帝国主義的な海外進出が開始される。これが一八八四―八五年のアフリカ分割に至り、このときもドイツは資本の蓄積があまりない。だからビスマルクは海外に出ていくべきか、それとも国内を固めるべきかという選択に直面した。そして、この八〇年代にエルベ河東への内国植民が、積極的に推進されていくわけである。その理由の第一は、急速に上から育成された工業が不況に直面したとき、農業も同時に不況に陥った。これはドイツが海外に出ていくと同時に、自由貿易で農産物が入ってくるから当然の結果といえる。このとき、土地から遊離した農民をどこに収容するかという問題が提起された。他の理由はロシアに対抗して、ドイツ帝国の北辺をユンカー勢力で固めようという関心による。これは後に東方への驀進(Drang nach dem Osten)と呼ばれる動きだが、オーストリア、ハンガリー、あるいはルーマニア、トルコへまでも出ていくための東辺の固めである。ユンカー勢力の拡大は資本形成にも望ましい。この二つの理由から、ドイツはこの時期に内国植民を積極的に推進した。

この時期に、ドイツ歴史学派の巨匠シュモーラー、そして若き日のマックス・ウェーバーらが内国植民を推進する理論的な役割を担った。彼らはビスマルクの植民とは違い、むしろ中小農民の移民を推進することによって、ドイツの民主化を図ることができると考えたのだが、しかし現実には第二帝政期のドイツは、ますます国家型の発展路線が確立した時代である。この時期にドイツの歴史家マイネッケが名著『世界市民主義と国民国家』(一九〇八年)を著わす。ここでマイネッケは次のことを指摘している。すなわち国民国家的な理念が確立するということは、たしかにドイツが元来もっていたところの世界市民主義的なものをバックボーンとして、両者の間に通い合うところがあるのだが、しかし国民国家の理念が確立していく中で、じつは世界市民主義的な側面がドイツ人の中から忘れられていこうとしていると。つまり、マイネッケの言葉を借りれば、国家理性が確立するとき、人間は集団に圧縮されるという。われわれが明治国家のことを考えるとき、このマイネッケの指摘について思い当たるところが大きい。すなわち、われわれは一九世紀末のこの時期に国家主義的な発展路線を選択したことによって、個人を集団に圧縮してしまった。つまり国民国家が個々の市民・人間を吸い取っていったという側面がある。マイネッケはさらに、この国民国家の中で、文化国家の理念が後退していくことを指摘したうえで、国家理性を乗り越える方法として、市民の生活共同体を発展させる道というものを提起したわけだが、じつはこの方向はドイツでは忘れられていったわけである。

日本でもすでに一八世紀の末に、本多利明が貿易による富の形成を説いていた。その際に彼は、本国人が移住をすることによって、蝦夷地、北海道を開発するということを考えた。本多利明によれば、北海道開発は三つの理由から必要とされる。第一はロシアに対する安全保障、北敵に対して要害を固めるということである。第二は金、銀、銅、鉛、鉄等の鉱山の採掘、また、木材資源によって船舶を建造し、工業化を進める。第三が北海道、千島を基地として、カムチャツカ、樺太、満州、アメリカとの交易の発展を目指す。本多利明の思想は、北方開発に基づく工業化論といえよう。彼は、蝦夷、カムチャツカ開発を進めることにより、「東洋に大日本島、西洋にエゲレス島と、天下の大世界に二個の大富国、大剛国とならんことは慥《たし》かなり」（『西域物語』）と、イギリスと並んで日本が北辺開発をてことして、世界の大国となる道を示唆していた。これは、航海―海外貿易―産業化による重商主義的発展路線といってよい。

実際、幕末には、この本多利明の思想は、橋本左内、吉田松陰などに大きな影響を与えた。彼らは、みな、同じような議論をして、北海道を開発すると同時に、海外に出ていく、オーストラリア、アメリカまで出ていくというような雄大な思想を展開した。実際には、明治期の日本は、一方では台湾、朝鮮への海外進出、他方では北海道開発、拓殖を強権的に上から進めることになった。その目的は第一には当然、北方の安全保障、第二には資源開発、第三にやはり内地で近代地主制が確立してくるので、同時に貧窮化した農民を移住させる。初めは士族、ついで農民を移住させる。そういう形で北海道は、中心地たる内地の発展に対応して開発させられていった面を否定できない。つまり、近代日本が国家主導型の発展路線を採択したとき、北海道は内国植民地として開発されていくことになる。(3)本多利明が描いたような、重商主義的帝国主義的な発展路線は、一世紀経って実現したということができよう。

事実、北海道の拓殖は、日本の大陸進出、満蒙開拓の原型となった。札幌農学校はその先端にあった。松沢弘陽は、札幌農学校の場での非戦論の伝統を掘り起こしているが[4]、私は非戦論と同時に、やはり植民学の伝統があったということを指摘しておきたい。二〇世紀初めの時点で、当時の台湾民政長官後藤新平は、札幌農学校の教授高岡熊雄(当時、彼はプロシアに留学していた)に資金を出して、プロシアの内国植民制度について報告を書かせた。この報告は、台湾日日新聞社から一九〇六年に出版された。札幌農学校は、新渡戸稲造、志賀重昂など、植民政策を担った人びとを輩出した。この伝統に立って、台湾の民政長官後藤新平は実際、新渡戸稲造を部下に引き抜いたわけだが、また、資金を出して、札幌農学校の教授に植民制度の調査をやらせて、満蒙開拓の参考とするということをやった。そういう意味で北海道の拓殖は、日本の大陸進出、満蒙開拓の原型となっていったと考えている。

国家主導型の開発においては、先住民族の生活・個性は抹殺されていく。北海道でも、国家の同化政策の前に、アイヌ民族は、少数民族、「旧土人」という形に転落していって、〝旧土人保護法〟の対象となってしまう。一九八五年、日本平和学会の名古屋大会で、フランスの平和学会会長のアラン・ジョクスが講演を行なった。彼はその際、ヨハン・ガルトゥングの「構造的暴力」の概念を批判した。周辺地では決して構造的暴力というような間接的な暴力が重要なのではない、第三世界ではむしろ、周辺的暴力というものが存在する、という。むき出しの周辺的暴力こそが問題なのだと彼は指摘した。

北海道というところが、民衆の血にまみれた歴史というものの上に築かれたことは大友陽子によって明らかにされているが、(5) ジョクスのいう周辺的暴力は、アイヌ民族、囚人労働、中国人や朝鮮人の強制労働についても妥当すると考えられる。

国家主導型の開発の特性を次のように整理することができよう。これはアイルランド、東エルベ、あるいは北海道について共通していえることである。

(1) 中心地の富強を増大する形で周辺地の補完的な開発が行なわれる。

(2) 周辺地は自主性を奪われて、上からの開発が強行され、そこでは行政の強権的、軍事的性格が強い。

(3) 周辺地では中心地に原料、資源、食糧を提供するか、またはこれらの一次的加工品を安価に提供して、中心地から消費財を輸入するような分業構造を形成する。

(4) こうした型の上からの開発は、周辺地において差別、人権蹂躙《じゅうりん》など非平和的な情況を生み出している。今日ではこのような情況は失業、道民共通の富の演習場による収奪などに現われている。

このように国家主導型の開発の特性を要約したうえで、次にオルターナティブな平和的発展の道を考えてみたい。

二　北海道の内発的発展の展望

国家主導型の発展は、周辺地の北海道の今日までの発展に対して、いわば〝原罪的〟な刻印を押してきた。たとえば、田中彰『未完の明治維新』の中でも、北海道と沖縄は、つねに本土、内地に比べて行政制度が遅れて施行されてきた、廃藩置県や徴兵制から地租改正に至るまで、遅れてきたということを指摘している。そのような周辺的性格というのは今日まで続いているのではないか。総理府が開発庁を設けて、中央が開発に直接責任を負う、これも北海道と沖縄だけである。これは開発の中央集権的性格を端的に示すものといえよう。

北海道の首府は札幌である。この札幌という都市の性格を考えてみたい。札幌というと、行政都市、支店都市、第三次産業都市、これはすぐ頭に浮かんでくる。この札幌という都市のイメージはじつは、北海道と中央を結ぶ役割を果たしていることがわかる。だが同時に、日本平和学会が北海道で開かれ、その場での諸報告で明らかにしたように、北海道は沖縄とともに、全国で軍事基地が一番集中している地域である。私たちは北海道に漫然と観光旅行にきているかぎり、札幌の空港である千歳が軍事基地だということに気がつかない。中心地の人間の視点がいかに限られたものかを、あらためて考えさせられる。これだけ軍事基地が集中しているということは、いい換えれば、道民の共通の富である天然資源、土地が中央に収奪されていることにほかならないのではないか。

日本国家はこうして中央直結という形で、つねに集中的に地方開発を行なってきた。ところが今日、日本経済は国際化の方向に急激に動き始めている。従来、国家と結びついて地域開発を利用しつつ成長してきた大企業は急速に工場を海外に移転しつつある。地方経済はこれまで一方では中心地にずいぶん金融を行なってきた。中心地の資金は、東京をも含めた諸地方から集めたものを中央で大企業に融資するという形をとってきたといえる。地方は中心地の中心企業を融資しつつも、他方では中心部からの補助金、移転金によって成長を図ってきた面がある。そのため、地方の不満は表面化してこなかった。ところが国際化に伴い産業構造転換、あるいは減反政策によって補助金の伸びも止まり、地方は不況に襲われるようになった。これは北海道ばかりの現象ではない。秋田、山形、新潟、富山、石川と続く日本海沿岸の諸県は、みな高度成長期の末期に重化学工業基地を設けて、重化学工業の招致を図ったが、しかし工業団地が完成したころには、重化学工業はほとんど海外に移動して、せっかく完成した団地にはどこの県でもペンペン草が生えている。こうした深刻な影響のうえに、さらに一九八〇年代半ば以降は円高によって、労働集約的な工業が悪影響を受け、バブル経済期にも不況が進行したのである。

北海道の場合には、従来、日本経済の中で、素材型の資源と食糧の供給基地の役割を果たしてきた。しかしこれらの分野で、不況が一段と深刻であるということは周知の通りである。国家主導型の開発は単に、不況と失業を北海道にしわ寄せしたばかりでなく、知床の原始林の伐採、幌延での高レベル核廃棄物処理場の建設問題など、この美しい大地の環境破壊につながるような非平和的情況を生み出しているといわざるをえない。これは沖縄県でやはり中央主導型の開発が徹底的に環境を破壊した情況と酷似している。(6) 沖縄本島周辺のサンゴ礁は、海洋博前後の全島一周道路など土木工事により、ほとんど死滅した。サンゴ礁は原生林と並んで、ありとあらゆる生物が住みつく豊かな自然のストックである。しかし、沖縄でもいまはわずかに先島(八重山群島)にサンゴ礁が若干残されているにとどまる。この貴重なサンゴ礁も「離島振興特別措置法」なる開発法令による土木工事でどんどん破壊されている。石垣島の白保にはすばらしいサンゴ礁群が奇跡的に残っているが、それも「国際飛行場」の建設計画により台無しにされようとしたことは、私たちの記憶に新しい。こういう意味で、北海道、沖縄が日本経済にもつ周辺的情況、とくに軍事化、開発のシワ寄せを受けて貴重な資源ストックを破壊されていく情況は変わっていないのではないか。

ところが明治期以来たどられてきたこうした上からの開発情況、すなわち周辺的、非平和的な情況を周辺地につくり出すような発展のあり方は、今日、明白に袋小路に逢着している。一九九〇年代の不況期に先立って、北海道は不況だといわれたが、この不況は中央直結型の開発路線がいきづまった事実が全国に先だって表われたものと考えられる。もしそうだとすれば、中央依存型、中央主導型の開発路線から北海道が決別して、異なる発展路線が選べるのかどうか、という問題が当然提起されてくる。北海道大学の深瀬忠一は総合的平和保障という新しい概念を提唱しているが、(7)これを経済面で検討してみたらどうだろうか。私はここで、政治的な総合安全保障の概念に対応する内発的発展の路線について若干の考察を行なってみたい。

内発的発展の思考は鶴見和子により一九七〇年代に理論化された。ただ、その起源はずっと以前にさかのぼるものである。前節では、一九世紀における国家主導型発展の形成について述べたが、じつはこの国家主導型の発展は同時に、同じ時期に世界を席巻し始めた自由主義的、普遍主義的工業化路線に対抗する路線でもあった。イギリスから起こってきた自由主義、普遍主義的な発展路線に対して、ドイツではフリードリヒ・リストが農工商を結びつけた国民経済の形成によってこれに対抗するという考え方を生み出した。アメリカでは同じころ、H・C・ケアリが異なる視角からイギリス支配への対抗を理論化した。ケアリはアイルランド移民なので、イギリス主導型の開発がどういう影響をアメリカに持つかということを根本から考えたわけである。彼はイギリスと結びついたような中央集権的発展(centralization)はアメリカをますます後進化させるばかりだ、と指摘した。南部は綿花をイギリスに輸出して成長しても、それはアメリカ経済を後進化させる。それに対してケアリは、むしろ地方に資源を集中せよという、centralization に対抗して concentration、地方集中化の発展路線の考え方を提起した。これは分権と自治の原則に基づいて、イギリスの強いる自由主義的開放体制と対抗する路線であって、工業化を始めていた東部の「アメリカ体制」論を集約するものであった。現実に南北戦争以後のアメリカの発展路線はケアリの思考を踏襲したといえる。

日本においても、欧米列強の自由主義的路線が不平等条約という形で、明治期に迫ってきたとき、農本主義のような考え方が台頭した。これらはいずれも自由主義的、普遍主義的工業化に対抗して、自分の国の独自の発展路線があるということを主張した。そういう意味で、内発的発展路線の第一の波は、一九世紀後半から二〇世紀の初めにかけて起こったといえよう。ところがこの内発的発展路線は同時に、国民国家によって開発を遂行していく路線でもあった。この国民国家によって自由主義と対抗する開発路線が、国際的には帝国主義、国内的には内国植民と軍事化を導いて、世界大戦という非平和状況の極限を導いたといえる。

一九七〇年代以後に、新たに従来の欧米主導型開発を批判するような内発的発展の路線が発展途上国を中心に出現してきた。この場合に国家をてことして、先進国にキャッチ・アップしようという開発優位の考え方と、国家型の開発では非平和情況がますます拡散するとみる民衆主導型の発展路線と、両方が観察される。鶴見和子は、この中から自力更生あるいは基本的必要の自給、生態系と人間社会の調和といった民衆的な発展の方向を目指す諸要因を集めて、これを内発的発展と名づけたと考えている。

内発的発展路線の柱を私なりに整理すると四つある。

(1) 地元資源を利用して、地元で加工、消費する。

(2) 国際分業の形で、他地域に拡張、支配を行なわない。

(3) 自然と人間社会の調和的な発展をめざす。すなわち、経済活動のフローよりも社会的なストックを重視する。

(4) 国家が住民、個人に干渉するのではなく、個人の自立を根底として、民衆連帯の確立を目指していく。

これら四つの柱に沿った内発的発展路線の具体的な方策とはどういうものか、これを六つの段階に分けて考えることにしよう。

まず第一は住民主権を確立することである。これは国際人権規約の、A、B両規約の第一条で定義されているような自治権の考え方にほかならない。新しい人権としての自治権の考え方をまず確立する。

第二は、中心地起源の国際分業を是正していく段階である。国際分業の是正は輸入品の代替から始められる。たとえば北海道の場合、鉄工業は不況だ。しかし、住民の必需品であるストーブは四国あたりから輸入されている。(8) これは中心地起源の分業体制の持つ矛盾にほかならない。北海道の工業の多くは中央直結型なので、独自の工業基盤は確立していない。域内で完結するような工業というものが存在しないわけである。そういう意味で、まず輸入品の代替から国際分業の是正を始め、生活必需品の自給へと進んでいく。

第三が、地元資源の加工によって、地域工業を育成、発展させる段階である。これは地元に付加価値をつけ、雇用を増大させる道でもある。

第四が地域産業の連関、ネットワークをつくる段階である。つまり、北海道レベルでの一つの自給体制、基礎的な工業の循環体制というものを形成することである。こうして海外市場の動向に振り回されない内発的経済が成立する。

これらの四つの段階を経た後に第五段階として、輸出代替、すなわち、いまの一次原料、食糧輸出という状態をしだいに加工度を高めた製品の生産、輸出へと転換していき、外貨を獲得し、域内生活水準の向上を図る。これを土台として、第六段階として、同様の発展を遂げている内外各地域との水平的な連帯ネットワークを形成していく。

つまり地域内の産業連関の形成・発展を基礎として、産業構造の転換・高度化、貿易構造の変化を遂行し、自立経済を形成し、水平的な世界経済へとつなげていく。内発的発展は決して閉鎖的体制ではなく、世界との、市場経済にとどまらない多面的なチャネルを形成することによって、自己革新の能力を身につけていく考え方といえる。その意味で北海道で今日、起こっている二つの地域発展の動き、すなわち一村一品運動と北方圏運動、これらは内発的発展のそれぞれの要因とみることができよう。一村一品運動は、地域原料の加工化、地域経済ネットワーク形成の一歩にほかならない。北方圏運動は国境を越えた技術・文化交流により、国際分業体制へのオルターナティブを提起する動きである。これらの動きは、やがて段階的に一つの展望の下に、オルターナティブの発展路線へと接続されていく可能性があるし、それは一九九九―二〇〇〇年に国会で審議、採択された地方分権法を経済面で実現していく動きにつながっていく性質のものであろう。

深瀬忠一氏が提起した平和保障構想は、日米安保体制と経済軍事化に対抗する一つのオルターナティブと考えられるが、経済面でもこのような展望を踏まえたうえで経済構造の改革を進めて、オルターナティブの実体化を図る必要があると考える。ここで述べた内発的発展路線は、そのための一つの用具の提案の試みにほかならない。こうした内発的発展は結局のところ、国境を越えて、日本国家の周辺地に平和と住民個性を再建する動きにつながっていく。北海道の場合に、豊かな自然、資源、複数民族、こうした内発的発展にとって重要な要因が備わっているわけで、この点ではいままでの中央直結型開発路線からの転換に極めて有利な条件をもっていると考える。したがって北海道がさらに、内発的発展の方向を強めて動くことができるならば、そのような従来の国家開発モデルから脱却した発展モデルは、今日の発展途上国の発展に大きな影響を与えうるし、そこからまた、国境を越えた民衆の平和の条件が育つことになると考えられる。

注

（1）ゲーテ『ファウスト』相良守峯訳、岩波文庫、第二部第五場。
（2）西川潤『経済発展の理論』日本評論社、第二版、一九七八年、第四章3。
（3）同様の視点を「東北地方」の成立について論証した岩本由輝『東北開発百二十年』（刀水書房、一九九四年）および「裏日本」について示した阿部恒久『〈裏日本〉はいかにつくられたか』（日本経済評論社、一九九七年）を参照。
（4）深瀬忠一他編『北海道で平和を考える』（北海道大学出版会、一九八八年）所収の松沢弘陽「非戦を訴えた札幌市民たち」。
（5）深瀬他編前掲書所収、大友陽子「差別の歴史を掘り起こす」。
（6）日本平和学会［一九八〇］参照。
（7）深瀬他編前掲書所収、「軍事化から平和保障へ」。
（8）当時の北海道知事横路孝弘氏の教示による。

第3章　グローバル経済と内発性

一　内発的発展論の起源と役割——近代化論との対抗関係

内発的発展論は社会科学の場で一九七〇年代に出てきた概念である。夏目漱石はロンドンで西欧文化との葛藤に苦しみ、「西洋の開化は内発的」であるのに対し、「日本の現代の開化は外発的である」、すなわち「不自然な発展を余儀なくされ」ている、と述べている(1)。日本人、またひろく東洋人が西洋起源の普遍性を主張する資本主義文明と出会う中で、外発的発展を余儀なくされる日本、アジアのかかえる問題に気づいたといえる。

この問題は第二次大戦後、一九六〇年代に米国起源の近代化論のインパクトに対応してふたたび提起されてきた。この時点でなぜこういう問題が出てきたのかというと、当時、連合国が全体主義を倒し、それに続く東西対立のコンテキストの中で、アメリカの社会科学から、アメリカを頂点とするような世界史発展の見方が生まれてきた。これがロストウの『経済成長の諸段階』に典型的にみられた近代化論である。この近代化論は一九六〇年代にアメリカの駐日大使、エドウィン・ライシャワーを通してアジアに伝えられた。ライシャワーは、日本にとってアメリカは近代化のモデルに、そして日

本はアジアにとってのモデルとなる、という歴史の見方を宣伝した。(2)

この近代化論の特徴は基本的にはすべての社会は先進社会のインパクトを受けて進歩していくという見方にある。黒船による進歩説といえる。外からのインパクトによって発展の方向へ引きずり出されるわけで、日本はその典型だというのがアメリカから見た日本の経済発展史だった。まずアメリカが日本を近代化し、そして近代化された日本がアジアの発展にインパクトを与えてこれを引きずっていくというのが、この時期の発展段階論で、これが後にまた雁行形態論という形で一九七〇年代に息を吹き返す。雁行形態論は日本起源の、これもなかなか理論的には興味深い学説である。なぜ雁が次つぎと飛び立っていく姿を経済理論で採用したかというと、この見方の起源は一九三〇年代にさかのぼる。その当時、東京商科大学(現一橋大学)の国際経済学教授赤松要は、ヘーゲリアンで、独創性のある学者だった。赤松は日本の明治期の発展形態を分析して、次のような「法則」を見出した。つまり海外から輸入された製品を日本が国内で模倣することによって、国内生産が拡大していく。そして輸入は減少し、国内生産は上昇し、そしてやがて輸出が増えていくという形でのいくつかの経済指標の交代、つまり輸入の減少、国内生産の増大、そして海外輸出の増大、それがまた国内生産を引きずって伸ばしていく。この曲線の交差形態が雁の翼をひろげた形に似ているところから、彼は後進国が先進国の模倣をすることにより成長する発展パターンを雁行形態論と名づけた。(3) この理論は、戦間期、一九三〇年代大不況の時期に日本が安い為替レートで世界に輸出なぐりこみをかけていた時期に、それを正当化する理論として提起されたのである。それが七〇年代になって俄然、アジア諸国によって復活させられたのだが、彼らの解釈は赤松要とはずいぶん異なった。つまり雁行形態論とは、アジア諸国が先進社会を模倣し、輸出を増大することによって経済成長を達成し、先進国をキャッチ・アップできるという形で再解釈されたのである。図2に示すように、日本がまず欧米を模倣して近代化し、飛び立つと、次にNIESが日本を模倣して生産、輸出を増やす。やがて東南アジア、中国がこれに続くというものである。だがこの理論も歴史は理性の発展という単一の方向をめざして進展するとするヘーゲル理論のフレームワークに入るものといえる。世界史とは理性、すなわち封建時代に抑えられていた市民社会が自己展開していくことにほかならない。これは一九世紀市民社会の時代精神を表現した言葉である。このような一つの方向めがけて世界は進んでいくという考え方が、植民地から解放されたアジア諸国にとってもインパクトを与えたといえる。これは、近代化論の大きな流れを形づくっている。

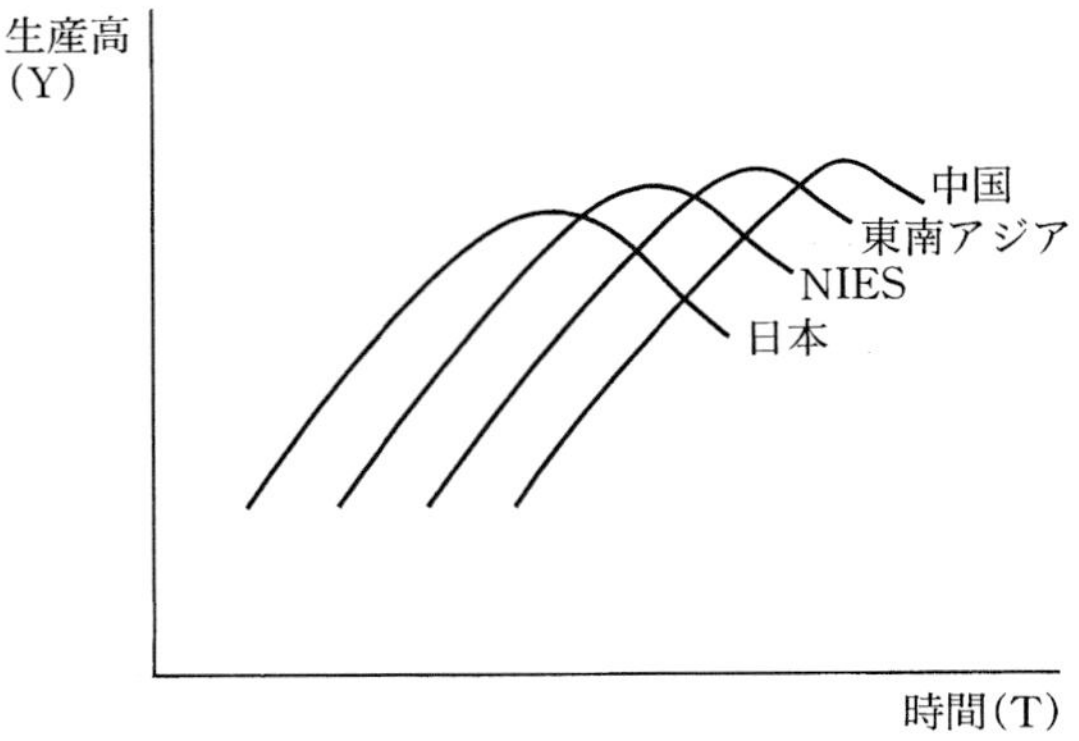

図2　アジア諸国による雁行的発展の見方

それでは内発的発展論が、どういう形で出てきたかについて検討してみよう。この近代化論の学問的なものの見方、パラダイムの根源は、人間社会は市場の発達を中心に進歩し、民主化し、これが自由の王国めざして段階的な発展の道をたどっていく――この見方に尽きる。この発展の道をたどる先進国は、停滞状態にある遅れた国に対して、外部から刺激を与え、遅れた国も発展軌道に入る。しかし、こういう考え方だけで歴史が説明できるのだろうか。発展というのはじつはどんな社会でも多かれ少なかれみられるものであり、つねに外からのインパクトがなければ発展できないというのはおかしいのではないか。こういう疑問がアジアから出されてきたわけである。

これに先立ち、やはり一九六〇年代を通じてラテンアメリカが急速に工業化を進めた。この中でいわゆる従属論が提起された。従属論は近代化のパラダイムを正面から批判した。つまり、世界が一元的、均質的な性質を持って、ある方向にめがけて進んでいくというようなことはありえないと、この派の人びとは考えた。従属論によれば世界は決して均質ではなくて、いろいろな異質の構造が重なり合っていて、その異質な構造の中である構造を支配する構造というものと、それによって支配される構造、従属的な構造が分かれていて、したがって従属的な部分にいる人間や社会にとってはこの構造のもとで発展を実現することは決してできない。この構造そのものを変えていかなければならないというものである。これは近代化論に対抗する新しいパラダイムの提起であった。

これを提唱したのは、ラテンアメリカの構造学派と呼ばれる人びとで、その先駆は国連貿易開発会議(UNCTAD)の事務局長を勤めたアルゼンチンの経済学者ラウル・プレビッシュである。プレビッシュは一九三〇年代にアルゼンチンの大蔵次官だった。その時に彼はケインズと交友関係があった。ちょうど大不況の時期だったが、アルゼンチンはまさに世界経済システムの中で小麦と牛肉を、イギリス市場に輸出して成長してきた国である。ところが世界大不況で輸出が激減した。そしてアルゼンチンの経済成長も急激に停滞した。その時期にプレビッシュはケインズの一般理論を応用して、流動性を増大させ、アルゼンチンの経済に活気を入れようと、考えた。そのときに彼がアルゼンチン経済を眺めて愕然としたのは、アルゼンチンの金融システムというのはすべてイギリスの銀行が握っていて独自の中央銀行システムが存在しないという事実である。しかもイギリス銀行は不況の中の貸し渋りで、アルゼンチン融資どころではない。こうしてプレビッシュはケインズの勧告どおりにはいかないアルゼンチン経済の独自性というものを否応なしに認識せざるをえなかった。そこからあの有名な、世界経済は中心部分と周辺部分に分かれているという、中心―周辺理論(Center–Periphery Theory)を提示するに至る。これが後の世界システム論の一つの土台になっていく。これは近代化論に対抗して南の世界から提起された社会科学のもう一つの流れである。(4)

アジアの方ではどうだったか。アジアという国は、さまざまな文化的流れが混在していることもあり、あまり議論でイエスとかノーとかはっきりいわない。そういう意味で近代化論の歴史一元論についても、はいそうですか、とはいえない世界ではないか。毛沢東の矛盾論もマルクス＝エンゲルスのような思弁的なものではなく、中国社会の実証分析に立った現実的なものの見方といえる。内発的発展の考え方も戦後の東西冷戦体制の中で特に西側世界から出されてきた、すべて世界は市場経済の方向に向かっていき、そちらの方向で近代化していくことが人間にとってもっともハッピーなのだというパラダイムに対して、いや、人間の社会というのははるかに複雑なもので、それぞれの地域でそれぞれの生き方があっていいのではないか、とこういう考え方だったと思う。

一九世紀末以降の近代化の中で、日本も中国もアジアの国として非常な葛藤を経験した。中国でも「西洋問題」というのは、知識人が直面した大きな問題だった。(5) 大きな文化伝統を担っている国民が、いま西洋的価値観が一番すぐれているといわれて、そちらの方を向かざるをえないというときに、それが本当にベストかと、問わざるをえない。葛藤せざるをえない。第二次大戦後の近代化ブームのさなか、かつてプリンストン大学で近代化論を学んだ鶴見和子はまさにそういう葛藤のなかから近代化論の用語を使って内発的発展という考え方を提起した。この分け方は、近代化論の社会変化の理論のなかで、タルコット・パーソンズが「外生的変化」「内生的変化」という言葉を使ったところから出てくる。(6) しかし、あまりに近代化論が外生的変化こそが社会変化の正道であるという理論をたてたところから、鶴見和子としては内生的変化というのが大事ではないか、という問題を提起したのだと考えている。

この内発的発展という主題は、国際機関ユネスコの場でも研究テーマとして取り上げられ、この言葉が国際社会でも定着するようになってきた。経済学の場では、内生的な変化というと、システム内の変数で説明できれば内生的変化、説明できないものは外生的変化という区別をする。しかし、一九七〇年代に出てきた内発的発展論はもう少し枠がひろい。すなわち、ここでいう内生的変化とは、単にシステム内の経済変数の相関変化ばかりではなく、じつは社会変化には必ず、文化的社会的な要因というものが存在するのだ、という見方を提起している。つまり、すべての経済社会は独自の個性というものを持っていて、その個性を見て、観察し、明らかにしようとする問題設定こそが、じつは社会変化を説明するときに大事なことで、何か一つのでき上がった経済社会のモデルがすべて世界に妥当するということは、じつはありえないことではないか、こういう考え方だといえる。

そうすると近代化論で、たとえばアジア諸国が発展するためには先進国が援助をして、つまり日本なりアメリカなりが援助をして、その援助によって大きなインフラを造り、民間企業を呼び込んで経済成長を達成していくことが、後進国が経済停滞状態から脱出して先進状態に進んでいく大道であるという一つのテーゼがある。これに対して、いや発展とはそういう形ではむしろもともとの社会が歪められてしまって、いろいろな社会関係や環境の歪みが起こってくる、独自の発展が後退してしまうこともあるのではないか、という疑問が出されてきた。これが経済成長、工業化が大きな国家パラダイムであったアジア諸国においても、たとえば貧困の問題、あるいは環境悪化がだんだん激しくなると共に、「上からの開発」、一元的な発展路線に対する批判として出てきた。一九九七年から九八年はアジアの経済危機といわれていた時期だが、この経済危機と同時にマラッカ海峡周辺国の空を覆った煙霧だとか、バングラデシュや長江の洪水だとかいう形で、環境危機が起こったということ、これは決して偶然ではない[(7)]。一九六〇年代以来の経済成長路線の延長線上に、グローバル化、市場経済化の歪みが、通貨金融危機、環境危機という形で出てきたと考えられる。そうすると経済成長、GNP何パーセントという数字だけ見ていたのでは、じつはそこから起こる社会的あるいは環境的な歪みが説明できないのではないか。こういう疑問が、国家による外生的開発が進むと共に出てきたのである。

これは日本の地域社会での公害反対運動の経験からもいえることである。そうすると近代化論的な経済成長路線に対して、いや本来の発展とはそういうものではなくて、それぞれの地域社会が持っているいろいろな資源を地域社会のイニシアティブによって、その地域社会の持っている文化や社会の慣習や伝統に合わせて、うまく組み合わせて動かしていく、それが地域の人材育成にもつながる、そういうことがじつはこの地域社会にとってもっとも望ましい発展ではないか――こういう見方が出てきて、内発的発展が注目されるようになったといえる。

ここで、近代化論と内発的発展論の対抗関係を整理してみよう。

(1) 近代化論の根本に経済成長論という経済一元論があるのに対して、内発的発展論は、じつは経済社会の変化については文化や社会の役割が大きいと考え、変化推進の多様な要因を重視している。

(2) したがって、近代化論は世界的な妥当性を主張する普遍論であるのに対し、後者は地域をベースにした多系的な発展論である。

(3) 前者が変化の外発性を強調するのに対して、後者は内発性の側面に関心を向ける。

(4) 前者がシステム的変化を重視するのに対して、後者は個人や社会集団が社会変化に占めるイニシアティブ(キー・パーソン)に目を向ける。

このころから、西欧的思考、つまり資本主義体制の下で市場経済が近代化を進める一つの土台として評価され、そして市場経済化の方向で歴史は動いていくのだという発展のパラダイムに対して、一方では従属論、他方では内発的発展論が、欧米と違う地域、あるいはラテンアメリカ、あるいはアジアから出てきたことにはそれなりの根拠がある、とみられる。内発的発展論のパラダイム、枠組を見たので、それでは次に分析のツールを考えることにしたい。

二　文化・社会と発展——分析のツール

内発的発展論の分析のツールとしては、文化、社会、経済に関するいくつかの学問的体系があるが、ここでは文化人類学と社会経済学にしぼって考えてみよう。まず文化と経済社会の関連を分析するツールについては文化人類学、または経済人類学の膨大な体系がある。もともとは一九五〇年代に、レヴィ=ストロースがブラジルでフィールドワークをやり、*La Pensée Sauvage*, 野生の思考、あるいは野生のパンジーという古典的な著書を出した。そこでレヴィ=ストロースは、すべての社会というのは独自の合理性を持っており、合理性は決して西欧社会の独占物ではない、という考え方を主張した。原始社会といえども、独自の合理性を持つ。これは、市民社会になって初めて理性、合理性が育つという西欧市民社会の思想体系に対する痛撃だったといえる。あるいは神話学、あるいは文化慣習、あるいは社会の中の支配システムなど、いろいろな社会の社会的文化的装置の解明に、文化人類学、あるいは経済人類学が取り組んできた。この体系は内発的発展論を現実の世界に適用していくときの一つの大きな分析のツールであると考えられる(8)。

他方で内発的発展論を現実に適用していく際の主要なツール体系として、経済社会学、あるいは社会経済学といってもよいが、social economy の流れがある。この思想は周知の通り、マックス・ウェーバーやエミール・デュルケームに発するものである。(9)デュルケームは、すべての社会でその社会固有の内在的文化、社会制度が人間の行動に影響を与えると考え、そのような文化と人間行動の関係を解明する学問を社会学と呼んだ。またマックス・ウェーバーはすべての経済社会は文化的な影響を受けて変化していくと考えた。たとえばプロテスタンティズムが資本主義の興隆の倫理となったという指摘がこれである。ウェーバーは他方、ヨーロッパ人として、ヒンズー教を停滞的ととらえた。ヒンズー教的な社会では経済はそこで凍ってしまう、という見方である。これは経済変化を、社会文化の動きと関連させて理解しようという考えに立つもので、内発的発展論の現実への適用についてのツールの体系となりうるものである。社会経済学は一般的には、社会と経済の関連を明らかにする豊富な学問体系といってよいが、特に一九世紀、市場経済、資本主義が発達し始めて、イギリスが世界の工場になり、市場経済がひろがっていって、一八二〇、三〇年代に最初の景気循環・恐慌、すなわち市場のいわゆる失敗がはっきり出てきた時点で、社会によって経済のこうした歪みをコントロールしようという考え方が出てきた。イギリスでは一八五〇年代にジョン・ラスキンが、社会によって経済の歪みをコントロールするという考え方を social economy とよんだ。(10)フランスでは同じ頃、エコノミー・ソシアル (économie sociale) という言葉が出てきて、一八六〇年代になると学会が設立され、雑誌も発刊されている。(11)このころイギリス、フランスでは時を同じくして、協同組合運動が起こった。失業者が、あるいはオウエン主義者のようなインテリ層がそこに加わり、組合をつくって利潤を優先しないような経済社会のあり方を追求する。それを彼らはassociation, またはcooperationと呼んだ。つまり、連合、協同である。こうした新しい社会システムをつくることによって、経済の歪みを回避しようと試みた。ここに発する協同組合運動は、社会によって経済の歪みをコントロールしようとする動きにほかならない。

最近、エコノミー・ソシアル(社会的経済)と呼ばれる大きな流れが現代世界で復活してきた。近年では特にヨーロッパで盛んになっている。スペインなどでは政府のなかにエコノミー・ソシアル部門ができている(本書第11章「社会的経済」参照)。この社会的経済はアメリカでは、社会的セクター(social sector)と呼ばれている。アメリカでも周知のとおり、非営利経済、ボランティア経済、社会的セクターが非常に活発になっていて、有名な経営学者のピーター・ドラッカーは、資本主義が成熟段階に到達したあとのポスト成熟期の資本主義社会では社会的セクターこそが成長産業であるということを指摘している。(12) また、この社会的セクターは多くの国でだんだん広がってきているともいわれる。(13) つまり、市場経済、あるいは国家(公共)経済以外に存在しうる社会セクターを分析するツール、これがエコノミー・ソシアルといわれている社会的経済学にほかならない。こうしたいくつかの学問的な体系の大きな流れがあり、これらをわれわれは内発的発展論のパラダイムを現実に適用していく際に、利用できると考えてよい。

三　開発論のパラダイム変化と指標

次に、内発的発展論が今日の時点でどれだけ形をなしているのか、あるいはなしていないのか、という問題に入ろう。一九七〇年代から八〇年代にかけて、内発的発展論は主として近代化論との対抗関係の中で注目されたといえる。ところが、八〇年代以降、ユネスコの場でも内発的発展論なる研究題目はなくなり、内発的発展論が今日存在するのだろうか、という疑問も当然出されよう。じつはかなりの程度一九八〇年代に内発的発展論は、いわゆる地域主義として展開するようになったということがいえる。つまり内発的発展論の主張の大きなパラダイムの一つとして、すべての経済社会は独自の個性を持ち、独自に発展している、という見方がある。地域の個性を主張する地域主義がこの頃から隆盛するようになってきたので、その中にある程度吸収されていったことは事実だと思う。それからもう一つは内発的発展論が当初から主張していた考え方として、経済社会の動きだとか、あるいはそこでの人間にとっての幸福、つまり、善悪といった倫理的問題は単に経済成長によって計られるものではない、という考え方がある。じつは近代化論の市場経済化を土台に成長してきた多国籍企業による経済グローバル化が展開してきた中で、先ほどのべた貧困の問題、環境悪化問題など、経済成長が社会に歪みをもたらす問題が深刻化してきた。その結果、一九八〇年代末頃から、だんだん国際開発の場でのパラダイムが、それまでの経済成長から人間の開発、発展(human development)へとシフトするようになった。国連開発計画(ＵＮＤＰ)の下で『人間開発報告』(*Human Development Report*)が初めて公刊されるのが一九九〇年である。ここで、開発とは単に経済成長、ＧＮＰを拡大することではなくて、むしろ人間の能力を拡大することこそがその目的ではないか、という問題提起がなされた。『人間開発報告』では人間の健康、教育、それから各人が持つ購買力、この三つを指標として、人間開発指標を作成した。これは、開発の成果を単にGNP増加で計るのではなくて、むしろ人間の能力の拡大で測っていこうという考え方に基づくものである。その能力拡大の指標が平均寿命、識字率と平均就学年数、そして購買力でとられた。人間開発論は、人間を発展の中心に置くがゆえに人間中心型発展(human-centered development)とも呼ばれる。これももともと住民のイニシアティブ、発展過程への参加を重視してきた内発的発展論の流れの一つに入ってくる。一方では地域主義、他方では人間開発という方向で開発の目的が動いてきた結果である。もともと内発的発展論が主張してきたことが、かなり具体的な形で開発の現場に適用されるようになってきたともいえる。開発の指標もこのころから、それまでのGNP、GDP等の国民経済計算に代わり、社会指標を重視する方向が出てきた。OECDの場での社会指標、日本の経済企画庁の新国民生活指標などがそれである。それはいい換えれば、それぞれの地域社会の独自のアイデンティティ、発展の仕方というものが大事になってきていることを意味していると考えられよう。基本的な大きなフレームワークとしては、市場経済を中心としたグローバリゼーションがやはり世界を動かしているにせよ、その反面、グローバリゼーションの中で、じつはそれぞれの地域社会のアイデンティティ、個性、あるいは独自の発展の仕方がだんだん重要になってきている、との認識が強まってきた。

そのように指標が変わってくると、開発論自体も変わらざるをえない。いままでの開発論はやはり直線的方向、ヘーゲルが示したような歴史の発展、近代化の方向へ向かって、市民社会が自己展開していく、このように世界が展開してきた、というパラダイムの上で組み立てられてきた。ウォーラーステイン流にいうと、資本蓄積を動因として世界システムが動いてきた。この世界システムの中で大きな役割を果たしてきたのが一つは国家、もう一つは企業である。経済主体としての企業を市場といい代えてもよいが、市場を中心として営利企業が資本の蓄積を行ない、それを国民国家がバックアップするという、国家と市場の連合体が近代世界をつくり上げてきた。旧ソ連のような中央計画経済体制も、上からの強権的資本蓄積体制という意味では、近代世界の産物といえる。

ところが内発的発展論の見方からすると、これは非常に偏った発展の仕方にほかならない。市場とは、利潤優先の価値観で動いている社会システムである。国家には二つ機能がある。一つは、市場がもたらすさまざまな歪み、景気循環、失業、公害または環境悪化、あるいは貧富や地域の格差などの失敗を是正することで、これは一九世紀的な国家像といえる。この国家像は間もなく、二〇世紀の福祉国家像に接続する。一九世紀前半は見えない国家、自由放任の国家だったが、後半から社会問題の激化とともに社会・国民統合という面で国家に期待された役割が強まった。第二の機能は、国家の資本蓄積機能で、とりわけ後進国家にとってこの役割は非常に大きい。ドイツのフリードリヒ・リストが唱えたような正常な国民国家、つまりイギリスに追いつくような装置を備えた国民国家像は、後進国家として資源を中央に集中して、それを国家の優先部門に配分し、そして外部には保護バリアーを張り、追いつけ追い越せを目指すシステムだが、このようなリスト的な国家像を日本も典型的に追駈けてきたといえる。こうして国家と市場が近代史の動因としての世界システムをつくってきた。

ところが、二〇世紀後半、特に一九八〇年代以降、だんだんこのような開発を主導する装置に変化がみえてきた。一つは一九八〇年代を通じて国家と市場の激烈な闘争がみられたが、特にアメリカを中心に市場の勝利、民営化、小さい国家という一連の考えが確立した。これが今日のアメリカ的な経済グローバリゼーションのパラダイムの基本をなしている。このときに周知の通り、ケインズ主義と新自由主義の激烈な理論的闘争があった。このような国家と市場の対抗関係の中でじつは国家と市場によって忘れられてきた第三者、すなわち市民社会というアクターがだんだん新たな歴史の動因として注目されるようになってきたのである。

それは一方では経済自由化の中での、市場の失敗が目立ってきたこと、それから他方では、国家が非常に大規模となり、国民支出の三割から六割という巨大な支出を独占することになった結果、こんどは政府の失敗というものもまた前面に出てくるようになったことに由来する。これは官僚制の肥大、財政赤字、国債濫発、仲間内融資による金融機構破綻等の周知の問題である。権力機構として持つ国家が自己肥大しながら、権力を行使することから、この国家システムの中枢がブラックボックス化して、特権支配層による汚職腐敗を導き、民主主義を損なっているという問題が全面的に出てきた。その結果、やはり、これをチェックする市民社会の役割が一九八〇年代を通じてクローズアップされてくることになった。市民社会の興隆について、まず挙げられるのは、同じく一九八〇年代、米ソ軍拡競争の中で反核運動が欧米で女性層によって担われたように、成長優先社会の中で疎外されてきた女性層が、人権、平和をめざして活発に発言を始めた、という事実がある。もう一つは緑の党に象徴されるような環境保護の思想に共鳴する膨大な市民層が出てきた。こうした人権、環境を二つの柱とする大きな市民社会の流れが出てきて、今日の市民社会を押し上げていく力になった、と考えられる。一九九五年にコペンハーゲンで世界社会開発サミットが開かれた。それまでは、開発といえば経済開発を指していたが、九〇年代半ばの時点ではじめて、開発というものはじつは社会開発が重要だ、つまり社会が発展していく中で人間が発展し、それが本来の発展の目的なのだ、という思想が出てくる。このコペンハーゲンでは世界の社会問題は、三つに整理されている。一つは南北格差の拡大の中で、世界的に貧困層が増大している問題、第二には経済グローバル化の中で巨大企業主導の合理化がすすみ、失業が増大しているという失業・雇用の問題、そして第三に社会統合の問題である。この最後の点をやや説明すると、市場を中心にして、市場に適合したもの、強者はそこで発展できるけれども、それにうまく組み入れられない人びとが絶えず再生産される。これは排除(exclusion)や差別といわれる現象だが、こういう問題がつねに市場経済につきまとってくる。経済グローバル化の進展はますます強者と弱者、優者と劣者の格差を世界的規模で拡大している。また、国家間の競争の中でもやはり差別、排除、さらには排外主義の問題がつねにでてくる。また今日、旧ユーゴスラビアで激烈に展開されているような民族紛争の中でも、差別や排除の問題が大きな役割を果たしている。こうしたことから、国家や市場の失敗が深刻になり、これに取り組むためには市民社会が発展の一翼を担わなければならない、という考え方が広まってきたといえる。

四　開発主体の変化と新しい担い手——市民社会

これまで近代史では、世界システムの中で国家と企業の連合体がこれを動かしてきたのだが、一九九〇年代以降、特に二一世紀に向けて、世界を動かしていく主体が、国家—企業コンプレックスから、国家—企業—市民社会という三者の連係関係へと実際、変わりつつあるのではないだろうか。それは同時に内発的発展論がかねてから主張してきた、人間は利潤のみによって動かされる存在でもなければ、もっぱら権力を追求する動物でもない、はるかに多面的な関心をもつ存在であるという考え方を、市民社会自身が全面的に出すようになってきたことを意味している。そのような市民社会とは一体何だろうか。これを内発的発展論は分析している。

一九七〇年代の半ばにやはり鶴見和子は社会変化の担い手の問題を提起した。彼女はローカルな社会の変化を分析していて、ローカルな社会だけで変わるのはなかなか難しいことを指摘している。そのローカルな社会とは世界システムと結びつく力、彼女の言葉では漂泊者またはキー・パーソン、私の言葉を使うとネットワーク型の地方リーダーだが、外の世界を知っている人がローカルな社会の中に入り、この社会を客観化することによって変革主体となる。[(14)] イランのシーア派の革命はそのいい例である。シーア派の革命を草の根で担ったのは、やはり一度中央、テヘランに出てきて、外の世界のことを多少知っているような知識人たち、ウラマー(イスラムの聖職者)が、もっぱら近代化の煽りを受ける地方の人びとがもつ自己尊厳の意識を論理化し、それに火をつける役割を果たした。日本の明治維新の変革も、やはり長崎を通じて、上海や世界をみていたようなインテリが変革を担ったわけである。ローカルな社会の変化には地方リーダーが必要となる。このリーダーは漂泊者というか、地方社会と世界システムを繋いでいく人にほかならない。市民社会とは、第一に、こういう漂泊者＝キー・パーソン、または地方リーダーによって、自らを抑圧するシステム、自らの尊厳、権利に目覚めた人たちの集合といえる。第二に、市民社会の根本は草の根の住民、生活者、コミュニティである。このコミュニティはしばしば眠っているかもしれないし、しばしば現体制に統合されているかもしれない。それ自体では市民社会として存在することはなかなかむずかしい。それから漂泊者だけでは市民社会は決してつくれない。これはしばしばローカル社会から浮いた存在になってしまう。それを繋げるのが権利の主体、あるいは参画者——これがもともと地中海世界での市民の意味なのだが——であり、今日の言葉でいうとNPO(非営利団体)とかNGO(非政府組織)とかがそれに当たる。この市民とは古代、地中海世界で、市政に参加する家長だった。だからその中には差別とか支配関係が存在するが、市民がもつ二面的な意義をわれわれは認識していく必要がある。

団体への参加者としての中世市民が、一七世紀のイギリス革命を通じて、ロックによって所有権を基礎とした市民という形で新たに個人主義を基礎として提起された。これはブルジョワ的市民にほかならない。だが、同時に権利の主体としての市民像が歴史上みられる。イギリス革命についで、フランス革命で初めて一七八九年に人権宣言がつくられるが、この人権宣言の題は「人および市民の権利の宣言」(La Déclaration des Droits de l' Homme et du Citoyen)という。ここで、人と市民は何が違うか。フランス語でいうと人はhomme, そして市民はcitoyenだが、hommeとcitoyenはどう違うか。これは人権宣言をよく読むと解るのだが、人というのは普遍的な人間存在である。市民とは何かというと、権利の主体としてとらえられている。第二条によれば、市民は連合(association)を通じてこのわれわれの社会をつくった、という。associationの日本語訳は政治的連合だが、市民として権利を持った人びとの連合がここに成立する。市民は三部会において貴族、僧侶とともに「アンシャン・レジーム」を形成したブルジョワ(中世市民および財産所有者)とは異なる。むしろ、ブルジョワ身分を脱して、アンシャン・レジームを揚棄し、共和国を要求する権利の主体としての市民がここに指示されている。だから「人および市民の権利宣言」が最初の人権宣言のタイトルとなった。人権の根本には市民、あるいは社会に参画していく主体の権利があることが知られる。

するとじつは市民社会は、決して一枚岩のような存在ではなく、むしろこの中でいろいろな個人の役割があることが分かる。しかし、この市民社会はやはり、封建的専制的な支配システムに対抗して登場したことが大きな特徴だといえる。だから今日の時点で市民社会とは、国家や市場の専制というものがあれば、それらを是正する自己意識を獲得した主体だと言っても差し支えない。その市民社会の中であるいはコミュニティ、あるいは漂泊者、あるいはNPOとかNGOの役割というものがそれぞれの時点で重要になってくると考えられる。いまの世界システムの根本の価値観は、国家の権力や企業の利潤追求に発し、それが個々人にも反映する。つまり、人を使うことが偉かったり、金もうけがおもしろい、そういう価値観で動いてきた世界の中で、社会問題、環境問題が激化してきている。

今日、途上国開発で重要視されてきている要因として、ガバナンスの問題がある。ガバナンスの問題とは、統治するものと統治されるものとの関係の問題にほかならない。支配のシステムといってもよい。そのシステムをいかに民主化するかということが課題となっている。たとえばアジアの経済発展はこれまで国家と企業の連合体が推進してきた。その中で国家の失敗が為替レート暴落、金融破綻、汚職腐敗等の形でクローズアップされた。アジアの経済危機は同時に、金融・経済のグローバル化を通じて表面化した「カジノ資本主義」、市場の失敗の結果でもある。しかし、開発独裁による高成長期にも、また経済危機を通じても、社会的弱者、貧困層といわれている人びとは増大し、彼らの立場は悪化している。また、環境が加速度的に悪化する現象も目立ってきた。アジアは、いまの世界でも非常に環境が悪い地域の一つだが、一九八〇、九〇年代に絶えず天災、洪水、干ばつが発生している背景には、アジア全体の環境、生態系の悪化というものがあると考えられる[15]。こうした経済や社会の発展はいままでのシステムのもとでは、必ず持続可能ではなくなってくる。だから、いまから十数年前、一九八〇年代に国連の場で持続可能な発展という問題が提起されたのにはそれなりの理由がある。このような発展システムが行き詰まった今日、アジアの経済は外資が戻り、景気回復したにせよ、不透明なところがある。外資への依存度が高いこと、中国などとの間に通貨切り下げ競争が起こるかもしれないこと、等を考えると、こうした外生(向)型発展は一時的に成長率を上げたにせよ、必ず行き詰まるということが、アジア経済危機の教訓として考えられる。

いままでのようなシステムでは持続可能な発展が成り立っていかない、そのようなシステムを民主化していく必要があるという認識が、じつはアジア諸国の間にひろがってきている。たとえば一九九七年のタイ新憲法では、これまで国王の任命制だった上院が直接選挙制になるなど、民主的な色彩を強めている。共有財産の保全という形で環境保全への配慮も示されている。またインドネシアでのスハルトの開発独裁体制の崩壊、イスラム大衆の発展過程への参加も注目される。フィリピンでは地方分権の動きが活発になっている。また韓国では、金大中政権による財閥体制の再編が行なわれている。いままでの開発独裁体制の見直しというものがどこでも進んできている。そういう眼で見ると、恐らく日本でここ十年来、一九九三年に細川連立政権が成立して以来、改革が課題になっているが、日本で問題になっている諸種の構造改革もこうした一連のアジア的な国家主導的なシステムの見直しの一環として、初めて理解できるのではないかと考える。この国家システムの見直しにとっては、一つは民主化が課題となる。民主化とは何かというと、一つは権力の分散。これがもともと民主主義の持っている一つの大きな機能、いわゆる制度的民主主義といわれているもので、三権分立や地方分権もその一つの形態である。他は、ある個人やコミュニティの意志決定への参加。これはルソー型の民主主義、いわゆる直接民主主義といわれているものである。この両面で、民主主義のルネッサンスが現在、市民運動、市民社会を中心にひろがってきているといえる。

このような市民社会の台頭、民主主義の展開と同時に、新しい政策環境が要求されるようになった。従来は、日本の地方が典型的だが、地方を開発するためには中央にお願いして補助金を頂く、開発して頂くというのが、いままでの開発システムの特徴だった。ところが、今日ではだんだん、開発システムそのものに、環境影響評価の段階から市民が参加するという動きが強まってきている。すなわち、開発の過程に市民社会が参加をするということが、一般的になってきつつある。要約すれば、発展のアクターが、開発現場でこれまでの国家と企業の連合体から、国家と企業と市民社会の連合体へと変わりつつある。これがじつは内発的発展論の一つの展開であると、考えられる。

五　経済グローバル化と地域発展

最後に今日、経済グローバル化が進んでいる中で、内発的発展が意味を持つのだろうか、持つとすればどういう意味を持つのだろうか、という点を見ておきたい。東西冷戦崩壊後、世界的に市場経済が展開して、歴史は終ったという歴史家もいるが、世界は資本主義社会に一元化するのか、あるいはその資本主義的な一元化の中でイスラム文化や儒教文化など邪魔な文化があちらこちらに残存して、文明の衝突は避けがたい道なのだろうか(16)。こういう問題がいま提起されているように思われる。つまり、アメリカが動かしている国際機関およびアメリカを中心として経済グローバル化で世界を動かしていこうという考え方が、世界的に強まっているようにみえる。こうした時代の流れの中で、地域主義の役割は一体何かということは問われてよい。じつは興味深いことにグローバル化が進めば進むほど地域主義が強まるということがいえる。その一例として、一九八〇年代にヨーロッパが地方分権を大幅に進めた。一九九九年に筆者は、パリ政治学院で教鞭をとる機会があったが、その際、八〇年代に遂行された地方分権の成果を実感することになった。地方の元気がたいへんいい。ヨーロッパは平均すると二、三パーセントの成長率だが、地方がいろいろな事業をやっている。たとえば、持続可能な都市(sustainable city)づくりの運動。これは西ヨーロッパ各地にひろがっている。大都市の中には車で乗り入れない。周辺に大きな駐車場を造って、あとはみんな市電や自転車で動きましょうという動きがそれである。私がかつて留学したストラスブールというドイツとの国境の町でも、かつての車社会に代わり、いまや非常に快適な市電が動いていて、町の中の交通量は少なくなっている。南仏のモンペリエでも、道路をはがして市電を造っていた。ミニバスもたえず市を巡回している。ドイツやオランダでも都市の下にバイパスをつくり、車はそこを通し、市内は自転車で動くエコ・シティが増えている。地方がそういうふうに、いろいろな事をやり始めている。いまフランス政府が出している給費留学生が年間二五〇〇人。ところがフランス第二の都市リヨンはローヌ＝アルプ地方に属するが、ローヌ＝アルプ地方政府が一年間に同数の二五〇〇人の留学給費を出している。これは一昔前には考えられないことだといえる。グローバル化の中で地方が元気になる理由を考えると、恐らく二つの原因がある。一つは経済グローバル化は市場経済が中心だから、取引き活動の活発化を通じて、横の垣根がだんだんとれてくる。特にヨーロッパ連合(EU)の中では、国家の垣根がなくなってきているので、地方によって近隣と非常に取引きしやすい情況が出てきている。いま引いたリヨンも、スペインのカタローニャ地方の首都バルセロナ、ドイツのフランクフルトアムマイン、それからイタリア北部の工業都市トリノと提携し、このヨーロッパの四大都市が連合して、協定し、交流を始めている。バルセロナに行くと、二年前には、カタローニャ語の表示はいっさいなかった。ところが一九九九年に再訪して驚いたのは道路案内などみなカスティーリア語つまりスペイン語の共通語と、それからカタローニャ語と二つ表示が出ていることである。ナショナリズムといってもいいようなヨーロッパの地方アイデンティティの強さ、そしてその展開には目を見張らされるものがある。イングランドが最初に侵略を始めたのはウェールズで、一五世紀にケルト人の国ウェールズは、アングロサクソン人の国イングランドに合併されたのだった。だからイギリスの皇太子は、いまでもPrince of Walesとよばれる。このウェールズのスワンシー(Swansea)大学では、最近レターヘッドに英語と並んでケルト語を表示するようになった。

ヨーロッパ全体を通じて、地方アイデンティティが強まってきているといえる。それは、第一は市場の展開ということだが、第二は情報の交流に発している。情報通信革命があって情報の交流が飛躍的に拡大し、だれもが自分のいるところで好きなことができるようになってきた。前のように国家にお願いしなければ、中央に何かいわなければ何もしてもらえない時代から、ずいぶん変わってきているということがいえる。

六　地域化の論理と現実

こうした大きな変化というものがあり、そこから恐らく新しい地域形成が進んでいるのではないか、と考えられる。そうすると地域と地方はどう違うのだろうか、あるいは違わないのだろうか、という問いが当然出てくる。ヨーロッパでは、一つはEUという形での地域主義が展開している。これは国家間の地域主義にほかならない。ヨーロッパはもともとアメリカ、ソ連に対抗する形で自らのアイデンティティを強めることをめざし、市場統合という形で地域主義をスタートさせた。この地域主義が最近では実際ヨーロッパとしてのアイデンティティが強まる中で、国家間の垣根を取り払い、一つのヨーロッパ人をつくっていくという方向に動いてきている。こうした国家間の地域主義が一方である。地域(region)というのは、もともと地方(locality)の概念とは異なる。Localというのは State に対して局地、地方を指す。ところが、いま起こっている地域の運動というのはある範囲で新しい共通のアイデンティティを持った集団をつくっていく運動だといえる。これが地域主義なのだ。これはある時は地縁であるかもしれない。ある時には氏族縁であるかもしれない。ある時は文化縁であるかもしれない。ある時は言語縁であるかもしれない。経済縁も当然あろう。いろいろな地域主義がある。そういう地域主義が国家の枠をこえて展開していく。しかし、前近代的な氏族(藩)縁や血族縁はもはや薄れて、いまではむしろ市民縁が地域主義を押し上げている、と考えられよう。

他方では国家の中で地域主義が展開してきている事実がある。近代国家はせいぜい四世紀ぐらいの歴史しかない。State とは何かというと、マキャベリの君主論に語源があるのだが、結局ある身分を持った人たちの集団(ステータス)が国家の権力を取り仕切ることを意味している。これが国家(State)と言われているものの原型だが、せいぜい近代の産物である。マキャベリの時代には市民が台頭してきて封建制度と対抗するときに、その市民が国家権力を乗っ取る形で State というものをつくり、その中で Nation, 同じところで生まれた人びと、国民を育てて、そして一つの大きな近代国家のシステムの主体として育成してきた。日本も典型的に、日本という国家がまずつくられ、その中で日本人という国民(Nation)がつくられてきた。そのような近代システムの基礎としての国家と国民の関係というのが、今日問い直されていると考えられる。これは地域のアイデンティティが重要になってきたためで、さきに引いたカタローニャ人、あるいはバスク人、あるいはプロヴァンス人だとか、コルシカ人だとか、そうした人びとが、中央国家に対し、地域のアイデンティティというものを押し立てる形で、地域主義を推進している。そうすると、地方が元気がいいといった目に見える成果が出てくることになる。日本はやはりヨーロッパから二〇年遅れで、地方分権法がやっと一九九九年成立したが、その地方分権が果たして自治・分権の方に展開していくかどうかが注目される。だが、日本でもヨーロッパと同じく、国家の枠を越えて、ある地方が他の地方と交流を進めていくことはおおいにありそうなことだと考えられる。たとえば新潟県がウラジオストク市と共同のテレビ放送を行なうとか、沖縄が台湾、廈門と自由貿易地域をつくるとか。地方自治体間の交流が一段と強まることはすでに始まっているともいえる。それが地域主義のもう一つの側面である地域(region)形成をすすめることになる。それゆえ、グローバル化が進めば進むほど、世界は一元化するかというと、必ずしもそうではなく、むしろ反対に世界が多元化している徴候がみえる。この世界の多元的な発展を、内発的発展論は三〇年前に予言していたわけである。要約すると、経済グローバル化はこれからも進んでいくだろう。その中で南北・貧富格差など社会問題の歪み、これがそのまま環境問題にも反映され、環境・生態系の悪化がすすんできている。そういう環境劣化を乗り越える主体として、地域があると考えられるのではないか。つまり、世界システムというのはやはり、システムとしてつねに中心地域、周辺地域、あるいは都市と農村、あるいは南と北というような地域格差をつくり出すことによって資本蓄積を進め、機能してきた面がある。ところが、いまではそれぞれの地域で、地域住民が主体性を持って自分の地域社会をつくっていく。それがじつは環境問題の解決にも対応することになると考えられる。今日の地域興しの形態は同時に、そのような格差や歪みというものを無くしていく動きにつながっている、とみられる。すなわちある地域おこしの経済は単にグローバル経済のなかで地域おこしをやっているのではなくて、地域おこしをするということがじつは格差や差別を生み出すような世界システムを見直していくことに繋がっていくのではないだろうか。こうした仮説を提示することもできよう。この仮説に対する一つの実証として、ヨーロッパの事例を最後に検討しておきたい。

七　むすびに——地域おこしの経済からグローバル・システムの変革へ

ヨーロッパ連合は、初めは産業の連合として米ソに対抗する広大な市場、ヨーロッパ経済共同体(EEC)をつくろうとしてきた。ところが一九九〇年前後から、ヨーロッパでは社会民主主義が強まってきて、産業のヨーロッパ(Europe of Industries)、統一市場のヨーロッパ(Europe of Unified Market)から、「市民のヨーロッパ」(Europe of Citizens)、「諸地域からなるヨーロッパ」(Europe of Regions)という新しい動きに代わってきた。社会の動きでもって経済の動きを統制しようという動きが出てきたわけである。日本やドイツは、かつて国家の強化によって経済の動きを統制したわけだが、いまのヨーロッパはそうではなくて、社会の動きによって経済を統制しよう、経済のもたらす社会の歪みを正していこうとしている。これが「エコノミー・ソシアル」の動きにほかならない。

市民や諸地域のヨーロッパをつくっていくためには、ヨーロッパの中で先進地域、後進地域があっては具合が悪い。だから後進地域をできるだけ引き上げようと、後進地域に重点を絞って助成したり、雇用をつくり出す法律(Directive)がいくつか成立している。(17) できるだけ地域の中での格差をなくしていく。それが、地域の一体化につながる。これはじつはヨーロッパの中を見ていると、都市が農村との格差をなくしていく運動に繋がってきていることが注目される。都市の連合が地域を巻き込んでいく動きはその一例である。たとえば、リールという都市はフランスの北方の首都だが、昔の工業町で二〇年前には失業者が溢れていて、昼間から若者が街路やカフェにたむろし、暗い感じを受けたものだった。だが、リールは今日再生した。どのように甦ったかというと、一つには英仏海峡トンネルの発足により、北部中継地としての機能を取り戻した。また他方で、ルーベ、トゥルカンなど近隣の都市と連合をつくり、そこに農村を巻き込んでいって、一つの地域というものを形成している。(18) この地域形成がじつはヨーロッパ全体の発展にも繋がっている。そういう、大きな市場、大きな地域をつくっていくことが地域間の交流を活発にして、それが地域おこしをも促進している。EUのミニ版が地域レベルで成立しているといえる。こういう動きを見ていると、都市と農村との格差が、だんだん目に見えてなくなってきていることが判る。そういうことがヨーロッパの発展の根本にあることが理解される。

こういう地域化の動きを見ると、この動きを進めていくことが、やがては南北格差や都市・農村格差を生み出してきた世界システムの見直しに繋がっていくのではないだろうか、ということを考えさせられる。そういう意味で、恐らく内発的発展論の考え方は、言葉としてはだんだん忘れられていくのかもしれないけれど、考え方それ自体として、すなわち、自分の住んでいる地域のアイデンティティを確立していくことが、世界の見直しに繋がっていくという考え方として今日、ますます重要になってきていると考えられる。

注

(1) 夏目漱石「現代日本の開化」(三好行雄編『漱石文明論集』岩波文庫所収)二六―二七頁。
(2) E・ライシャワー、羽染竹一訳『近代史の新しい見かた』原書房、一九七四年。
(3) 赤松要「我国経済発展の総合弁証法」(『商業経済論叢』第一五巻上冊、一九三七年)一七九―二一〇頁。
(4) 西川潤『経済発展の理論』日本評論社、一九七六年、第一一章。
(5) 唐凛「中国における〈西洋問題〉」(秀村欣二監修『人間と文明のゆくえ――トインビー生誕一〇〇年記念論集』日本評論社、一九八九年所収)。
(6) T・パーソンズ、N・J・スメルサー、富永健一訳『経済と社会』二巻(岩波書店、一九五六年)参照。
(7) 西川潤「アジアの二重の危機――経済危機と環境危機」(『早稲田政治経済学雑誌』三三五号、一九九八年七月)。
(8) この分野では、岩波講座「開発と文化」(川田順造他編、一九九七―九八年)の特に第一巻、第六巻が参考になる。

（9）　デュルケームについては、E. Durkheim, *De la division du travail social*, 1893（田原音和訳『社会分業論』青木書店）; id., *Les règles de la méthode sociologique*, 1895（宮島喬訳『社会科学的方法の基準』岩波書店）; id., *La science sociale et l'action*, 1870（佐々木・中嶌訳『社会科学と行動』恒星社厚生閣），小関藤一郎編訳『デュルケーム宗教社会学論集』（行路社、一九八三年）が基本文献である。ウェーバーに関しては、M・ウェーバー、武藤他訳『宗教社会学』（創文社、一九七六年）、『ウェーバー社会学論集』（青木書店、一九七一年――特に「宗教社会学論集への序文」および「世界宗教の経済倫理・序論」）、大塚久雄訳『プロテスタンティズムの倫理と資本主義の精神』（岩波書店、一九八八年）、木全徳雄訳『儒教と道教』（創文社、一九七一年）等。デュルケームとウェーバーの社会経済学アプローチの異同については、R. J. Holton, *Economy and Society*, Routledge, 1992 参照。

（10）　J・ラスキン、飯塚一郎訳『この最後の者にも』（中央公論社「世界の名著」四一『ラスキン・モリス集』一九七一年）六一頁、注（2）参照。

（11）　キリスト教社会主義の立場に立つル・プレイが一八五六年に創設した La société d'économie sociale と、この協会が一八八〇年代まで出していた *Bulletin*.

（12）　P・F・ドラッカー、上田・佐々木・田代訳『ポスト資本主義社会』ダイヤモンド社、一九九三年。

（13）　社会的セクターの計測については、ジョンズ・ホプキンズ大学でレスター・サラモンらが行なっている「非営利セクター国際比較プロジェクト」の研究成果が同大学より刊行されており、その内の何冊かが邦訳されている。たとえば、L・M・サラモン、H・K・アンハイアー『台頭する非営利セクター』（ダイヤモンド社、一九九六年）。これは米日等一二国の比較研究だが、サラモンらの「非営利セクター」は、ボランティア民間団体を指しており、本書で述べる「社会的経済」の対象としての、協同組合・共済組合等は含んでいない。日本の民間非営利セクターについては、一九九八年に施行された特定非営利活動（ＮＰＯ）促進法に伴い、多数の文献が出ているが、山内直人編『ＮＰＯデータブック』（有斐閣、一九九九年）、経済企画庁国民生活局『日本のNPOの経済規模』(大蔵省印刷局、一九九八年)が便利である。「社会的経済」の意味での非営利セクターの概念、規模、構成を米国、フランス、日本等について検討した研究として、川口清史『非営利セクターと協同組合』(日本経済評論社、一九九四年)、富沢賢治『社会的経済セクターの分析――民間非営利組織の理論と実践』(岩波書店、一九九九年)、富沢賢治・川口清史編『非営利・協同セクターの理論と現実』(日本経済評論社、一九九七年)、川口清史・富沢賢治編『福祉社会と非営利・協同セクター』(日本経済評論社、一九九九年)等がある。

(14) 鶴見和子[一九九六]。これは、シュンペーターの意味での「企業者」にほかならない。

(15) 西川潤「アジアにおける〝持続可能な発展〟」(環境経済・政策学会編『アジアの環境問題』所収、東洋経済新報社、一九九八年)。

(16) S・ハンチントン、鈴木主税訳『文明の衝突』集英社、一九九八年。

(17) 農業の強化・支持に「農業指導保証ヨーロッパ基金」、構造不況地域に対して「ヨーロッパ地域開発基金」、後進諸国(スペイン、アイルランド、ポルトガル、ギリシア)に対して「ヨーロッパ一体化基金」、失業対策として「ヨーロッパ社会基金」が設けられ、これらの基金支出はあわせてEU予算の八割を占めている。

(18) Lille, *La métropole rassemblée* 1968-1998, Fayard, 1998.

第Ⅰ部の参考文献（文献は本文および注の中では［著者名、出版年、該当頁］の形で表示する）

H. Daly［1977］*Steady-State Economics*, San Francisco : W. H. Freeman and Co.
Id.［1996］*Beyond Growth : the Economics of Sustainable Development*, Boston : Beacon Press.
H. Daly, et al. (ed.)［1993］*Valuing Earth : Economics, Ecology, Ethics*, Cambridge, Mss. : MIT Press.
P. Ekins［1992a］*Real-life Economics : Understanding Wealth Creation*, London : Routledge.
Id.［1992b］*A New World Order*, London : Routledge.

Id.［2000］*Economic Growth and Environmental Sustainability : the Prospects for Green Growth*, London : Routledge.

宇野重昭・鶴見和子編［一九九四］『内発的発展と外向的発展』東京大学出版会。

ポール・エキンズ［一九八七］石見尚他訳『生命系の経済学』御茶の水書房。

北島滋［一九九八］『開発と地域変動――開発と内発的発展の相克』東信堂。

清成忠男［一九八七］『地域更生のビジョン――内需拡大と地域振興』東洋経済新報社。

鶴見和子・川田侃編［一九八九］『内発的発展論』東京大学出版会。

鶴見和子［一九九六］『内発的発展論の展開』筑摩書房。

鶴見和子［一九九九］「内発的発展論によるパラダイム転換」（『鶴見和子曼荼羅』九「環の巻」）藤原書店。

中村尚司［一九九三］『地域自立の経済学』日本評論社。

西川潤［一九七九―八〇］『国際関係をみる眼』三巻、ダイヤモンド社。

西川潤［一九八〇］「新国際経済秩序と内発的発展」（『平和研究』第五号所収）。

日本平和学会［一九八〇］『沖縄――平和と自立の展望』早稲田大学出版部。

保母武彦［一九九六］『内発的発展論と日本の農山村』岩波書店。

松野弘［一九九六］『現代地域社会論の展開』ぎょうせい。

三石善吉［一九九四］『伝統中国の内発的発展』研文出版。

南大阪研究会［一九八二］『地域を創る――南大阪の内発的発展をめざして』学芸出版社。

宮本憲一編［一九七七―七八］『講座・地域開発と自治体』三巻、筑摩書房。

宮本憲一・遠藤宏［一九九八］『地域経営と内発的発展』農文協。

J・ロバートソン［一九九九］石見・森田訳『二一世紀経済システムの展望』日本経済評論社。

第II部　豊かさと貧しさの理論

第4章　経済発展から人間発展へ——シュンペーターとペルー

一　はじめに——問題の設定

今日の世界で「発展／開発」(development)という言葉は一つの時代を動かすキーワードとなった観がある。ちょうど、一八―一九世紀に「進歩」(progress)「進化」(evolution)という言葉が時代精神を現わしたように。

経済学の分野でも、「開発経済学」(development economics)は一つの大きな学問範疇として現われつつあるが、(1)「発展／開発」の概念そのものについて十分な議論が行なわれているとはいい難い。「発展／開発」という言葉を社会科学で初めて用いたのは、筆者の知るかぎりではヘーゲルだが、ヘーゲルは一八世紀末、市民社会の勃興の時点にあって、外的環境により人間行動が即自的に決定された時代(封建時代)から、対自的に人間行動が外的環境を形成していく時代への移行を説明するべく、この用語をもちいた。つまり、「発展」(Entwicklung)とは「何らかの倫理的に決定された目標へむかっての進歩」(2)を指し、それは「理性の進歩」、すなわち、「歴史の動き」そのものにほかならない。ヘーゲルでは、発展は何よりも封建的な桎梏から市民層が解き放たれて、自らの自由な活動を展開していく動きを指すものであった。

経済学の分野で、「経済発展」の理論的解明に最初に取り組んだのはジョセフ・A・シュンペーターである。一九一二年(じつは一九一一年であったという[3])に弱冠二八歳の青年シュンペーターが著した『経済発展の理論』[4]は、ウィーン＝限界効用学派の市場均衡理論から踏み出て(あるいはそれとセットとして)、経済の動態現象、とりわけ資本主義経済の進化・発展についての仮説を提示したものとして、画期的なものといえる。

シュンペーターの経済発展の理論はその後、一方では、ポスト・ケインズ派の長期的な資本主義成長、動向観に引き継がれていく[5]。他方では、経済発展と制度間の関連を重視したフランソワ・ペルーにより受容されつつ、『資本主義・社会主義・民主主義』(一九五〇年)に示された体制ヴィジョンと共に、今日のレギュラシオン学派にいたる体制変化の理論の流れを形づくっている。

本章では、とりわけ後者のペルーによるシュンペーター理論の継承と展開に焦点をあてつつ、経済学における経済発展概念の生成、展開、現代的情況を明らかにすることを目的としたい。それはとりもなおさず、二〇世紀を通じての経済発展に関する議論の展開を、「シュンペーター＝ペルー」という一つの基軸においてとらえる試みにほかならない。そのためにここでは、まず第一に、経済発展理論とウィーン社会、ドイツ経済の関係について私見を述べ、シュンペーターの発展概念の特徴を眺める。ついで、ペルーにおけるシュンペーター理論の受容と問題展開を検討し、ペルーの主著『二〇世紀の経済』および彼が晩年ユネスコのために現代の経済発展概念を整理した著作『新しい発展概念』[6]

における発展理論の概要をまとめることによって、シュンペーターからの発展問題の展開を知ることに努めたい。

二　経済発展とウィーン社会

1　世紀末社会と経済発展

シュンペーターがウィーン大学法学部に入学したのは一九〇一年であるが、この時期はウィーンがオーストリア＝ハプスブルグ帝国の中枢として、繁栄と爛熟のただ中にあった「世紀末」時代である。(7)ウィーンは、今日のチェコスロバキア、ハンガリー、スロベニア、クロアチアなど周囲の農村社会に囲まれた離れ島であり、そこでは市民精神と、そして経済学の分野では平等主義を基礎とした限界効用学説と一般均衡理論が花開いていた。

一九〇八年にシュンペーターはこの都市で『理論経済学の本質と内容』を著し、ついで一九一一年に『経済発展の理論』を世に問うのだが、この二著は、シュンペーター自身が明言しているように「姉妹編」なのであって、組み合せて経済学の展開を試みたものである。「ただ取扱方法と素材はまったく異なっているから、私はこれを第二巻ないし続編とはよばずに、この著作が前著から独立しても読めるように特に配慮した(8)」。

それでは、この両著がどのような関係に立っているかというと、前著(『本質と内容』と略称)はウィーン派の純粋経済学の体系的叙述であり、後著(『発展の理論』と略称)はこの純粋経済学を基礎として(後著の第一章は前著の静態均衡理論に立って経済循環を説明している)、経済の歴史的変化の説明を試みているのである。

二〇歳代の青年シュンペーターの野心は、前著についてはワルラス、後著についてはマルクスの問題関心を分ち持ち、(9)「ワルラスからマルクスへ」という形で、理論経済学の展開をはかることにあった。しかし、このことはシュンペーターがマルクスの立場に立ったということではない。「意図と結果」は異なるものであって、(10)シュンペーターにとっての「経済発展」の理解はあくまでも、経済の静態的均衡から、景気循環をふくむ経済変動の生起の問題であり、この経済変動、動態過程の説明として、企業者による新結合・革新の仮説が提起されたのである。

シュンペーターの「経済発展」理論はしたがって、経済学史的にこれをみれば、二つの意味を持つ。一つは、純粋経済学における定常状態の設定から、内生的=内発的に起こる経済変動をどう説明するか、という問題関心の表現である。他は、当時新歴史学派の支配下にあったゲルマン語経済学界に対して、純粋経済学の立場から、経済の歴史的経過をどう説明するか、という問題について異なった説明方法を提起し、マルクス=ゾンバルト流の「発展段階」「客観的法則」抽出による経済社会の理解に挑戦した、ということである。それゆえ、『発展の理論』は、彼が師と仰ぐパレートやボエーム=バヴェルクからも、また、新歴史学派からも冷淡な評価しか受けなかった。

ボエーム=バヴェルクがシュンペーターの動態理論を否定し、両者間に論争が展開された過程をみると、(11)当時の経済学界におけるウィーン学派の位置づけが分かって興味深い。ボエーム=バヴェルクには一九一四年に公にした「政府統制か、経済法則か」という論文があるが[12]、ここで彼は、政府権力または社会的統制と市場経済原理の関係を検証し、前者は後者(限界効用原理)を尊重して初めて有効となるとして、後者の前者に対する優位を論証することに全力を注いでいる。つまり、当時のウィーン学派にとっては、権力介入から離れた(=自由になった)市場経済の形成は、市民的経済の一つの到達点だったのであり、そこでの均衡条件のエレガントな説明こそが経済学の目的そのものにほかならなかった。

2　シュンペーターの「発展」観

しかし、青年シュンペーターの問題関心は定常経済の理論的解明では満足しなかった。彼はすでに起こりつつあったヨーロッパの変動——ウィーン的都市世界の支配に対する後進地域の興隆——を敏感にとらえていた、ということができよう。だからこそ彼は、経済の歴史的変化の過程、定常経済から変動経済への移行の問題を、ダーウィンやロッシャーのような人たちが用いていた「進化」や「発展」という用語を採用することによって、説明しようと試みた。「発展」という言葉は、歴史学派の発展段階説から採られたものだが、その際、シュンペーターがこれをまったく換骨奪胎して用いたことは注目に値する。

つまり、ヘーゲルに発するゲルマン的思考の世界にあって、「発展」という言葉はつねに、経済社会全体の内発的変化を指すものとして用いられてきた。ヘーゲルにおいて市民社会の興隆を指示したこの言葉は、一九世紀を通じて先進国・後進国間の闘争が意識された時代の後進国ドイツのイデオローグ、歴史学派においては、後進国が先進段階に到達する過程を示す概念にほかならなかった。しかし、ゲルマン圏の当時の最先進スポットであるウィーンで学んだシュンペーターにとっては、経済の動態化現象を説明するにあたって、歴史学派と同じ意味で「発展」を用いることはできなかった。そこで彼は、「経済発展」を「社会発展」から区別し、厳密に経済変動の歴史的現象に限定することによって、純粋経済学の範疇としてこれを用いたのである(13)。この点で彼の経済発展概念は、経済変動の問題を社会階級間の権力交代の問題と結びつけたマルクスの概念ともまた、後進国の先進国段階上昇の問題と関連させた歴史学派の概念とも異なるといえる。

『発展の理論』で提起された新結合による旧結合の解体、そして旧結合と並存しつつ新結合が経済変動の動因となっていくという説明は、しかしながら、新しい時代の動きを十分実感させるものであった。シュンペーター自身、のちに『発展の理論』で行なった問題提起を大著『景気循環論』(一九三九年)、『資本主義・社会主義・民主主義』(一九四二年)でさらに展開することになる。とりわけ、後者では前者の歴史的研究を踏まえて、経済発展の問題が明示的に社会体制変化の問題と結びつけられたことは注目に値する。ここではシュンペーターは、一方では恐慌と社会主義体制生成の経験を踏まえて、資本主義体制の硬直化＝官僚支配化というマックス・ウェーバーの関心を引き継いだ問題提起を行ない、他方ではそれにもかかわらず、民主主義は資本主義・社会主義という体制問題とは必ずしも結びつくことなく、自己展開していくとみて、市民社会の条件の一般化に期待を表明している。

この後者の点は、ファシズムによる民主主義圧迫という、シュンペーター自身が体験した歴史的条件の吟味という性格を持つが、同時に、ウィーン的都市社会の世界的展開への確信という側面をも持つだろう。

以上の議論を整理すると、第一次大戦前後のゲルマン語世界においては、経済発展に関して、三つの思考の流れが存在した。

第一は、ウィーン型の定常経済を経済の理想像として、そこでの一般均衡条件の説明に努力を集中する正統の純粋経済学派。

第二は、純粋経済学の分析用具を利用しながら、新しくヨーロッパに生起しつつあった経済変動の説明の道を拓いたシュンペーター理論。

第三は、経済発展を後進国が先進国に移行する経済的社会的条件の説明と考える新歴史学派。しかし、この第三の学派は、間もなく両大戦間期にドイツに興隆し、ナチズムの経済理論と転化していく有機的進化の経済理論に吸収されていく。

フランスから来た若い経済学徒フランソワ・ペルーがウィーンに学んだのは、まさしくこのような時代であった。

三　ペルーにおけるシュンペーター理論の受容と展開——経済主体と制度

1　シュンペーターとペルー

ペルーがウィーンに学んだのは、一九三四—三五年であり、すでにシュンペーターはいない。[14] ペルーはウィーンでフォン・ミーゼスに純粋経済学を学んだ。[15] ペルーはすでに二三歳の時にフランスで利潤に関する大著を刊行していたが、[16] ウィーン滞在中にシュンペーターに傾倒し、帰国後間もなく、『ジョセフ・シュンペーターの経済思想』(一九三五年)を世に問う。[17]

本書においてペルーは、基本的にはシュンペーターの企業者による新結合および信用創造による資本主義経済の動態的発展のヴィジョンを引き継ぎながら、次の諸点で、シュンペーターの経済発展思想が現実にそぐわないと批判する。

第一に、シュンペーターは定常経済モデルから出発するが、資本主義の歴史で定常状態は例外的情況にすぎず、資本主義の発展は絶えず不均等な経済主体間の闘争、利潤獲得や信用創出権の獲得、国家や企業間の力関係の変化によって彩られてきたものである。この見地からすれば、「歴史的な経済変動は歴史的に一回限りの非可逆的現象」であって、シュンペーターのように経済変動を景気循環(短期・長期)のくり返しとみることはできない。つまり、シュンペーターの議論はあまりに「一元的かつ機能主義的にすぎる」のである。[18]

第二に、シュンペーターは、革新を企業者の所産とみたが、これは一九世紀末の市場経済、競争経済については妥当するにせよ、資本主義経済の発展を普遍的に説明するものではない。「シュンペーターは人工的に民間の革新のみを取り出し、純化した。彼は体系的に企業者＝創業者に照明をあて、この企業者が力ぞえをうけた公的・国家的な協力、そして企業者たちが発展の歴史的な不均等性から享有した利益を闇の中に葬った。シュンペーターの動学は、国家も、社会階級も、公的・半公共的な計画やプログラムを考慮に入れることがないために、西欧の巨大経済の歴史的発展の諸条件を十分理解させるものではない(19)」。

つまり、革新とは個人的な企業者＝創業者によるばかりでなく、つねに「人間の集団的創造(20)」の産物にほかならない。シュンペーターの市場経済理論では国家の役割も、また企業に集まるさまざまな人間たちの集団的な努力による革新の展開も理解できない。この前者の点は、とりわけ後進国で国家が企業の育成に大きな役割を演じてきたこと(「日本株式会社」!)や、日本の経営システムで労働者の参加が日常的な改善＝革新を産み出している事実を考慮に入れると、とりわけわれわれにとっては興味ぶかい。

第三に、シュンペーターにとって発展とは、旧結合の新結合による解体だが、ペルーはさきにみたように、このような発展がつねに歴史的な国民経済、企業、また経済主体や社会階級間の不均等性と関連していると考えた。ここに国家間、企業間、経済主体や社会階級間の「経済支配」(domination)の問題が出てくる。支配経済が権力や強制力を利用して革新を遂行するとすれば、被支配経済はその事実によって、支配経済が遂行したような新結合による発展を阻まれている。

「西欧の支配的経済は、低開発経済に対し――意図的たると否とを問わず――自分自身が行なったことを繰り返す機会と手段とを与えたにとどまらず、それ独自の発展のオリジナルな諸条件をつくり出している」(21)。

この認識においては、革新は単に内生的なものではなく、むしろ構造やシステムと関連している。この見方は、経済発展を単に新結合が絶えず生起し、景気循環の連鎖を通じて波及していくとする市場経済の一元論的見方から、経済発展が同時に低発展の条件をつくり出し、両者は相互に関連しているとする構造論的な低開発/低発展観への道を開いた。

第四に、ペルーは、シュンペーターが晩年に制度論的関心を深めたことを評価しながらも、資本主義体制の行末が必ず「知識人の敵対」を深め、結局社会主義的官僚制をもたらすとは考えない。資本主義体制は不均等を制度化することによって発展を続けるが、その過程で二つの現象が生まれる。一つは、シュンペーターが考えたような知識人、ホワイトカラー、テクノクラートら「新しい第三身分」の興隆を導く。他方では、不均等性はさまざまな形で「人間費用」(les coûts de l'homme)を高め、貧困、飢え、社会的非行、アルコール中毒等をもたらすが、中産階級/第三階級の圧力もあって、国家や世論はしだいにこれらの費用を喜んで支払い、社会的融和を実現するよう努める。「これら人間費用(単に労働費用にとどまらず)を支払うことが、諸国民にとって優先的に支出されなければならない固定費用と考えられるにいたる」(22)。

シュンペーターは「敵対的知識人」と不満を持つ労働者階級の同盟が、社会主義体制を必然とするとみて、折からドイツに勃興していた国家社会主義(ナチズム)と資本主義の将来ヴィジョンを重ね合わせたが、ペルーは、このような第三階級の生成がむしろ、社会的対話を促進し、福祉社会形成、階級融和、人間たちによる事物の支配を実現する条件となると考えた。

「社会的問題に関心をつよめる資本主義国家は、一方では労働世界、他方では経済変化から必要とされる社会的挑戦を引き受け、これに応えていくだけの知性と能力をもったブルジョワ分子間の共生の世界となりうるし……この両者の結合から新しい勤労者の社会が生まれるだろう」[23]。

これは今日のヨーロッパにおける社会民主主義体制の実現を先取りしたものといえるし、ペルーがサンシモンら初期社会主義の伝統を引き継いで、マルクス＝シュンペーターにみられる階級闘争を基軸とした社会体制の進化観と異なる体制進化ヴィジョンを提示したものとみることができる。ペルーは、このような産業社会から福祉社会への移行、そのための社会的対話の増進を「二〇世紀における人間の集団的創造」[24]の課題と考え、大学紛争に先立つ一九六〇年代に「産業と集団的創造」の研究に身を捧げた。

以上を要約すると、ペルーは、シュンペーターの革新による資本主義の動態的進展の説明を受け入れながら(ペルーはシュンペーターを「偉大なる師にして友」[25]とよんでいる)、後者の純粋に市場経済的な経済発展概念に満足できず、これを国家や制度的諸要因と結びつけ、経済社会全体の発展、人間同士の対話や協調や創造性の発展と関連させて考えた、ということができよう。それでは最後に、ペルー自身の発展概念を検討しよう。

2　ペルーの発展概念

ペルーは『二〇世紀の経済』[26]の第二部「成長の極」第三章を「発展概念」(la notion de développement)の検討にあてている。

ここで彼は、発展を次のようにまず定義する。

「発展とは、ある住民集団の精神的社会的変化の組み合せにより、実質生産物が累積的かつ永続的に増大するような条件がともなった状態である[27]」。

この発展はつねに、一方では「発展の極」(les pôles de développement)が形成されることにより、また他方ではこの発展の効果が拡散するような社会環境を整備することにより、実現される。

まず「発展の極」とは、そこに生産要素が集中し、組み合されて、革新が生まれ、経済成長を牽引するような中心が形成された状態である。

「社会環境」とは、この発展の極を生成させ、発展効果が社会に拡散していくことを可能とさせるような社会的制度的、また政治的法的枠組の整備である。ここには住民集団の精神的状態または心性、教育や保健など基本的必要の充足、住民参加を可能とする民主的体制などもふくまれる。しかし、このような「社会環境」が国際的には不均等性を拡大して、「発展の極」の支配効果を強める場合も当然考えられる。

「ある地域や住民の成長、発展は従って、発展の極から生まれる諸効果を拡散させる環境を意識的に整備していくことにより、初めて実現される」[28]。

このように発展を定義するならば、低発展／低開発は、次のような特徴を持つ[29]。

(1) この経済単位を構成している各部門の異質性が高く、相互に接合した状態にはなく、価格、財サービスの流れ、情報、そして革新効果などがただちに伝播する状態にない。複合経済とか二重経済とよばれる経済がそれであり、こうした経済では一部に経済成長の離れ島がみられるにせよ、それが他の地域の成長を牽引しているわけではない。

(2) この経済は内発的／内生的な成長／発展動因を持たない。すなわち、そこでは革新や新結合が起こらない。いいかえれば、この経済は他経済の支配効果を受けている経済である。この経済は他経済との取引きに際して、価格、財サービスの流れ、情報、革新効果などを一方的に受容する立場にある。

(3) この経済では人間の基本的必要が必ずしも充足されていない。期待寿命、教育、保健水準等いずれも、支配的発展経済と比べると大きな格差がみられる。この経済では、支配経済の影響を受けて、経済成長はみられるものの、それが社会全体の発展と結びつかず、それゆえ、革新／新結合を担う企業者階級も見出されず、貧困の悪循環に悩んでいる。広範な失業が見られ、人間資源が浪費されている。

発展と低発展経済を以上のように定義するならば、発展を導くためにはそれに必要な環境／制度を整備する必要がある。

発展／支配経済と低発展／被支配経済とが併存する状態が世界システムとしては低開発／低発展状態であるとすれば、世界システムを発展状態に移行させるためには、その環境整備を行なわなければならない。そのためには、一方では発展の極の側が変化し、他方では被支配経済の側が変化する必要がある。これは市場経済の枠を越えるような対話の精神が成立し、両経済の紛争の場を協調の場へと変えていくことが条件となる。または、強者と弱者間に何らかの仲裁者が介入することによって、両者の対話を促進することが条件となる。

「仲裁者とは、一般的利害、集団的利益、公共等のために介入する権力である。それは適切な諸制度を通じて、しだいに社会的紛争を社会的対話へと変えていく(30)」。

「成長の自動的メカニズムは、諸制度や社会慣習の結果として生まれる。市場メカニズムによってわれわれがなしうることは、物的世界が相互に作用し、そこでの経済要因たるわれわれがそのまま再生産される、ということでしかない。発展が完全となるのは、ただわれわれが相互に交流をすすめることによって、お互いの意識、良心から学び合っていくときのことなのだ(31)」。

世界システムが発展の方向に変化するのは結局のところ、強者・弱者の双方が学び合い、自らを変えていくか、あるいは双方の枠にとらわれない仲裁制度(国際機関や超国家権力)が成立して、発展が拡散する環境を世界大で整備していくことでしかない。それが、世界規模での「人間の集団的創造」の試みであり、そのような試みはすなわち、人間を金銭の用具や商業精神から解放していく人間的世界の建設の試みにほかならない、とペルーは考える。

この主題はさらに、発展途上国の台頭、新国際経済秩序の問題提起を承け、一九八〇年代に『新しい発展概念』で展開された。

新しい発展概念とは、一九七〇年代に南の発展途上諸国の提起した新国際経済秩序の思考と、ユネスコ等国連機関の場で問題となってきた「内発的発展」[32]の哲学を踏まえたもので、「グローバル的」「内発的」「統合的」という三つの特徴を持つ[33]。

「グローバル的」とは、発展の目的は「人間的なもの全体」と「人間関係において想定されるいろいろな側面の多様性」にある、とみることである。それは同時に、人間たちの構成するさまざまな社会単位、地域、国民国家、国家統合、そして地球社会の発展でもある。ここでは、シュンペーターの厳密に経済面に限定した発展が「経済社会」の発展へと展開している。

「内発的」(endogène)とはもともとは、あるシステムの変化の解がこれを構成している方程式によって与えられることを意味する数学用語である。シュンペーターの経済システム進化の説明もこれを構成している諸要因の組合せの変化として行なわれている。ペルーは、経済システムを、内発的変化を遂行するサブ・システムとその影響=支配を外発的に受けるサブ・システムに区分することによって、発展／開発状態と低発展／低開発状態を説明した。この区分が植民地独立以降の国際社会にひろく受け入れられた結果、いまや内発的・自主的に自らの価値観にしたがいつつ自らの資源を整序し、自らの資性・活力を伸ばしていこうとする発展のあり方が、国際社会の目標となるにいたった。これが内発的発展である。

「統合的」(intégré)とは、経済社会の諸単位が一つのものに集合し、統合されていくことを指す。それは地域／国家が地域・国家の連合に統合されていく動きでもあるし、また経済諸部門や社会階級が接合度を高めていく動きでもある。統合的発展とはしたがって、これら諸地域・諸部門・諸階級が相互依存関係を強めて、相互のフィードバックをすすめていく動きでもある。「これら経済主体の行動、フィードバックが調整(régulation)を必然とする」[34]。ここに経済の相互依存化とレギュラシオンの経済学への展望が現われる。

「グローバル的」「内発的」「統合的」という新しい発展概念は、さきに述べたペルーの低発展／低開発に関する三つの特徴に対応していることに注意しておこう。すなわち、「非接合的」という特徴に対しては「統合的」が、「外生的／被支配的」という特徴に対しては「内発的」、そして「物的成長／非人間的」という特徴に対しては「人間的／グローバル的」という特徴が、それぞれに対応している。

ペルーにとって、このような新しい発展は何よりもわれわれの経済思想の革新と相伴うべきものと考えられた。

「新しい国際経済秩序をすすめる新しい発展は、人間たちの集団的な作業として現われる。この考え方が実現していくと共に旧来の経済思想の基礎そのものが揺るがされる」[35]。

旧来の経済思想とは、功利主義的な個人主義に立脚し、多面的な資性・能力を持つ人間活動をもっぱら経済面で極大利潤を追求する存在としてしかとらえず、そして絶えず不均等性を創出して経済成長を生み出す過程が経済動態、発展にほかならない、とする考え方である。このような怪物的人間像こそが、発展システムと低開発システム、北の世界と南の世界への地球社会の分裂をもたらした歴史過程の根底にあるとペルーはみる。

したがって、人間たちのふたたび融和した集団的創造＝新しい発展を実現するためには、低開発世界ばかりではなく、先進社会もまた変化を遂げなければならない。

「貧しい国々や社会のより良い発展のためには、豊かな国ぐにや社会の側が新しい発展形式を見出すことが不可欠である[36]」。

豊かな国／社会層が人間的価値にめざめ、物の発展から人や社会の発展へと、発展目標を切り替えていくときに、近代社会の個人主義的価値観にとらわれた豊かな国／社会層は、いままで単線的な発展の物差しからすれば見下していた「伝統社会」の持つ集団主義的価値から多くのものを学ばなければならない。「この点においてこそ、いわゆる先進社会が持つ実際主義的〝経済主義〟が、伝統的社会の持つ諸価値と衝突することを、われわれは理解しなければならない[37]」。

これは先進西欧文明に対する挑戦であり、このような挑戦を引き受けてこそはじめて諸文明が共存する「人間の集団的創造」の花開く地球的発展への道がひらける。

このような新しい発展を実現するためには、一方では先進・後進両世界の相互依存と協調による発展ダイナミズム、発展の極が世界大で形成されなければならない。他方では、この発展の波及環境が公私の力によって整備されていかなければならない。

また、学問の分野では、発展指標として、いままで物・サービスの成長に偏ったGNP等の経済指標に代えて、人間の雇用、衣食住、人口構成、教育、研究開発など、社会開発の指標を整備していく必要がある。[38]

こうして、発展が世界各地、各社会層から内発的に生成し、その成果が世界社会に拡大していく状態を、ペルーは「進歩」(le progrès)とよぶ。経済発展が経済成長に偏して理解されているとき(「発展なき成長」の状態)、諸サブ単位の個別的進歩(les progrès)はありえても、それは人類社会の普遍的進歩に結びつかない。この関係をペルーは、次のように**表**に整理している。

	形　態	特　徴	基　準
経済開発／発展	経済成長 経済発展 個別的進歩 進　歩	ある部分／次元の量的増大 諸構造の相関関係の変化 ある部分／次元の質的改善 世界的な質的改善	GNP 最適構造 部分的な改善 革新生起・波及の拡散
⇩			
人間発展	人間の期待／思考の革新	人間的諸価値／潜在能力の実現	諸価値の共存

この**表**から知られるように、ペルーは、経済発展の一要因として経済成長を理解しながらも、それが構造的変化を伴わないかぎり、人間社会の発展をもたらさない、と考えている。この構造的変化は正の方向にはたらくこともあれば(発展状態)、負の方向にはたらくこともある(低発展状態)。前者の

場合には、特定部分の進歩が現われるが(個別的進歩)、他部分では進歩の遅れが目立つ。しかし、発展の極が世界大にひろがり、その成果が拡散するとき、初めて世界は進歩状態に入り、人間発展の世界への道がひらけるのである。これこそが地球大での集団的創造の世界にほかならない。

四　結　論

シュンペーターの経済発展概念は、歴史学派の発展概念を引き継ぎながらも、それをウィーンの都市社会で生まれた純粋経済学の枠内にすえ直して、歴史の動態的変化を説明する純粋理論として提示したところに特色があった。それはハプスブルグ帝国の官僚支配に対する企業者世界の到来を告げる時代の声でもあった。

シュンペーターはさらに、彼の経済発展理論の歴史的検証としての『景気循環論』を経て、都市世界から生まれた民主主義体制の世界的拡散の将来に対する希望を持ちながらも、現実には資本主義体制は社会主義体制と同じく、官僚支配という硬直化に陥るだろうとみた。

シュンペーターの弟子ペルーは、師から新結合／革新による経済発展という概念を学んだが、経済発展の主体を単に企業者としてのみ考えず、国家や人間集団の営為としてとらえた。このような諸国家・集団の発展は必ず経済社会の不均等発展を導く。ペルーはそこに発展経済と低開発経済への分化の原因をみた。

同時にペルーは、経済発展を経済成長から区別し、社会・文化と経済成長の相関的な変化を通じて、人間および人間集団が新しいものを創造していく過程と考えた。こうして、経済発展は純粋経済学の対象から、社会経済学の分野へと移されたのである。

しかし、二〇世紀後半の世界的な植民地・従属国の独立過程を経て、ペルーはさらに、発展がすべての人類へと一般化するような要因を、「グローバル的」「内発的」「統合的」の三点に求めて、自らの発展理論を拡大すると同時に、新しい地球的相互依存の時代の経済学の礎を築いた。すなわち、「発展の極」が地球大にひろがり、発展成果がどの地域・社会層にも均霑していくような環境、制度的枠組を整えることによって、かつて企業者階級および豊かな国の独占物であった発展が、地球社会を構成するすべての人びと、人間集団に拡大していく条件がある、とする思考である。

シュンペーターの経済発展概念からみると、人間発展を究極の目標とするペルーの経済社会発展は、なんと遠くまで発展理論が進化してきたのだろうか、という感慨をわれわれにいだかせる。それは、本書第12章でみるアマルティア・センの人間開発論へとつながるものである。

しかし、ふりかえってみると、ペルーの発展理論はじつは師シュンペーターが措定した世界社会の将来ヴィジョンへの道筋を明らかにしたものであったのかもしれない。それは、ウィーンの都市社会に生成した民主主義体制の世界的な拡散という展望である。

注

（1） 欧米の大学ではこれは通常の学科目となっている。最近、日本の大学でも「開発経済学科」「開発経済学」を設置するところが増えてきた。

(2) ヘーゲル[一八三七、九〇—九四頁]。

(3) R. Swedberg[1991 : p. 10].

(4) Schumpeter[1912](塩野谷祐一・中山伊知郎・東畑精一訳、岩波文庫)、本書については、伊達邦春[一九七九]および伊達他[一九八〇]を参照。

(5) 伊達邦春[一九九一]参照。

(6) F. Perroux[1981].

(7) W・M・ジョンストン[一九八六]。

(8) Schumpeter[1912], 邦訳(上)、九頁。

(9) 前掲書日本語版序文参照。

(10) 前掲書、四頁。

(11) 伊達邦春[一九七九、七二—七三頁]。

(12) "Control or Economic Law?", *Shorter Classics of Eugen von BöhmBawerk*, I, New York, 1931. この原文は *Zeitschrift für Volkswirtschaft, Sozialpolitik und Verwaltung*, Dezember 1914 に発表された。この論文の利用は中山智香子君の教示による。

(13) 『発展の理論』初版では最終の第七章が「国民経済の全貌」と題して、社会や権力(政府)の問題がそこで議論されている。しかし、シュンペーター自身が、彼の問題設定と第七章の矛盾を意識して、第二版(一九二六年)ではこれを削除し、ほかの手入れと合わせて、第二版を本書の定本としたのである。

(14) シュンペーターがウィーン大学で教えたことはなかった。彼の純粋経済学への忠誠にもかかわらず、ウィーン大学は彼に門戸を開かなかった。彼はチェルノヴィック、グラーツの両地方大学を経て、社会民主主義政権の大蔵大臣職に短期間就いた後、実業界に入り、一九二五年からボン大学で教えた後、一九三二年にはアメリカに去っていた。
(15) F・ペルー『一経済学者の遍歴——彼はいかなる道を選んだか?』(清水和巳訳、日仏経済学会 *BULLETIN* 第一一号、一九八八年)一六—一八頁。
(16) F. Perroux[1926].
(17) F. Perroux[1935].
(18) F. Perroux[1965 : p. 196]. 本書は(17)に引いた一九三五年のシュンペーター研究に、一九五一年に公にされた論文 “Les trois analyses de l'évolution et la recherche d'une dynamique totale” を付して、一九六五年に再版された書物である。
(19) *Id*., pp. 74-75.
(20) *Id*., p. 250.
(21) F. Perroux[1955 : p. 77].
(22) F. Perroux[1965 : p. 246].
(23) *Id*., p. 247. なお、このような「勤労者民主主義社会」の展望をレギュラシオン学派の立場から描き出したのが、M・アグリエタ[一九九〇]である。
(24) 余談だが、筆者がコレージュ・ド・フランスのペルー教授の講座に一九六五—六七年の時期に列したとき、教授はこの主題で講義を行なっていた。その成果は *Industrie et création collective* の tome I : *Saint-Simonisme du XX*e *siècle et création collective*, Paris, 1964 : tome II : *Images de l'Homme nouveau et techniques collectives*, Paris, 1970 として公刊されている。この直後に大学紛争が起こり、この講義でしばしば耳にした「参加」や「自主管理」が時代のキーワードとなって、やがてフランスで社会党政権を導いたことに筆者は驚嘆の念を禁じ得ない。
(25) ペルーは一九四七年、シュンペーターに招かれてハーバード大学で講義を行なっている。

(26)　F. Perroux[1961]. ここでは一九六九年の第三版を使用している。
(27)　F. Perroux[1961 : p. 189].
(28)　*Id*., p. 205.
(29)　*Id*., pp. 192-194; F. Perroux[1955].
(30)　F. Perroux[1961 : p. 207].
(31)　*Id*., p. 207.
(32)　本書第1章参照。
(33)　F. Perroux[1981 : pp, 30-31].
(34)　*Id*., p. 50.
(35)　*Id*., p. 33.
(36)　*Id*., p. 33.
(37)　*Id*., p. 36.
(38)　*Id*., pp. 67-79. 一九九〇年以降、国連開発計画が『人間開発報告』(*Human Development Report*)を毎年刊行しはじめ、そこで一連の「人間開発指標」を示しているが、これはペルーの「社会開発指標」の概念に沿うものと考えられる。

第5章　構造学派から従属論へ――その歴史的意義

一　はじめに

従属論(dependency theory)は、一九六〇年代後半からラテンアメリカで興起し、一九七〇年代中葉の石油ショックから新国際経済秩序(ＮＩＥＯ)形成を担う経済理論となった。この理論は一九八〇年代には理論的には、一方では世界システム論へと発展的に吸収され、他方では多文化発展論、人間開発論等へと展開していく。

本章ではまず、ラテンアメリカおよび西ヨーロッパで一九五〇年代に起こった構造学派の経済理論を整理し、先進国起源の国際分業論、近代化論に対抗して、いかに南の発展途上国の現実を踏まえた発展理論、工業化論が形成されたか、その限界は何だったたか、をみよう。

ついで、構造学派の中心――周辺理論および支配の理論を踏まえて、従属論がどういう形で生起したかを眺めよう。その中で、アンドレ・Ｇ・フランク、テオトニオ・ドスサントス、フェルナンド・Ｈ・カルドーゾおよびサミール・アミンら代表的な従属論者を取り上げる。ここでは、フランクの「低開発の発展」説、ドスサントス等の「従属的発展説」、およびアミンの「周辺資本主義」説を検証し、従属論者の分析の論理的帰結が、先進地域との分業関係からの「離脱」(デリンキング)、従属構造の構造是正・改革、「自力更生」「自立的発展」にあることを示す。

第三に、西ヨーロッパで歴史学派やシュンペーターの伝統を踏まえて生起したミュルダール、ペルーらの構造論、ゼングハース、シアーズらの従属論およびラテンアメリカ従属論の批判を紹介し、地域個性を重視する西ヨーロッパ構造＝従属論が、多系的発展論および社会民主主義的改良政策に帰結した事情を説明する。

第四に、従属論の論理的展開が、一方では発展途上地域の工業化、新国際経済秩序の形成、他方では人間中心型＝参加型発展論、世界システム論および多文化発展論、地域発展論へと自己展開した経緯を眺め、経済グローバル化の今日、従属論が開発経済学に持つ意義を明らかにすることにしたい。

二　構造学派の形成とその限界

第二次世界大戦後、主流派経済学の根幹を形づくった新古典派では、経済分析の中心を市場分析におき、そこでの均衡形成過程の説明を学問課題とした。この理論に従えば、市場は世界どこでも同一であり、それゆえ同一の分析がいかなる場所についても妥当する。この世界的普遍性を主張する理論は、いうまでもなく、先進世界の中心性、覇権を補完する理論的文化的装置の一環と考えられる。

このような中心的理論に対する疑問は、一九五〇年代に、一方では工業化の始まったラテンアメリカで、他方では復興途上のヨーロッパで、それぞれ提起された。ここに生起したのが構造学派

(structuralist school)である。本節ではまず、ラテンアメリカでの構造学派形成を眺めることにしよう。

ラテンアメリカで構造理論は一九五〇年代、ＩＭＦが課したインフレ対策をめぐってクローズアップされた。

大恐慌から第二次大戦を経て、中心国の経済支配がゆるみ、工業製品の供給がうまくいかなくなった間隙に、ラテンアメリカ諸国——特にブラジル、アルゼンチン、チリ、メキシコなどの大国——は工業化にのり出したが、そのため資本財輸入が増大し、ＩＭＦ等からの借り入れが増大した。

ところが、ラテンアメリカ諸国では工業化と共に、政府財政が増大し、慢性的インフレが通常のこととなっていた。ラテンアメリカ諸国は資本取引と貿易取引について二重為替相場を採用し、前者を固定していたので、資本貸付国は一定のハードカレンシー(ドル)融資に対して、目減りしたレートで返済を受けることになった。換言すれば、インフレ国は債務返済に関して有利な立場に立った。そのため大手貸付機関たるＩＭＦは、インフレ抑制のために緊縮財政を要求した。今日の構造調整策の先駆である。

このＩＭＦの緊縮財政政策は当然のことながら、工業化を抑制する効果をもった。そこで国連ラテンアメリカ経済委員会(ＥＣＬＡ)の場を中心に、ＩＭＦ政策を批判する議論が起こってきた。ブラジルのセルソ・フルタード、チリのオスヴァルド・スンケルらは、ラテンアメリカのインフレには構造的原因があり、単に財政政策で解決できるものではないことを主張した。すなわち、都市では労働組合が結成されていて、絶えず賃上げを要求する。技術革新や生産性向上によって、本来ならば下がる製品価格も、むしろ上がる傾向がある。また、農業分野では少数の大地主が農地の大部分を独占している。彼らは食糧供給を増やすことには興味をもたず、農地の多くを不毛のまま放置している。都市の工業化や労働者の所得上昇によって、食糧需要は上昇するが、食糧供給は硬直的であるため、食糧価格は上昇傾向をもつ。

つまり、工業製品でも農産物でも、生産性上昇と共に価格が低下する可能性はごく低く、むしろ価格はつねに上昇する傾向を持つ。この議論の政策的含意は、ラテンアメリカのインフレには構造的原因があり、財政政策に必ずしも左右されないこと、インフレ抑制には構造改革こそが必要であること、したがってIMFの財政緊縮政策は見当違いの介入であり、工業化を指向する国が二重為替政策をとることは正当であること――である。(1)

フルタードらによれば、新古典派理論は経済分析を社会的現実と同一視している。しかし、重要なことは社会的現実を一つの対象＝システムとして分析する場合に、その抽象化に役立つような構造的諸要素を判別し、認識することである［フルタード一九七三、「はじめに」］。出来合いの理論から現実を裁断するのではなく、それぞれ異なる構造を持つ現実を説明するような理論を考案しなければならない。

他方で、ECLAの場を中心とする構造学派の理論は、インフレ論争を契機に突如出てきたのではなく、じつは、ラテンアメリカの工業化を導いたラウル・プレビッシュの「中心―周辺」(Center-Periphery)説の影響を受けたものだった。

プレビッシュ自身、大恐慌時に、アルゼンチン大蔵次官の職にあって、同国経済の立て直しを迫られたとき、自国のイギリス経済依存から起こる二つの問題に直面した。一つは、大恐慌でイギリスからの輸入が激減し、製造品価格が急騰したこと、もう一つは、アルゼンチンの金融がイギリス銀行の手ににぎられ、金融政策が自由にならないこと、である。

この経験からプレビッシュは、有名な一次産品の対製造品交易条件の長期的低下説をＥＣＬＡの場で提起した。すなわち、イギリス起源の国際分業体制の下では、中心国(Center)が工業製品を独占し、周辺国(Periphery)は原料・食糧を中心国に供給する役割を担っている。ところが、プレビッシュによれば、一次産品の対製造品交易条件は悪化する傾向があるので[2]、一次産品国は同一量の製造品輸入に対して、つねに、より多くの原料・食糧を輸出しなければならない。中心国の物価は労働組合等の硬直的な構造により上昇する傾向があるのに対し、周辺国の原料価格は競争的に決まり、技術進歩の恩恵は前者に有利に、後者に不利にはたらく。言いかえれば、一次産品国は、一次産品輸出を通じて成長することは難しい。

ＥＣＬＡの場で発表されたこの説は、ラテンアメリカ諸国およびラテンアメリカの経済学者たちに大きな影響を与えた。

プレビッシュ理論は、第一に世界の同質性と先進国モデルの普遍的妥当性を否定して、周辺国は中心国と異なる経済構造を持つこと、第二に、この異なる経済構造により、技術進歩の恩恵の配分は不平等に進行する、第三に、周辺国発展の道は、それゆえ先進国起源の国際分業理論の教える比較優位に基づく一次産品生産・輸出への特化にあるのではなく、工業化にあること、の三点を主張して、これがやがて国連貿易開発会議(UNCTAD)の経済学となる[西川 一九七六]。

ラテンアメリカの構造学派は、大恐慌と第二次大戦を契機にラテンアメリカ諸国で進行した工業化の正当性を擁護する理論として登場した。

「中心―周辺」説に理論的にバックアップされ、こうしてまずラテンアメリカで工業化が始まったが、この工業化は次のような特徴をもった。

まず第一には、この工業化は現在の社会構造の中で富裕層、中産層の需要を対象とする輸入代替の工業化であった。

第二は、この工業化のために保護主義を採用し、積極的に先進国の多国籍企業を誘致した。

第三には、したがって工業化進行と共に、資本財や中間原料の輸入が増大し、保護主義による割高の製品の輸出は行なわれていないために、貿易赤字が増大し、債務の累積を導いた。

第四に、工業化の進行は都市の見た目の繁栄を導いたが、都市―農村の格差、そして貧富の格差は解消するどころか、かえって拡大した。

ここに構造学派の工業化論にあきたらず、一九七〇年代に従属論(dependency theory)が登場することになる。

三　従属論の特質と政策的帰結

第二次大戦後、一九五〇、六〇年代に発展途上の各地での新興独立国の誕生がみられるが、この政治的独立をも踏まえて、一九六〇年代以降、南の国ぐにで工業化が進行する。しかし、この工業化は都市、富裕・中産層をベースとした工業化であり、都市と農村、貧富の格差は解消せず、むしろ、債務、悪性インフレ、人口移動、スラム等の新しい経済社会問題が現れた。

ここに、構造学派の流れから、構造論を批判しつつ、従属論が一九七〇年代に登場した。従属論の構造学派に対する批判点は次のようなものである。

第一は、中心―周辺両地域間の分業関係は、市場経済を通じて生起したものではなく、中心地域による周辺地域支配という権力(政治経済学)関係を通じて成立したものであって、支配―被支配(従属)という視点を導入しなければ、両者間の分業関係を是正することはできない。

第二は、したがって、技術進歩の分配の不平等も、自然発生的に起こったものではなく、技術革新が中心地で独占され、周辺地では消費優先、技術従属という社会経済学的特性が形成されていることに関連している。

第三は、先進国・多国籍企業への経済従属という情況が、輸入の先進国依存、周辺地余剰の中心地への流出という事態を導き、債務の累積、経済窮迫をもたらしている。

第四は、周辺地では先進地依存を通じて、独自の複合的(多国籍企業と大地主・商業財閥等寡頭層が政治経済を動かす）社会経済構造が形成されているので、この社会経済構造を是正しなければ、周辺地の経済発展は不可能である。

これらの諸点はブラジルの経済学者でＥＣＬＡで活躍したフルタード、またドスサントスらによって主張されてきたが、これをもっとも尖鋭な形で表現したのは、ドイツ生まれで、米国に学び、ラテンアメリカで仕事をしたフランクである[Frank 1967, 1972, 1978]。

フランクは、チリ大学の社会経済研究センター（ＣＥＳＯ）をベースとして、チリとブラジルの経済史を研究し、これらのケーススタディに基づいて、ラテンアメリカ経済は「前近代的」状態にあるのではなく、特殊な低開発状態にあり、しかもこの低開発状態は進行しているとする、有名な「低開発性の発展」(development of underdevelopment)説をうち出した。

フランクによれば、ラテンアメリカの低開発性は、世界資本主義の中枢地(Metropolis)の支配を受けた衛星地(Satellite)としての位置による[Frank 1967, 1972, 1978]。世界資本主義体制は絶えざる両極分解を世界レベルでも、また国内レベルでも生み出し、衛星地の経済は外向セクターと国内セクターに両極分解する。この中枢―衛星関係は同時に支配―従属関係により規定され、衛星地からは絶えず労働余剰がこの支配―従属関係を通じて中枢地に流出し、中枢地、外向セクターの富を支える。衛星地、国内セクターではこの従属関係を維持する大地主制、金融寡頭制等の特殊なブルジョワ支配構造が成立し、あらゆる独自の発展の展望は困難になる。衛星地では絶えざる両極分解の進行により、地域・貧富格差は進行し、経済集中、農村からの人口流出、スラム街増殖等低開発状態は悪化する。

一見、「封建的に見える大地主制(latifundios)もじつは世界資本主義システムの産物」にほかならない。それゆえ、衛星地が「従属的蓄積」(dependent accumulation)の状態から脱して、自律的発展の道を踏み出すには、中枢―衛星関係の「逆転＝革命」(revolution)が不可欠である。

フランクの議論は一九六〇年代後半に、特に、ブラジル、チリで現れていた従属論を摂取し、ラテンアメリカの低開発を世界システム内の中枢―衛星関係によるものとして、明快に描写したこと、また英語によりアメリカ左翼の論壇を通じて発表されたことにより、大きな影響力をもった。

しかし、ラテンアメリカ従属学派の主流(ブラジル出身の経済学者ドスサントス、チリの経済学者スンケル、ブラジルの社会学者カルドーゾら)は、フランク理論からは距離を置く立場をとった[Dos Santos 1970; Sunkel 1970; Cardozo y Faletto 1969]。

彼らによれば、ラテンアメリカにおける従属的社会経済構造は単に中枢―衛星関係に還元されるものではなく、むしろ時代の経過と国際的な支配関係の変化と共に、それ自体変化して現れるものである。

ドスサントスは、従属経済には一八―一九世紀の「植民地型」、一九世紀末―二〇世紀中葉の「金融・工業支配型」、第二次大戦後の「多国籍企業支配型」の三つのパターンがあると述べ、いずれも国内生産構造を外向的に発展させた、と指摘した。国内市場はそれに従属する形で、極端な貧富格差、せまい国内市場、自律性の欠如等を特徴とするが、同時に時代により、また国・地域により、それぞれ独特な従属的発展を経験している。それゆえ、ラテンアメリカの経済発展は、ＩＭＦや主流派経済学の説くように、資本主義世界市場に統合されることによって実現するのではなく、むしろ、土地改革等貧富格差の是正、国内市場の拡大、経済自律力の回復等を通じて遂行されるのである[Dos Santos 1970]。

カルドーゾらは、中南米諸国の工業化と共に、中産階級、産業ブルジョワジー、都市大衆の政治連合が現れ、国内市場向け投資、都市大衆の消費を重視する従属経済が現れている事情を分析した。ブラジル、アルゼンチンなどでは、これらの社会層を基盤として、ヴァルガス、ペロンらの指導の下に、「人民主義」(Populismo)を掲げる開発主義政権が出現した。人民主義は、都市大衆を顧客層とするが、決して民衆を発展主体とすることのない中産階級・軍部と多国籍企業・大地主間同盟である。この開発主義国家の形成やその展開の様態は、国により、歴史により、また外部勢力との結びつきにより、それぞれ異なる。問題は、「発展」か「従属」か、の二分法にあるのではなく、独自の従属的発展の道を歩んでいる国が、いかに民主化を遂げ、国内市場を拡大し、世界市場との関係をバランスのとれたものに是正していくか、ということなのである[Cardozo y Faletto 1969]。

フランク理論と従属学派主流の相違は、前者が中枢─衛星関係を主軸として、衛星地の発展のためには、中枢からの切断＝革命、あらゆるブルジョワジーとの闘争を主張して、キューバ型革命を支持するのに対し、後者は、工業化がそれぞれ異なる程度で進んでいるラテンアメリカの多様性を考慮し、国ごとに従属経済構造の是正が可能である、と考えた点にある。この構造是正のカギは、従属的発展の矛盾を自覚する中産階級、産業ブルジョワジー、知識人、人民大衆らから成る政治的連合にあり、この政治的連合と、多国籍企業・大地主・軍部等から成る寡頭的支配層との力関係にある。しかし、開発主義国家はその内部に中産階級、産業ブルジョワジー、都市大衆をしだいに育み、彼らはいまの従属関係の中では必ずしも自らの発展が実現できないため、反対勢力に投じていく、という自己矛盾を抱えている。この分析は後に、一九九〇年代に入って、カルドーゾがブラジル社会党を足場とする連合政権の大統領に選ばれ、多国籍マネーの投機に揺れるブラジル経済の舵取りをすることになる運命を考えると、まことに興味ぶかい。

エジプト出身のサミール・アミンの「不均等発展」「周辺資本主義」論[Amin 1972, 1973, 1985]は、フランク理論と従属学派主流の理論との中間に位置するものといえる。

アミンはアフリカ諸国(主として北アフリカ、西アフリカ)の分析から、世界経済の周辺地域では、独自の歴史の過程で資本主義システムに統合されたことから、中心部との間の「不等価交換」[Amin 1973]を特徴とする「周辺資本主義」が成立している、と論じた。

世界的資本蓄積と発展の経済システムは、次の四つの部門の組合せから成る二つのサブ・システムを持つ。

I　輸出部門
II　大衆消費部門
III　奢侈的消費部門
IV　設備財部門

中心地ではII—IVの組合せから成る中心的サブ・システムが発達する。これに対して、周辺地では、I—IIIの組合せから成る周辺的従属的サブ・システムが形成される。

中心的自立的システムは、周辺的従属的システムとの間に経済的・非経済的手段を通じて相互依存関係を形成し、後者の安価な労働力による安価な資源の供給を受けて発展してきた。同時に自らは、基本的に設備財と大衆消費財部門間の国内循環過程をそなえた自立的発展を実現した。その際、中心部における生産力と消費力間の矛盾は中心部市場の周辺地への拡大という形で回避されてきた。

その結果、周辺部では、富農・地主・商業ブルジョワ・高級官僚から成る上層エリートの奢侈財需要がつくり出され、もっぱら先進中心地域への原料輸出と奢侈的消費部門がばらばらに発達した。政治的独立後、周辺部では輸入代替工業化が叫ばれ、巨額の資本を必要とする耐久財生産が実現したが、これも結局は第II部門を犠牲にするものであり、I—III部門の発展がつづいた。この発展のために若干の国では、国家資本主義により第IV部門に投資が行なわれる場合もあったが、それは決して第II部門を発展させるものではなかった。

その結果、周辺的従属的システムにおいては、少数エリートの世界経済システムへの統合は促進されるが、他方では食糧部門など第II部門は停滞し、大衆の飢えと貧困化(辺境化)がすすむ。世界資本主義は中心—周辺諸国間の不均等な発展を柱とするのである。したがって周辺的従属国が発展するためには、移行期の戦略としては、I—IIIシステムからII—IVシステムへの経済の組み替えが課題となるが、それは大衆の発展過程への参加によってのみ達成される性質のものである。これが、周辺資本主義から自立経済への移行の道にほかならない。

アミンの理論は工業化の遅れたサハラ砂漠以南アフリカの現実を反映したものだが、一方では衣食住など大衆の基本的必要(Basic Human Needs)を充足する部門の発展こそが課題だと主張することによって、一九八〇年代のＢＨＮ理論(基本的必要の充足を発展目標とする)に影響を与えた。また他方では、貧困大衆の増大を指摘することによって、一九九〇年代以降の参加型発展、貧困緩和論を先取りすることになった。

アミンは同時に、マルクスの提起した発展段階説(原始共同体→奴隷制→封建制→資本制)が、西欧中心の学説だとこれを批判して、アジアやアフリカでは奴隷制や封建制に代わり、特定君主に共同体や家臣が貢納を献上して、保護や商取引を保障される貢納制が一般的であったと論じた。西欧起源の資本制は、アジアやアフリカではこの貢納制と結合して、独自の周辺資本主義を形成した、と彼はみる[Amin 1973]。

だが同時に、アミン理論は、政治的実践の面では中心部からの周辺部離脱(delinking)を主張し、周辺部発展の大道として「社会主義」発展を示すものだった。周辺資本主義からいかに、民衆参加による社会主義体制への移行が可能か、についての道筋は定かではない。そのため、一九九〇年代に社会主義体制が崩壊した後、南の世界の発展論の流れから浮いたものになったこともまた否めない事実である。

アミン理論はマルクス主義と共に、西欧で生まれた構造論の影響をも受けたものだが、ここで、西ヨーロッパにおける構造学派＝従属論の流れを見ておこう。

四　西ヨーロッパの構造＝従属理論

西ヨーロッパの構造理論は、それぞれの地域個性を重視するヨーロッパの文化伝統から生まれた。まず、スウェーデンのグナール・ミュルダールは、イタリア北部の工業化地域と南部の農業地域の比較検討、また、アメリカの豊かな白人経済と貧しい黒人経済の比較検討から、豊かな先進地域と貧しい後進地域との間には、前者が後者を牽引する「波及効果」(spread effects)と、前者が後者の発展にマイナスの影響を及ぼす「逆流効果」(backwash effects)の二種類の相互依存関係が存在することを主張した[Myrdal 1944 および 1957]。

新古典派に基づく正統派の開発理論では、すべての途上国は先進国の後を追い、先進国成長の恩恵を受けて成長するという近代化論、成長のおこぼれ理論(trickle-down theory)という形で、前者の波及効果を強調する。これに対し、ミュルダール理論では、両者の相互依存関係の中に、正負両方の依存関係を見ているところに特徴がある。

ミュルダールはまた、『アジアのドラマ』において、低開発国発展のためには、工業化ばかりでなく、土地改革など農業の近代化、生産性の向上、国内市場の拡大が必要であると同時に、「ソフト社会」といわれるような汚職腐敗を常とする政治構造を是正し、民主的、透明性をもった政治社会制度を確立する必要性を指摘した[Myrdal 1968]。ミュルダール理論は、一つには単なる成長の伝播(トリ

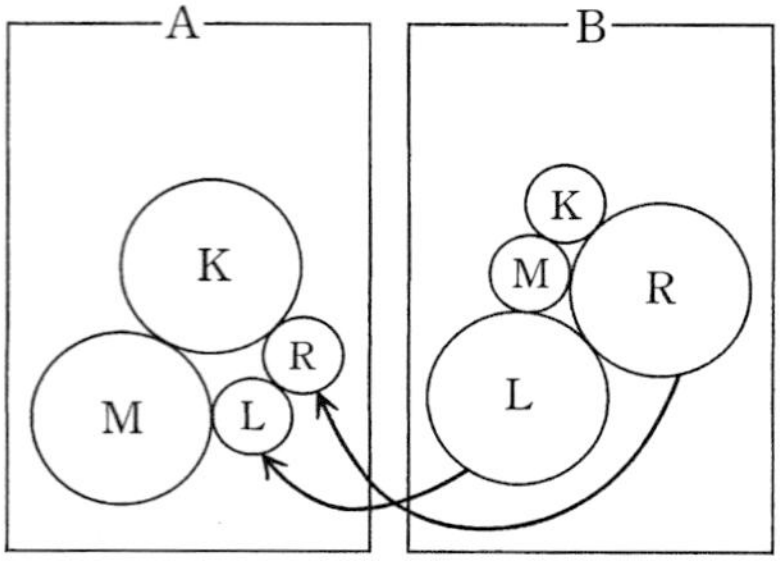

図 3　成長の極形成による開発(A)/低開発(B)経済の分化

ックル・ダウン)を不可能とさせるような低開発的経済構造が存在すること、またこのような経済の発展のためには単に貯蓄＝投資を増やすばかりでなく、経済構造の是正や政治・社会の民主化が不可欠であることを主張して、後の「民主主義的統治」(good governance)論に影響を及ぼすことになる。

ミュルダールの逆流効果説をさらに地域開発の一般理論の形で提示したのは、フランスのフランソワ・ペルーである[Perroux, 1961 : 1er partie]。

ペルーは、経済成長が起こるためには必ずある地域に生産要素が集中し、極(pole)現象が生起すると考えた。ここで「極」というのは、成長拠点と考えてよい。資本(K)や経営資源(M)が豊富なA地域で経済成長が生じる時には、周辺地域(B)から天然資源(R)や労働力(L)が移動して、成長拠点が形成される。Aでは成長と共に生産要素の集中・過密現象が生じるが、Bでは逆に生産要素の流出、過疎化が生じる。この場合にはA、B間には不均等な力関係が働いている。Aの経済成長はBに低開発現象を生じさせたのである。このように、A、Bの経済構造を一定として、Aの経済指数に生じた変化が、Bの経済指数の変化を誘引するか、またはAの経済指数を一定として、Aの経済構造変化がBの経済構造変化を引き起こす場合、そこにはAのBに対する支配効果がみられる、とペルーは考えた。

被支配地域Bでは、①経済の自律性の喪失、②経済各部門（第一―第二―第三次産業）の分離と非接合、③人間生命の正常な生産、再生産の条件が壊れ、社会的費用が高まり、人間の尊厳が尊重されない、などの特性が現れる。これが低開発経済の特徴である［Perroux 1961：2e partie; 本書第4章］。

ペルーの支配の理論は、一つには経済成長に伴う構造変化が地域によって非対称性を持つこと、第二には複数の地域に同時に起こる構造変化が両者間の支配・依存関係に関連していること、第三に、その結果生まれる低開発経済は支配＝先進経済とは異なる独自の経済社会構造を持ちうることを主張して、アミンら南の経済学者たちに強い影響を及ぼした(3)。

構造学派の貢献は次のように要約できるだろう。まず、経済成長や低開発の説明のためには、単に経済指数の変化だけを見るのではなく、経済構造の変化を見なければならないこと、この構造変化は地域により非対称でありうること、したがって世界経済は決して同質的ではなくむしろ異質なサブシステムの集合から成ること、それぞれのサブシステムは独自の発展形態を持ちうること、等である。

ここでラテンアメリカ起源の従属論をヨーロッパの発展に適用し、経済自立の条件を検討したドイツのディーター・ゼングハース、イギリスのダドレイ・シアーズらの業績［Senghaas 1985; Seers 1981］に触れておこう。

ゼングハースは世界資本主義体制の内部で、絶えず中心部が周辺部を形成する事実、「周辺部形成圧力」がはたらく事実を認めた上で、ある周辺経済が「自立的発展能力」（Autocentric Development Competence）を身につける条件は何か、をしらべた。

彼は、北欧諸国の発展を研究した上で、一八―一九世紀に、ヨーロッパ周辺部で中心部（イギリス、フランス、ドイツ等）への食糧・原料供給地として輸出指向的に発展したこれらの国が、二〇世紀に工業化を遂行し、中心成熟経済へと到達しえた原因を次のように整理した。

(1) 中小農地が支配的で、農業近代化が遂行された。

(2) 周辺地であることから、農民や労働者が協同組合や政党に組織され、産業資本や国家官僚に対して影響力を行使した。

(3) そのため、所得分配が比較的平等で、国内市場がひろがり、大衆消費財需要が強く、同時に国内貯蓄分が投資に回る条件ができた。

(4) したがって教育が発達し、女性の社会進出もすすみ、人間能力が発展のために生かされ、技術革新を促進する条件が整った。

(5) 社会民主主義による安定した政治制度が形成され、資本主義発達に伴って生起する新しい社会運動を絶えず自らの内部に取り込んでいった。

(6) この民主主義国家は社会インフラや金融機関を整備し、民間企業の競争的展開を支持すると同時に、農工や地域間の調和をはかった。

(7) 民間企業はヨーロッパ中心地の影響の下に、積極的に先進技術を導入し、国内投資をすすめ、輸出品構造を原料・食糧から製造品へと代替した。

これらの条件はもちろん国ごとに、また歴史的・地政的条件によって異なり、「スカンディナビア型」発展といっても、フィンランド、ノルウェー、デンマーク、スウェーデンはそれぞれ異なる。(4) ただ、いずれも「社会的公正に根ざした大衆ベースの経済成長」(Broad-based growth with equity)、「民主主義的体制による国内外経済過程のコントロール」という点で共通しているのである。

この北欧経済の研究に基づき、ゼングハースは、先進諸国の自立的発展を、次の六つのパターンに整理した。

① 国内市場ダイナミズムに基づく世界市場からの切断的(dissociative)発展。

一九世紀中葉からのフランス、ドイツ、オーストリア＝ハンガリー、ベルギー、そして南北戦争以後のアメリカ等は、多かれ少なかれ国内市場を重視し、まず国内市場向けの繊維産業、ついでエネルギー・重化学工業等資本財産業を保護主義の下に発達させて、国内経済循環構造を形成し、自立的発展の道をたどった。

② 世界市場とリンクした(associative)輸出指向型発展。

一八世紀末からのスイス、一九世紀末からのオランダのように、前者は二五〇万、後者は三三〇万程度の人口しかもたず、しかも十分な原料資源にも不足する小国では、原料輸入、製品輸出という形で、近隣。世界市場に依存しつつ、工業化をすすめた。

③ 世界市場と一面ではリンクし、他面では自立性を保つ(associative/dissociative)発展。

これは農牧畜産品、鉱物を輸出する中で、これら資源を自国加工する形で輸入代替工業化をすすめ、やがて輸出産品も原料から工業製品に代替していくパターンで、その最終段階(第二次大戦以降)ではかなりの程度、自由貿易パターンに近くなる。さきに述べた北欧諸国、カナダ、オーストラリア、ニュージーランドなどはこのカテゴリーに入る。

④ 世界市場から切断された国家資本主義的発展。

これは、ある程度人口が多く、国内市場が大きい国で、農産物、原料、手工業を基盤としつつ、国家主導の下に、技術・産業の近代化をすすめるケースで、日本がその例である。このパターンは①と似ているようだが、①では民間企業の役割が大きいのに対し、④では国家の経済コントロールの比重が大きい。

⑤ 世界市場から切断された国家社会主義型発展。

これは旧ソ連、モンゴルが典型的な例だが、第二次大戦後は、中国、北朝鮮、東欧諸国、キューバなどが加わった。これらの国は、欧米、日本など大工業中心地の周辺にあって、工業化のためにより大きく国家統制を必要とした。

⑥ 世界市場とリンクし、輸出指向型発展をたどりながら、遅れた工業化のために多国籍企業を導入するために、外部からの周辺化と並行して内部からの周辺化(=多国籍企業による支配化)の危険にさらされている新興工業国。

これは、台湾、韓国、スペイン、ブラジル、メキシコなどだが、いずれも輸入代替面では国家主導=保護主義をとる一方、輸出面では自由貿易型である。ただし、スペイン、ブラジル、メキシコなど人口大国では、多国籍企業への依存度がより高く、内部からの周辺化の危険がそれだけ大きい。

この自立的発展のパターン分類が発表されてから約二〇年を経て、二一世紀初頭の時点でこれをふり返ると、まず④⑤の国家資本主義的、国家社会主義的発展パターンはじつはそれほど異なったものではなく、国家統制主義の下に遅れた工業化がある程度強権的にすすめると、民間企業が成長して規制緩和、分権、市場経済化が進行する発展パターンは、①と共通する面がある、と考えられる。⑥の新興工業国についても同様のことがいえよう。

また、④の日本の場合にもじつは世界市場に対する労働集約製品輸出が第二次大戦前原始蓄積期の重要な成長(余剰蓄積)要因をなしており、この面ではむしろ③のカテゴリーに入れてもいいかもしれない。

このように分類を見直すと、重要なことは一つは人口、資源のようなファンダメンタルズの大小、他は地政学的、歴史的な個別経済の特性で、それによって、発展のある時期には切断的要因が、また他の時期にはリンク的要因が、それぞれ強まる、とみてもよいだろう。

このように、ゼングハースの分析それ自体が歴史性を帯びたものだが、この分析のメリットは、開発国を単に低開発国の将来モデルとみるのではなく(近代化論)、また開発―低開発を単に対称的なものとしてとらえるのでもなく(従属論)、低開発から自立段階に至るまでを、それぞれ歴史的、経済的、地政的要因によって異なるいくつかの発展パターンの連続、あるいは並立ととらえることにより、発展における選択可能性という問題を提起したことにある。同時にこの分析は現代世界における先進国

間の多様な発展を理解する視角をも開いた、といえる。(5)

構造＝従属学派の分析をヨーロッパで受容したもう一つの流れとしては、国民国家を分析枠組みとしたポスト・ケインズ派の中で、インド、中国など第三世界に強い関心をもったジョーン・ロビンソンがいる。彼女は、従属論の分析枠組を国際関係分析の枠組として採用した『開発と低開発』を公にしたが[Robinson 1979]、彼女の弟子でサセックス大学開発研究所長を勤めたダドレイ・シアーズは、ロビンソンにならって、開発の目標として、貧困、失業、不平等の解消を据える必要を力説し[Seers 1972]、開発理念の転換に貢献した。彼の議論は一九八〇年代に、やはりイギリス出身で世界銀行、国連開発計画で活躍するポール・ストリーテンに人間の基本的必要(BHN)重視論として引き継がれることになる[Streeten 1982]。シアーズは、同時に、従属論を整理して、従属論が国家による経済コントロールの可能性を見ず、「従属か革命か」という二者択一に陥っていることを批判した。シアーズによれば、社会運動が国家内部で発言権を強めていくことにより、従属国家の民主化、自立段階への移行が徐々に可能になっていく[Seers 1981 : chap. 6]。これは、ヨーロッパ社会民主主義の思考を従属論に導入したものといえる。

それでは最後に、一九七〇年代に大きな影響力をもった従属論が二一世紀を迎える今日、どのような段階にあるか、について、検討しておこう。

五　従属論の今日

従属論自体が単一の理論体系ではなく、主流派の近代化論に対する共通の疑問から発して、それぞれの地域、文化伝統の中で、多様な理論展開をみた事情が知られた。

従属論は一九八〇年代以降、四つの分野で展開することになる。

第一は、直接的な政策的帰結の分野である。構造＝従属論は、直接的には一九七三年国連資源特別総会の場で採択された「新国際経済秩序(New International Economic Order——NIEO)樹立に関する宣言」の理論的基礎となり、新古典派の比較優位説を打破して、南の諸国の工業化を正当化する理論となった。NIEO以降、輸入代替(import-substitution)、輸出指向(export-orientation)、自国資源加工型(resource-based)等さまざまな形ですすむ途上国の工業化は、構造＝従属学派によって理論的には支えられていることを、われわれは忘れることができない。

また、この理論は、一九七六年国連総会の場で採択された発展権という新たな人権概念を支えることにもなった。発展権とは、ある国、民族、個人が低発展状態にあるのは、この国、民族、個人を低発展状態におとしめている国際関係、社会関係に由来するものであり、すべての民族、個人は自らの発展を実現する権利を持ち、国際社会はこのような権利を尊重しなければならない、とする考え方である。この考え方が基本的人権として国際社会で認められたことは、南北問題で南の側の要求に倫理的な根拠を提供することになった。

第二は、発展の目標として、もっぱら工業化＝経済成長を通じてパイを拡大するよりも、むしろ、設備財—大衆消費財の国民的経済循環の形成を重視する考え方は、今日に至るまで、開発における国家の役割を支持する議論として、市場万能型のグローバリズム理論への対抗的思潮を形づくっている。それと同時に、構造＝従属論では、途上国の開発方策として、構造改革、所得再分配、人間の基本的必要(BHN)の充足、等を重視するが、これらの議論は、ヨーロッパ社会民主主義の人権尊重の伝統と合した一九八〇年代のBHN論、そして、一九九〇年代の人間開発論、人間中心型発展論の、第三世界側から生まれた一つの知的源泉となった(6)。

BHN論、人間中心型発展論はマクロ的開発政策の目標を人間の必要充足に向けるべきだとする議論であり、インド生まれのアマルティア・センが提起したコミットメント説による人間開発論は、人間の自由な選択を究極の開発目標とするミクロ的アプローチだが、共に、経済成長＝GNP増大をめぐる経済成長論に対抗して、開発目標を転換した、という点で、構造＝従属論の流れを踏まえている、といえる。

第三に理論的分野では、構造＝従属論の中心—周辺説は、一九七〇年代以降の世界システム論へと展開した。

ウォーラーステインらの世界システム論は、世界資本主義の展開ダイナミズムを、諸地域、諸階層の絶えざる中心—周辺への分化と、景気循環の繰り返し・展開において、資本主義世界システムの動きを説明したが、この分析アプローチは、一九九〇年代以降の経済グローバル化の展開と、それを通じる世界的な貧富格差の拡大を、かなりの程度説明しているようにみえる。この点については、さらに次章で検討する。

第四に、学際的アプローチへの展開がある。非西欧地域独自の経済構造、発展の可能性を重視するこの理論は、一九八〇年代中葉以降、その政策的帰結としてのNIEO、自国資源を利用した工業化がある程度進展するとともに、同じくアジア地域から提起された内発的発展論とともに、新しい多中心的世界の多文化的発展論へと展開する。アミンが国連大学のために執筆した報告[Amin 1990]はこのような多中心的世界で南の国が自律的発展を遂げるためには、一方では経済—権力—文化を組合わせたオルターナティブ開発理論の形成、他方では民衆の発展過程への参加が必要であることを強調している。また、フランクの最近の業績『リオリエント』[Frank 1998]は、近年の日本＝東洋経済史の再検討を摂取しつつ(7)、世界がもともと多系的な発展を遂げてきており、このような多系的発展を理解するためには、世界システム論をも含めて、ヨーロッパ中心主義的歴史観、社会理論を乗り越えなければならない、と主張している。

以上みたように、一九五〇—七〇年代に新古典派経済学、近代化論に対抗して南の世界に生起した構造学派、従属論は、一九七〇—八〇年代にNIEO、発展権という形である程度、その政策目標を実現すると共に、開発理念、理論構造、学際アプローチなどの面で、市場経済グローバル化の時代に、BHN＝人間開発論、世界システム論、文化と開発論等に新しく展開を遂げつつある、といえる。

六　むすびに

開発経済学は第二次大戦後、非西欧諸国・地域の独立と共に生起した学問だが、その当初から、西欧起源の市場経済、一般均衡を重視し、西欧型成長モデルを南の国ぐにに移植しようとする主流派経済学と、これに対して途上地域の経済構造の特性、途上国独自の発展の道を主張する非西欧地域起源の経済学との対抗関係に彩られてきた。

本章では、まずラテンアメリカに生まれた構造学派から従属論への展開を眺め、西欧先進世界が主張する国際分業体制を拒否して、途上国の工業化をめざす構造論が、じつは途上国の事実上の工業化と相伴って展開し、これを論理化する役割を担った事情をみた。

ついで、工業化が先進国起源の多国籍企業の資本、技術、市場に依存していたことが、経済社会の真の発展につながらないことを主張して、従属論がラテンアメリカ、ついでアフリカに生起した事情をみたが、ここでは従属論も決して一枚岩ではないこと、従属構造の分析や政策提案などが、論者によりそれぞれ異なることを明らかにした。しかしながらこれらの理論はいずれも、先進国との関係の見直し(「デリンキング」「切断」)、従属構造の是正、自立的発展の条件整備などを課題としている。

さらに南の世界の構造=従属論とあい前後して、西ヨーロッパでも構造=従属論が起こっていた。西ヨーロッパの周辺地域である北欧ではもともと、一般均衡論に対する批判的見解が強かったが、このような政治経済学的伝統と、イギリス起源の主流経済学に対する批判的学派として大陸に生まれた歴史学派の伝統を踏まえて、ミュルダール、ペルーらの業績が現われた。彼らは、経済関係における支配=被支配の要素を重視し、いわゆる低開発経済がじつは先進(支配)=後進(被支配)関係の産物であること、低開発経済には独自の経済特性が存在すること、低開発経済の発展には構造是正が必要であること、などを主張した。

こうした理論伝統の下に、一方ではゼングハースらの自立的発展の条件探求が行なわれた。また他方では、従属論の提起した開発パラダイム再考は、ヨーロッパ社会民主主義、ポスト・ケインズ派を通じて、主流派経済学における経済成長のトリックル・ダウン論(近代化論)からBHN、人間開発論への開発目標転換を促した。

構造＝従属論は直接的には新国際経済秩序(NIEO)、途上国工業化、発展権という国際関係における大きな流れを導いた。また、理論面では世界システム論、多系的発展論、人間中心型発展論などの展開を準備した。

今日、市場経済化、多国籍企業によって主導される経済グローバル化がすすむ中で、従属論はそれ自体新しい時代に即した変貌を遂げながら、中心＝支配経済による世界経済の市場経済一元化の流れに対して、これを自らの地域・文化伝統を踏まえて批判的に眺める経済学の主要源泉の一つとして、息づいているということができよう。

注

(1)　Fultado[1964 : pp. 154-171], Martinussen[1997 : chap. 6].

(2)　プレビッシュはアルゼンチンの対英輸出の動きを一八七〇年代から一九三〇年代まで調べ、小麦・牛肉を英国に輸出するアルゼンチンの交易条件悪化を検証した[ECLA 1949 ; Prebisch 1949]。

（3） 西川［一九七九］。また、ペルーの支配の理論を国際関係面に適用し、国際的な支配＝従属関係を論証した学者としてベルニス［Bye et Bernis 1977］がいる。

（4） たとえば、ノルウェー、フィンランドは木材、鉱物、穀物輸出から発展を始めるが、ノルウェーの場合にはさらに海運、海産物（捕鯨等）の比重が大きい。スウェーデンは鉱物輸出が多く、特に鉄鉱石輸出から重化学工業、エンジニアリング産業を発達させた。デンマークの場合には、オランダと同じく、農畜産物が多く、その加工から工業化を始めた［Senghaas 1985：pp. 32-33］。

（5） なお、アジアにおける自立的発展の条件を、構造改革による国内資源動員と内発的発展に求めた仕事として、西川［一九八一］がある。

（6） 西川編［一九九七］所収の阪本公美子「人間開発と社会開発」第六章参照。

（7） 浜下武志［一九九七］、川勝平太［浜下・川勝一九九一］らによる近世アジアにおける独自の海洋交易型世界システム形成に関する議論。

第６章　世界システム論からレギュラシオン理論へ——制度的見方の展開

一九七〇年代から八〇年代にかけて、欧米優位型の国際分業体制がくずれ、世界秩序が大きく転換した時期に、この変動を理解するための経済社会認識の方法論として、先進世界では寡占による経済コントロールの弊害を強調するポスト・ケインズ派理論、南の世界では先進世界との国際分業関係を見直そうとする従属論が登場した。これらの理論はいずれも、北と南の双方で、経済の民主的コントロールによって、行き詰まった経済の再生、活性化をはかろうとするところに特徴がある。さらにこれらの理論に続いて、近代化論の発展段階説上に、権力論と経済分析を結合させようと試みる二つの大きな理論の流れが登場した。それはまず経済史認識を革新した世界システム論であり、ついで経済分析を社会分析と結合させたレギュラシオン理論である。

本章では、まず世界システム論の理論的特性を検討し、レギュラシオン理論が世界システム論のいかなる不備を補いつつ、そこから展開してきたかをみることにしたい。

一　世界システム論の特徴

世界システム論は、一九七〇年代中葉に世界経済の相互依存性の飛躍的進展を背景として、Ｉ・ウォーラーステインの記念碑的労作『近代世界システム』[1]により、提起された。実際、従来の世界史認識は、一九世紀の市民社会思想家たちのように、文明の進展という普遍主義的な認識か、または諸国家間の交渉の歴史という国際関係的な認識かのいずれかの形をとった。

前者は、二〇世紀に入って、トインビーの文明サイクル論に結晶したし、後者は、経済学・政治学の「国際面」への適用としての国際経済学、国際政治学として展開してきた。文明サイクル論は、文明の盛衰をよく説明するが、それぞれの文明内部の構造変動要因、また文明相互のシステム的関連の分析に弱点がある。他方で、国際経済学の分野での理論は、マルクス経済学か近代経済学か、いずれかの範疇に入るが、このどちらも一国モデル、閉鎖経済モデルを理論的基礎としていた。このような世界経済の同質性を前提とした議論に異議を唱えたのが、ラテンアメリカ起源の従属論だが、従属論の場合にも、基本的なモデルの枠組は「中心国」対「周辺国」という国際関係のそれで、それゆえにシステム的な変化という展望を切り拓くことができなかった。

ウォーラーステインらの世界システム論は、起源としては、第一にはマルクス主義の階級関係を基礎とした世界史進展の認識、第二には従属論の提起した、世界的文明の内部における構造的差異の問題、第三には、フランスで発達した「アナール派」[2]の実証主義的な歴史分析を持ち、これらを組み合わせた形で、資本主義世界システムの世界的規模での進展を解明することを試みた。

ウォーラーステインによれば[3]、世界史上にはこれまで三つの経済システムが存在した。

最初に登場したのは「ミニ・システム」である。これは、相互扶助的な血縁的、氏族的共同体の併存を基盤としていた。この共同体内部ではごく限られた初歩的な労働分業が存在し、生産物が相互に交換されている。主要な生産的資源は人間労働であり、それゆえ女性と子どもを統制することがきわめて重要だった。空間的な共同体の広がりも限定されており、時間的にはせいぜい六世代程度の短い期間しか存続しなかった、とウォーラーステインはいう。

ミニ・システムは間もなく、「世界システム」に包摂されていくことになる。この世界システムには二つの段階がある。

第一の段階は世界帝国の段階である。世界帝国では政治的な統一体が形成される。ここでは依然として主要な生産要素は人間労働だが、いまや直接生産に携わらない階級が出現して、ほかの諸階層、共同体を統制する。したがって、技術進歩はまだ内在的な発展動因となっていない。世界帝国はミニ・システムを組み入れることによって拡大し、これを放棄することによって縮小する。世界諸帝国の盛衰、共存はそれゆえ、「政治的サイクル」にしたがう。これは、サミール・アミンのいう「貢納制」段階に相当するが、ウォーラーステインはそれ以前の原始共同体の時代に比べて、血縁的・地縁的社会形成原理からの質的な社会形成原理の飛躍を見出し、これを「世界帝国」と名づけたわけである。

第二の段階として、いったんこのような「世界システム」形成への動きがはじまると、その内部で市場交換、労働分業が進展するようになる。これが「世界経済」成立の方向を導く。世界経済のシステム形成が進むと、政治的な統一的上部構造が存在しなくとも、市場を通じる資本蓄積、余剰や資源の分配、労働分業が進み、技術革新が内在化し、生産性が上がって、経済成長が通常のこととなる。

これが、政治的統一体としての「世界帝国」とは異なる、三つめの「世界経済」システムの生成であり、このシステム内部において初めて資本主義が発達することになる。

「世界システム」は三つの特徴をもつ。第一には、このシステムは絶えず地理的に拡大していく。第二には、その内部で多種の生産物が開発され、また同時に多様な労働管理形態がつくり出されていく。第三には、このシステムに適合した近代国家機構が発達し、この特定の国家機構の保護を受けつつ資本主義が成長していくことになる。

資本主義の成長は二つの面で、経済社会を変化させる。

一つには、経済分業の発達から、中核(core)、半周辺(semi-periphery)、周辺(periphery)の三地域への分化が起こることである。(4) 資本蓄積の中核となる地域では資本集約的生産方法をとり、高利潤をあげる一方で、高い賃金を支払って労働者を統合することができる。反面、低資本集約的で、低利潤・低賃金の周辺地域がその周囲に形成される。中核地域は「不等価交換」を通じて、周辺地域で生み出される余剰を、自地域に移転させる。中核地域と周辺地域の間には、「半周辺」地域が形成される。これは、中核地域からは搾取されながら、周辺地域を搾取することによって、相対的な繁栄を享受する地域であり、同時に中核地域に成り上がる可能性もあれば、周辺地域に転落する可能性をも持つ不安定な地域でもある。

第二は、資本主義システムの内部で、国家、階級、人種・民族集団、家計などの諸制度が発達するが、これらはいずれも、それぞれの次元で分化する。(5) つまり、自らの生産物に加えて、世界的余剰の一部を収入として手中にする集団と、余剰をほかに移転することによって、自らの生産物価値以下しか入手しえない集団との分化である。国家が富強国家と貧困国家に分かれるように、階級・民族・家計などにも貧富の格差が出てくる。こうして、資本蓄積は世界的規模で進行し、同時に国家を中心にさまざまの階層関係の網が形成されていく。

資本主義世界経済システムは、その進展をいくつかの経済循環を通じて実現していく。[6] これらの循環中もっとも重要なものは長期のコンドラチェフ循環であり、ひとたび主要な技術革新(蒸気機関、電気、鉄道、エレクトロニクスなど)が起こると、その波動は半世紀程度つづく。

最初の四半世紀は好況局面だが、それに引きつづき、供給が需要を超過する不況局面が出てきて、投資は沈滞する。世界システムを支配する立場にたつブルジョワジーは、不況期に次の三つの対抗的な政策をとりうる。一つは、技術進歩により新たな成長部門を開発することである。第二は、家計のより多くの部分をプロレタリア化し、賃金水準を相対的に低くおさえ、高利潤を実現することである。第三は、より多くの直接的生産者をシステムに包摂し、より多くの余剰を入手できるようなフロンティアを拡大していくことである。つまり、資本主義世界経済システムは、景気循環をくり返すが、この循環を通じて、技術革新、資本制蓄積(労働者の生み出した余剰を資本蓄積に向ける)、本源的蓄積(周辺部から移転された余剰を資本蓄積に向ける)のいずれか、あるいはこれらを同時に進め、絶えずフロンティアを包摂し、システムを拡大していく。

しかし、この経済成長は無限に継続するものではない。二つの面から、成長、拡大の限界が到来する。

第一は、このシステムにとって、家計、周辺地域など、フロンティアがだんだん包摂されるとともに消滅していき、構造的な拡大の潜在的な限界が近づいてくることである。

第二に、支配＝上層階級は、成長につれて増大する中産階級に余剰をしだいに分与せざるをえなくなるが、この「中産階級の上昇」過程は、半周辺地域の上昇の場合と同じように、上層階級のシステム維持の意志と意欲とを弱める。反面、技術進歩により、直接生産者の相互コミュニケーション、政治的組織は容易となり、支配階級、中産階級に対して公然と離反、反抗することが可能になる。こうして、上層階級から余剰が中産階級に回されるとともに、システムは不安定化し、ついに世界的規模での支配階級の抑圧能力および意欲を、下層階級の反抗能力および意欲が上回るようになる。

こうして、経済の長期波動を通じ、システムの構造的変化が促進される。一六世紀頃からの世界経済の展開を通じて覇権をうち立てたイギリス、アメリカはそれぞれ、コンドラチェフ循環二サイクル(二世紀)程度しか、システムを維持する能力をもたなかった。一八―一九世紀のイギリスを中核とした世界システムにつづき、一九世紀末から確立したアメリカを中核とする世界システムはいま、崩壊途上にある。(7)

世界システム論は、世界経済システムの成長を通じる、一方では中核―半周辺―周辺の構造変動、他方では上層―中産―下層階級間の階層変動、にシステム変化の動因を見出した。

世界システム論がもたらした理論的革新の一つは、進歩主義的な近代化論、またシステム内部の構造的異質性を強調する従属論、双方のエッセンスを吸収しながら、両者の理論的枠組を国家間モデルとして退け、国家間(国際)関係をむしろ一つの世界システム・モデルのダイナミクスの一部として説明したところにある。

第二には、経済システムの変動を、経済社会構造と経済成長・循環の相関関係の中で必然的に起こるものとしてとらえた。とりわけ、国際的な中核・半周辺・周辺サブシステムと国内の諸階層・民族・家計等のサブシステムの、それぞれの分化、力関係の変動を総合的なシステム変動要因として提示した点は、壮大であると同時にあざやかである。

一九八九年に起こった中央集権的社会主義体制の崩壊も、中核(旧ソ連)、周辺(東欧)、支配エリート(共産党)・下層大衆(庶民)間の力関係の変化という、この理論の枠組でこれを説明することが可能だろう。

しかし他方で、世界システム論の問題点として、次の諸点を指摘することができる。

第一には、世界システム論では成長フロンティアが外延的なものとみなされているが、じつは差別などが内包的につくり出される場合もある。国内「分化」を、世界的規模で総論的にとらえるばかりでなく、地域、国家など一つひとつのレベルでのシステム維持要因としてとらえていくことが重要だろう。

第二には、半周辺地域、中産階級のシステム内部での位置づけだが、単に余剰をわけもち、上昇するばかりの存在ではなく、半周辺地域・中産階級の増大は同時に、価値観の多様化をもたらし、システムの不合理性に対する批判的視座を拡大することにもつながるだろう。

現実のシステム変化は、単に資本主義経済システムの崩壊＝社会主義的新システムの到来といった二者択一的な変化として起こるのではなく、主体的な要因をもふくめて、システムのそれぞれのサブレベルでの不安定性が増し、サブレベルでの変動が積み重なる形で起こるとみられる。新しいシステム形成の主体はしたがって、周辺地域・下層大衆というよりはむしろ、さまざまの地域・階層の連合による変化というコースが当然考えられよう。

第三に、世界システム論では、国際関係の主流派理論を退け、あまりにも世界的規模での資本蓄積・成長・景気循環過程の分析が中心となったため、近代世界システムを形成してきた国民国家のレベルでのシステム形成・安定化要因の分析がおろそかになる傾向がある。現実には、資本主義経済システムの内部でも、英米のような覇権大国、ヨーロッパで多数を占める社会民主主義国、日本やアジアＮＩＥＳのような後発工業国で、蓄積・成長・分配などのシステム形成要因はみな異なるのではないだろうか。これは発展途上国のあいだでも同様で、「周辺」国というカテゴリーで途上国をくくるのは、いささか粗雑というものではないだろうか。今日のように相互依存関係が増した世界経済で、景気循環が世界的な同時性をもつことは事実だが、これを重視するあまり、各国民経済の構造的異質性を見落とすことは、システムがどこから変化してくるかを見失い、「世界革命」到来を待つ永久革命論に陥ってしまわないだろうか。つまり、近代世界システムは、一義的に展開するものではなく、むしろ国民経済システムの積み上げの上に形成された、と考えたほうがよいのではないか。

これらの疑問に答えるかたちで、一九八〇年代にヨーロッパで展開したのが、各国レベルでのレギュラシオン(経済調整)を重視するレギュラシオン理論である。つぎに、この理論構造を検討しよう。

二　レギュラシオン理論の提起

「人びとは〝世界的生産様式〟から出発して、この生産様式の各国における展開を〝世界システム〟に占める各国の位置に応じて特殊化する傾向があまりにも強すぎる。これに対して、われわれが重視するのは、国内の諸要因、諸紛争であり、また一定の主権国家が保障する諸制度を通じた、これらの紛争の国民的枠組における解決なのである(8)」。

これは、アラン・リピエッツの言葉だが、世界システム論とレギュラシオン理論との対比をよく示している。

レギュラシオン理論の起源は、世界システム論のそれと重なり合う面が大きい。ともに、マルクス主義の法・制度・政治・文化等「上部構造」と経済的「土台」との照合関係という、社会を政治経済学的にみる世界観の影響を受けている。またともに、「アナール」派の実証史学からの影響が強いが、レギュラシオン学派では、世界システム論が歴史的普遍主義を演繹する方向に展開したのに対し、より歴史的個性を明らかにする関心の面を引き継いでいる。

第三にレギュラシオン学派は、フランス経済学に伝統的な構造分析の手法を引き継いでいる。この点ではペルー経済学の影響が大きく(9)、世界システム論が、第三世界の従属論の流れに立つのと、対照

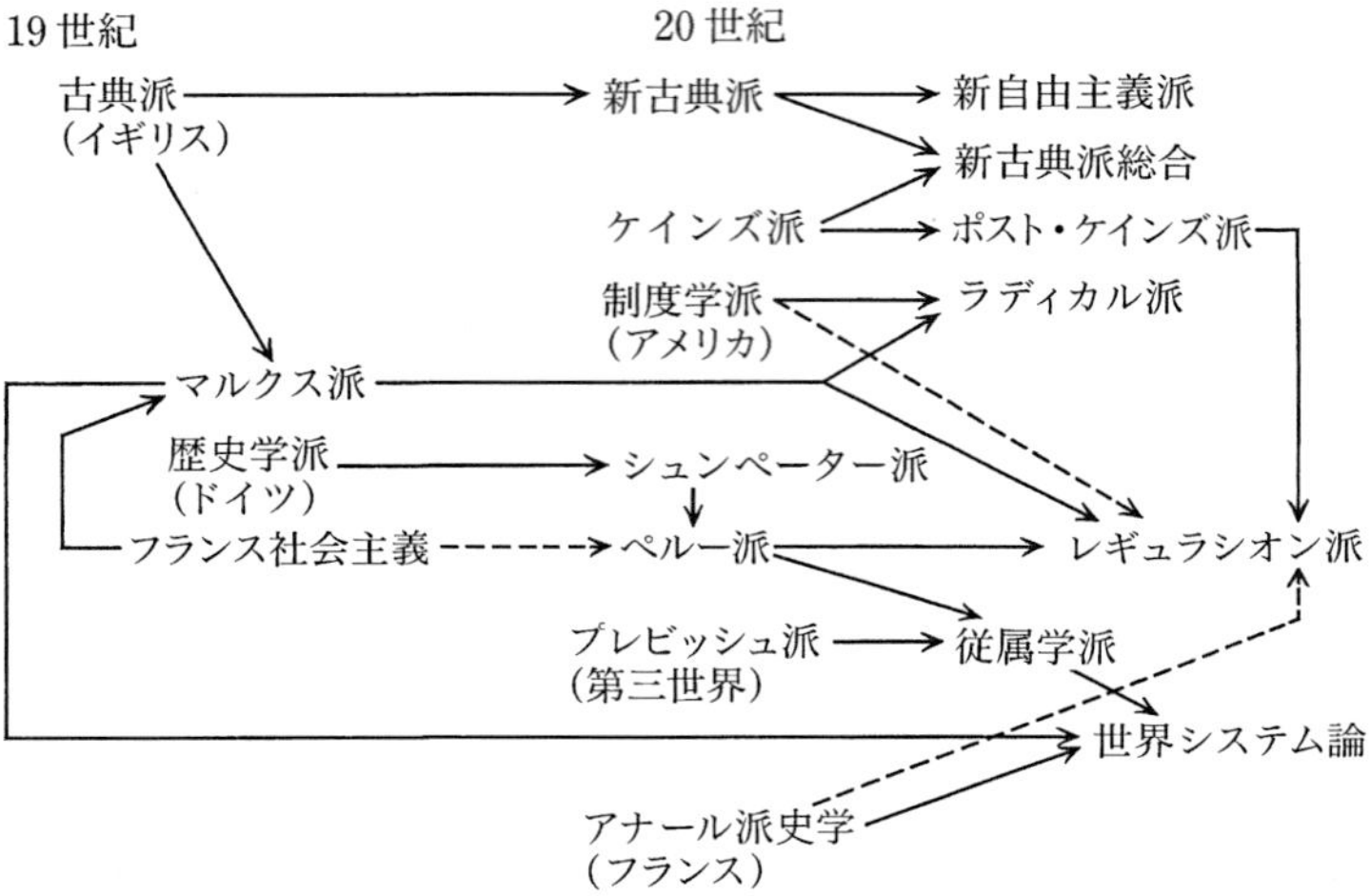

図4　現代世界の主要経済学の流れ

的である。

レギュラシオン学派はこのほか、ポスト・ケインズ派の寡占・権力分析、アメリカ制度学派の法・制度・権力と経済の相関関係(これはマルクス学派の「上部構造」対「土台」の関係とは異なる)からの影響をも明白に受けている。

現代経済学の主要な流れの相関を図4に示したが、アングロサクソン世界で支配的な古典派—新古典派—ケインズ派の流れと異なり、それらと関連を持ちつつも、世界システム論、レギュラシオン理論がむしろ大陸系経済学の流れに立っていることが知られる。

レギュラシオン学派の主要関心は、リピエッツの言にもみられるように、ある国民経済、地域経済の歴史的特性と、そこでの経済調整がいかに行なわれているか、その仕組とを解明することにある。

ここで、調整(régulation)とは、英語の政府介入、干渉を指すレギュレーション(regulation)とは異なる。

この言葉が最初に経済学で用いられたのは、一九七四年のことで、後にフランスでペルーの応用数理経済学研究所長の職を継ぐことになるデスタンヌ・ド・ベルニスの論文においてである。(10) 化学者ラボワジェが、時計製造の際に用いる調整装置(régulateur)という言葉を動物生理学の説明に用いたが、ここからレギュラシオンという言葉は、それぞれ異なる複数の運動や行為が何らかの規準や規範に従って調節される状態を指す、認識論の用語としてもちいられるようになった。(11)

この調整は、アングロサクソン世界の主流派経済学である新古典派が教えるような、市場での需要供給を通じて実現する自然調和的、理想的な均衡状態ではありえない。なぜなら、市場での交換は、生産関係や消費の不均等な社会構造に根ざしており、自動調整の過程は、市場を形づくる諸社会集団のもつ目的性と一体化しているため、すべての社会構成員にとっての最適状態からはほど遠いからである。レギュラシオン理論は、制度、協定、法などの社会組織の諸形態と、経済諸過程の動きとのあいだに存在する関係を探究して、ある経済社会でその構成諸集団、運動間に働いている調整の仕方を明らかにすることを目的としている。(12)

ある発展様式をもつ社会は、いくつかの社会的関係によって支えられている。資本主義体制において、この発展様式とは資本蓄積体制にほかならない。本質的に動態的な資本蓄積体制では、つねに生産と消費のバランスをとることが重要となる。このバランスは、生産財と消費財間のバランスでもあるし、また社会的供給と社会的需要間のバランスでもある。社会的生産物の分配と再分配の様式はきわめて多様であり、それによって蓄積体制の相違が出てくる。この蓄積体制の分析面では、レギュラシオン理論はポスト・ケインズ派分析と通い合う面が大きい(13)。

ある資本蓄積体制は、次のようないくつかの調整諸制度によって支えられている。

その第一は、貨幣である。通貨は単なる交換手段ではなく、交換主体間の社会関係の表現にほかならず、この社会関係のあり方によって、ある経済で流通する貨幣の性格が変わってくる。現代経済における通貨の属性中できわめて重要なものは信用、社会的余剰の前借り機能だが、この機能は社会的権力のあり方と密接に関連している。北欧学派の信用貨幣論を継承して、ミシェル・アグリエタが展開した調整貨幣論(14)は、レギュラシオン学派の現代経済分析におけるもっともオリジナルな貢献の一つを形づくっている。

第二は、賃労働関係であり、レギュラシオン学派がもっとも実証研究を積み重ねている分野である(15)。賃労働関係の見取り図には、生産諸手段の型、分業(社会的・技術的)形態、雇用関係、賃金所得の決定因、労働者の生活様式などが考慮され、これらの相違に従って、さまざまな労働編成類型、賃労働者再生産様式のちがいが出てくる。

主要な賃労働形態としては、競争的、テーラー的、フォード的、ポスト・フォード的の四つの形態が区別される。競争的形態は一九世紀に一般的であったシステムで、労働者間の競争関係に加えて労働者の消費が資本制的生産にはまだわずかしか組み込まれていない。テーラー的形態は特定の専門的労働分業に合わせて雇用形態を編成して、労働強度を高め、生産性を上げるが、同時に硬直的な階層的関係を労働者間にもちこみ、労働者をシステムから離反させる。

フォード的形態は、テーラー主義に基づきつつ、生産性上昇の一定部分を労働者に分与することにより、有効需要を増やし、生産・消費のバランスを改善する方策だが、一九七〇年代欧米では、労働者の高所得化による価値観の変化、後発国の追い上げ、失業増大による社会的緊張等により機能しにくくなった。最後にポスト・フォード的形態は、「日本的経営」に象徴されるような、労働者の多能化、小集団活動、参加などを通じて企業への統合力を増す形態である。これら賃労働形態の差異がそのまま蓄積体制に影響する。

第三に、市場の諸形態がある。競争段階から独占段階に至るまで、競争の諸形態にはさまざまな変化がある。それにより、生産物の社会的分配や需要形成が異なってくる。レギュラシオン理論では、マルクス学派やポスト・ケインズ派理論のように、生産・資本の集中や独占・寡占経済そのものを重視するのではない。競争的調整では市場を通じて社会的需給の均等化が行なわれ、独占的調整では市場に先立つ制度を介してこれが遂行されるが、これらが重なり合う場合もある。このような競争形態の変容が蓄積様式の差異をもたらす。

第四に、国民国家の諸形態がある。国家とは「制度化された妥協総体の結合(16)」といわれるが、この結合の枠内で蓄積体制に影響を与えるさまざまの法・制度、規則、そして文化やイデオロギーがつくりだされ、または支持・推進され、そのメカニズムが生産、分配、市場、賃労働、信用、対外関係などを動かしていく。国家、そして国家権力は決して経済システムに外在的なものではなく、国家それ自体がある社会の興隆から危機に至る全進展過程の担い手となることも十分ある。

第五に、国際体制との結びつき方がある。ある国民国家と世界の他の部分との関係は貿易、投資、資金移動、政策協調、条約・協定などいろいろな用具を通じて組織化される。国際分業体制や戦略・生存空間などはその一例である。非資本主義的な経済社会との接合も別の一例である。国民国家の蓄積体制は、対外関係、国際体制によって、大きな影響を受ける。

これらの調整の諸装置は、地域レベルでも、国家レベルでも、また世界レベルでも働きうる。これら、それぞれのレベルでの調整諸様式を明らかにして、変化の方向を示すことをレギュラシオン学派の理論家たちは試みている。

レギュラシオン理論はもともと、一九七〇年代後半以降、先進世界の経済危機を、国家による調整の危機ととらえて、これを分析することを目的として生成した。しかしながら、それはただちに、ある蓄積体制、調整様式の盛衰を解明するという一般理論の形をとり、新興工業国(NIES)や南アメリカなど発展途上国の経済社会分析にも適用されるようになった(17)。

レギュラシオン理論も決して一枚岩ではなく、その中に、国家調整を重視するデスタンヌ・ド・ベルニスら応用数理経済研究所の流れ、アグリエタのように、テクノクラート的関心から欧米における国家レベルでの調整の破綻を論証して、フランスのEU統合への転回を理論化した流れ、ボワイエのように経済史出身で世界システム論に近い流れ、リピエッツらマルクス主義により近い流れなど、い

くつかの学問的流派を観察することができる。(18)

しかしながら、レギュラシオン理論が、資本蓄積論というポスト・ケインズ派と共通の関心から出発し、経済分析を社会関係分析と結びつけることによって豊饒化し、世界システム論に欠けていた一国内部での変化の動因、各国経済の不均等発展の具体的様相に関する分析を呈示しえたこと、そのことによって現代の動態経済学の最先端に位置することが理解できた、と考える。この意味では、世界システム論とレギュラシオン理論は、あい対立するものでなく、むしろ、しばしばいわれるように「正統派」＝新古典派経済学が現代経済社会を分析するにあたって無力化している、という「経済学の危機」問題に際して、世界史の進展とそこでの変化の要因分析という、かつてジョーン・ロビンソンが指示した経済学における歴史性回復の方向を示すような経済社会分析の新しい動きを体現している、といえる。

三　むすびに

現代世界での大きな変動の時期に、正統派の経済学の「危機」が叫ばれるなかで、新たに先進地域と周辺地域双方で発達した既存の経済学に対する批判的流れを総合しようと試みる学問の流派が登場した。経済史の分野での世界システム論と、経済理論の領域でのレギュラシオン理論がそれである。

世界システム論は、世界経済の動きを、国民経済の連関としての国際経済としてではなく、単一の市場、分業関係による資本主義的経済システム展開の歴史とみる。このシステム内部では、一方では中核―半周辺―周辺という不均等関係、地域分化が起こり、他方では、国家、階級、人種・民族諸集団間の分化が起こる。これらの分化は、経済成長、経済循環を通じて進展し、同時にシステムは拡大していく。

しかし、これらの地域的、階層的分化は必然的にシステム内部の矛盾を拡大させ、この世界システムの変動、解体を準備する。

世界システム論は、先進地域における資本蓄積・近代化論と、第三世界における従属論とを統合して、一つの世界システムの進展という壮大な世界認識をまとめ上げ、大きなインパクトを学界に与えた。

しかしながら、ヨーロッパから、同じくマルクス主義、ポスト・ケインズ派、制度学派、ペルー学派など、批判的な経済学の流れを引き継ぎながら、レギュラシオン理論が、世界システム論の見落としていた地域、国家レベルでの経済社会関係分析の必要を提唱して登場した。

レギュラシオン理論によれば、資本主義社会の発展様式、蓄積体制は、通貨、賃労働、市場、国家、国際体制など、いくつかの社会関係によって支えられ、調整されている。これらの調整装置のいかんによって、ある蓄積体制の興隆、成熟、衰退等のサイクルが決まってくる。国民国家、社会の発展は必然的に不均衡であり、世界システムとは、このような不均衡性を内包しつつ動いている生産・発展様式の総体にほかならない。

世界システム論とレギュラシオン理論とは、こうして、それぞれ相補って、現代世界史の動態的分析を可能としていく性質の学問といえよう。

注

（1）I. Wallerstein[1974, 1980].

（2）*Annales* —— *sociétés, économies et civilisation.* L・フェーブル、M・ブロックら実証主義の歴史家により両大戦間期に創刊。近年の業績の若干は、二宮宏之・樺山紘一・福井憲彦編集『叢書 歴史を招く〈アナール論文選〉』(四巻、新評論、一九八二—八五年)で日本にも紹介されている。

（3）ウォーラステイン理論のエッセンスは、I. Wallerstein[1979, 1983]などから知られる。本節での叙述は主として、この両書に依拠している。また、世界システム論の流れに立つ研究は State University of New York-Binghamton 発行の雑誌 *Review* および年報 *Political-Economy of the World System Annuals*, Sage Publishers に主として発表されている。

（4）I. Wallerstein[1979 : chap. 3-5].

（5）*Ibid.*, chap. 10-18 ; T. K. Hopkins, and I. Wallerstein[1980 : chap. 9].

（6）R. Robinson[1981 : chap. 12].

（7）E. Friedman[1982].

（8）R・ボワイエ［一九八八年、二二五頁］。

（9）ペルー経済学の解説については、西川潤［一九七六年、第一〇章］参照。なお、日仏経済学会 *BULLETIN* 第一一号、「ペルー教授追悼記念号」(一九八八年)にペルーのほぼ完全な文献目録が掲載されている。

（10）G. Destanne de Bernis[1977].

（11）G. Canguilhem, "régulation", in *Encyclopaedia universalis.*

(12) R・ボワイエ、前掲書、一二頁。
(13) 特にカレツキー派のそれを参照せよ。O. Reynolds[1986]. しかし、レギュラシオン学派では単なる経済的な再生産分析にとどまらず、賃労働のあり方、経営形態、社会的需要の構成、分配形態、非資本制的諸形態との接合など、社会学的な要因を導入している。
(14) M. Aglietta et A. Orléan[1982]; M. Aglietta[1986]. A. Lipietz[1983].
(15) 多くの文献の中でも、M. Aglietta[1976]; M. Aglietta et A. Brender[1984]; R. Boyer[1987]; R・ボワイエ[一九八八]。
(16) R. Boyer[1986: p. 53].
(17) NIESについては、A. Lipietz[1985], 南アメリカについては、C. Ominami[1986].
(18) レギュラシオン理論の現状と問題点については、R. Boyer[1986], R・ボワイエ[一九八八]、平田清明他編[一九八七、第二部]参照。

第7章　豊かさと貧しさ

――ガンジーとマザー・テレサの仕事から経済学を見直す

この世界の中で、人はもともとすべて同じ人間、神の子として生まれてきている。だが同時に、一人ひとりの人間が、顔も身体つきも、立居振る舞いも、みな微妙に異なっていることも事実である。そこに個性があり、そのような個性の無数の集合の中で、私たちは他人との交感、自らの生の豊かさを感じとる。

しかしながら、いまの世界で人びとがお互いの個性を見つめあうというよりも、たやすく互いに対立しあい、戦争や紛争、そして目に見える暴力、見えない暴力によって、相互に傷つけあい、人間性を踏みにじりあっていることもたしかである。

そのようなとき、私たちは、「国家」とか「民族」とか「階級」とかいう集団的な衣の陰に隠れて、本来の一人ひとりの人間を見る視点を失っている。

私たちが今日の世界で対立しあっている中でも、一番大きい対立、紛争をつくりだしているものとして、南北の対立、貧富の対立がある。

人はなぜ「北」の人間、「南」の人間に分かれなければならないのか。ある人が「富裕」であり、ほかの人が「貧困」であると呼ばれる理由は何なのか。こうした南北の対立、貧富の対立は、私たち人間がつくる世界に何をもたらしているのか。いまの世界で人間性を破壊するような情況が広範に存在するとすれば、それは私たち自身にとって何を意味するのか。私たちが、自分の内部でも壊れている人間性を取りもどしていく方向としては、どのような生き方があるのか。

ここではこうした点を考えることにしたい。そのために、まず第一に、現代における貧富の差が何を意味するのかを眺め、ついで、第二に貧しさと戦争・紛争の関係を考えたい。そのあと第三に、自らの発意によってではなく、社会の構造的な仕組から生まれる貧困と人間性破壊の問題を考えることにしたい。

ついで第四に、そこからさらにすすんで、こうした貧困をどう克服するか、という問題について、とりわけマハトマ・ガンジーとマザー・テレサの思想、実践を考えることにしたい。いまの社会の構造的な仕組の中で「周辺的」な立場におかれている発展途上国・女性や「社会的弱者」とよばれる人びとのあいだにこそじつは真の豊かさが息づいている、という真実をこの両者は見出した。

ガンジーとマザー・テレサの思想、実践は人間のあいだの対立や格差を克服し、「北」と「南」、「富者」と「貧者」を結ぶ運動、つまり人間性を自らの内にとりもどす運動としての市民運動やNGO活動の先駆となるものである。

一　貧富の差はどこから？

一九九八年の時点で、日本の一人当たりの所得は約三万五〇〇〇ドル(三八五万円)、中国やインドネシアは約七―八〇〇ドル(八―九万円)である。一人当たりの所得の差は、約五〇対一近くということになる。

もちろん、実際にはそれぞれの国の通貨で買える物の範囲(購買力)が異なるために、そのまま日本人が、中国人やインドネシア人の五〇倍豊かだということにはならない。日本では地価や食品の値段が高いために、二〇万円の給料を得ている東京人も、五〇〇元(五〇〇〇円)の給料を稼いでいる北京人と同じくらい、生活の情況は厳しい(または豊か)かもしれない。GNP(国民総生産)による国際比較には、このような問題がつきまとうのだが、しかし、円の価値が強いということは、じつは日本の生産力が高く、資本を蓄積していて、同じ努力を投入していても、資本の蓄積の少ないところよりもはるかに多くのものをつくりだすことができるということにほかならない。

物の豊富さということは、かなりの程度、資本の蓄積と関連していることがわかるが、それでは資本はいかにして蓄積されるか、ということを考えておく必要がある。

資本が、資本だけで生産を行なうことはありえない。人間が、資本を使って生産を行なうのであり、生産には資本(設備や道具)のほかにも、労働力やいろいろな資源が必要である。資本の蓄積とは、これらの労働力や資源を絶えず利用して生産を行なっていく体制を整えるということであり、その意味で、つねに他人の労働力や資源の供給の上に成り立っている。

ところが、このようにして物(富裕)を絶えずつくりだしていく体制が成立するとき、私たちはしばしば、物をつくりだすのが人間であるということを忘れ去って、人間そのものも「物」、あるいは物をつくりだす「道具」のように考えがちである。いや、考えがちばかりではなく、実際にそのように人間を扱っていかないと、急速な資本の蓄積はむずかしいという事情もある。

「富裕」(rich)という言葉は、ラテン語の「王」(rex)という言葉からくる。「王」は「臣下」(従う人、subject)があってはじめて、「王」となる。同様に、「富者」は他人を支配することによってはじめて「富者」となる面がある。「富者」は「貧者」(poor)なくしては存在しない。ここで「貧者」とはやはりラテン語の「不足」(pauper)からくるので、物の不足している人を指すが、「富者」がじつは「他人を支配する人」を指すとすれば、「貧者」は「他人に支配される人」または「他人を支配する力を奪われている人」にほかならない。そのような意味で、じつは貧富問題とは、単に一人当たりの所得がいくらかというような問題ではなく、まただれが働き、だれが働かないというような問題でもなく、人間がつくりだす社会関係に由来する問題なのである。

明治時代に、スコットランド人のサムエル・スマイルズという人の *Self-Help* という本が『西国立志伝』という題で翻訳され、ベストセラーとなったことがあった。これは産業革命期のイギリスで勤倹力行の結果、起業(会社を起こす)や発明や政治で名をなした人びとの伝記集だが、上昇志向の強い社会にぴったりの、またそのような社会が求めていた本であったということができる。

「自助努力」という言葉は、今日でも日本人の好きな言葉だが、実際当時のイギリスでは「勤倹力行」によって、社会的成功をつかみとるという考え方が流行した。

しかしながら、スマイルズの本には、当時「世界の工場」へと上昇しつつあったイギリスが、いかにアイルランドや米州大陸やアフリカやインドでの人びとや社会の生活を壊して、その上に労働力や資源を集め、自らの製品をしばしば力によって売りつけて、富を蓄積していったか、という話は出てこない。

アフリカの地域社会が壊され、数千万人の黒人たちがアメリカ大陸に奴隷として売られ、「新大陸」の農園で使役され、今日にいたるまで人種・社会差別に苦しんできたか、という話はかけらだに見出されない。トリニダードの歴史家(やがて首相になる)E・ウィリアムズは、大西洋貿易の歴史を描く中で、商港リバプール(イギリス最初の鉄道が、この港と、産業革命の根拠地マンチェスターとの間に敷かれた)を評して「石畳の一枚一枚が黒人の血と涙の上に築かれている」と述べたが、当のイギリス人たちにとってそれは、「勤倹力行」「自助努力」の賜物だったのである。

このような精神状態からすれば、富への競争において遅れをとった者、または富者を支えて貧者となることを余儀なくされた者は「未開」人、「野蛮」人、「劣等」民族ということになる。ヴィクトリア朝のイギリスでは、イギリスを太陽、インドを月、またイギリスを男性、インドを女性とする比較が流行する。なぜ、陽光の少ないイギリスが太陽で、陽光いっぱいのインドが月なのか、またイギリス、インドとも男女は半々ずついるはずなのに、なぜイギリスが男で、インドが女なのか、よくわからないが、イギリスが能動的で、発展途上国は受動的というイメージを自らに植えつけることによって、自信をもって「文明化の使命」(mission civilisatrice)を押し進めていく必要があったのだろう。アフリカを「暗黒大陸」とよぶいい方もこの時期に一般化することになる。

明治以降の日本が、このような物の見方をそのまま受容したことは注意しておいてよい。中国、朝鮮はそれまでの島国日本にとってはつねに文明をもたらす先進地域だったのだが、一八七〇—八〇年代に日本が「台湾征伐」から朝鮮に介入し、やがて日清戦争を引き起こす時期になると、朝鮮・中国は「東方の悪友」(福沢諭吉『脱亜論』一八八五年)であるとして、「下級」「劣等」というレッテル貼りがひろがっていく。

このような「富者」の世界認識を私たちも引き継いでいることを念頭においておこう。こうした世界認識は、欧米、ついで日本が、工業化、そして資本蓄積をすすめていく際に、それと不可分の世界観、イデオロギーとして身につけたものである。このような世界観からすると物の富、一人当たりGNPといった尺度が世の中、そして他人を判断する基準となり、そうした富がいかに多くの人びとや資源の協同した力の上に成り立っているかが見えなくなってしまう。それればかりではない。その富をつくるのに携わる人間までもがもっぱら物、使い捨ての対象としてしか見えなくなってしまう。貧困はそこから起こってくる。決して、自助努力の有無や働くかどうか、といったことがらにかかわっているのではない。

富者にとっては物の豊かさばかりが目に映り、そのような物をつくりだしている社会の姿や人間同士の関係が目に入らなくなってしまう。物の豊かさを追求するあまり、自分が孤立化してしまうという話もよく耳にする。そして本当の貧しさとはじつは、物の多少よりも、社会関係からの孤立、人間関係の切断にあるということも考えてよいことだ。日本の「村八分」という言葉はそれをよく示している。このことは富者の豊かさ(riches)が本当の意味で豊かといえるかどうか、という問いを私たちに突きつける。一九世紀ヴィクトリア朝のイギリス社会でこのことに気がついた人にジョン・ラスキン(John Ruskin, 1819-1900)がいる。

ラスキンは物の豊かさに代えて、人間同士の愛情や信頼関係を深め、それを通じて人間性を発展させていく生き方を真の豊かさ(wealth)とよんだ。ラスキンのこのメッセージを盛りこんだ『この最後の者にも』(一八六二年)を読んで感動した人びとは多いが、その中にマハトマ・ガンジー(Mahatma Gandhi, 1869-1948)がいた。

ガンジーはグジャラート語にこの本を訳して、『サルボダヤ』という題をつけて出版した。これは「めざめ」を意味する。「物の豊かさ」から「人間性の豊かさ」への心の切り替え、これは「めざめ」にほかならない。

豊かさと貧しさとの関係についてまずざっと眺めたが、次に貧しさと紛争の関係について考えることにしたい。

二　貧しさと戦争・紛争

今日の世界では紛争、戦争が絶えることがない。それればかりか、東西冷戦体制解体後、その数はかえって増える傾向にある。

私たちは、紛争や戦争が貧しさを発していると考えやすい。農村での水争いや封建時代の領地攻防のように、紛争がとりわけ生産力の低い段階で稀少な資源を争うことから起こることはたしかである。

だが、歴史的にみるならば、紛争や戦争はつねに二つの原因に根ざしてきた。

一つは、人間や社会集団間の支配や格差の増大であり、ここに人間のあいだの自然のルールが無視されるという感情が起こり、正義や不正の問題が生じてくる。この正義や不正の問題が、話し合いや調停で解決しにくいとき、武力や暴力で決着をつけようとする動きが起こる。

第二は、他人・他者を支配することによって自分の自由が増大をするという人間内部の感情であり、これは人間の権勢欲・支配欲と結びついている。西欧近代社会で生まれた、人間(対自)は自然(即自)と対立し、自然を支配することによって、自らの自由を無限に伸ばすことができる、そしてこの自由は物の豊かさと関連し、物を増やせば増やすほど自由は増大するという世界認識が、自然や他人を絶えず支配し、自らの自由を増大していく考え方となって現れる。

近代社会において戦争はしばしば、資本を蓄積し、そのためにさまざまな生産要素(労働力や資源)を世界随所から集めてくる必要、そしてそれを支える前述の自由増大のイデオロギーと結びついて起こった。

近代社会を市民革命によりつくりだした西欧の市民たちは、国民国家(Nation State)という社会の枠組を設けて、国家の力により、近代化・工業化・資本蓄積を推進した。ここから「列強」(Powers)という言葉が生まれた。列強は、非西欧地域を次つぎと植民地化し、自らの覇権を確立することによって、資本蓄積、物の生産の増大に努めた。

日本も、明治開国の前後には、列強の課した不平等条約に苦しんだのだが、やがて、朝鮮・中国を従えることによって(=不平等条約を課することによって)、自らも列強の一員へとはい上がる道を選んだ。この時期に日本は「殖産興業」「富国強兵」の二大スローガンを掲げたが、これはそのまま「富」と「力」が相伴うものとの認識を表明したものにほかならない。

第一次大戦、第二次大戦のような大きな戦争は、列強間の市場や植民地獲得の争い、また、後発の工業国(日独伊)が覇権を獲得しようとする争い、そして資本蓄積体制が経済ブロックの対立を導いたこと(一九三〇年代)、などを原因としたもので、決して貧困から起こったものではなかった。近代世界における紛争はむしろ、富と権力をめざす欲望、国家間の利害対立を主たる原因としていたということができよう。

この時期に、列強の侵略に抵抗して、「民族」(Nation)に集まって、民族の自治、主権を確立しようとする動きも強まった。中国のいう「正義の戦争」は、このような考え方に立脚したものといえよう。しかし、武力が人間を抹殺することを目的とする以上、武力・暴力に頼ることによって平和、正義を確立しようとする試みは必ず、自己矛盾を内包している。

メキシコ市の南方一二〇キロほどのところにチョルーラというところがあり、そこに有名なピラミッドがある。しかし、チョルーラに行ってもピラミッドそのものは見えない。つまり、スペインの征服者たちが一六世紀にアステカ帝国を征覇した際に、インディオたちの魂であるピラミッドの上にそのまま、カトリックの大寺院を建てたので、ピラミッドはその下に埋もれたままになっている。これは西欧の非西欧世界支配を象徴する有名な事例である。日本が朝鮮領有時代に李朝の首都ソウルで、王宮(景福宮)をふさぐ形でその前に大きな総督府を建てたのも同じモデルに属するといってよいだろう。この「チョルーラのピラミッド・モデル」は、強者による弱者支配を示す世界秩序モデルだということができる。

これに対してマハトマ・ガンジーは、これと真っ向から対立する世界モデルを提示した。彼はヒンズー教の古典『マハヴァーラタ』中の詩「ヴァガバット・ギータ」の中に、西欧の富と力の哲学に対する根本的批判を見出した。つまり、つねに、「より多くのもの」を手に入れ、支配するという哲学に対して、欲望を抑え、殺生を慎む「アヒンサー」(愛、非暴力、真理)の概念である。このアヒンサーの哲学に基づいて、ガンジーは「スワラジ」(自治)と「スワデシ」(自給)という二つの原理に立脚する平和な社会形成の方向を示した。それは、大海原の中で渦巻きが次つぎと連なっていくように、それぞれが自分の足で立つ地域社会がお互いを尊重しつつ、つながりあっていく水平的な世界秩序のイメージである。これは、列強がつくりだした先進国が後進国に文明を伝播していく垂直型のピラミッド秩序の対極に立つものといってよい。このモデルはオリンピックの五輪が重なり合っている形と似ているために、ここでは「オリンピック・モデル」とこれを呼んでおこう(図5)。チョルーラのピラミッド・モデルが他者から物的富を収奪することによって自らの豊かさを築き、それゆえ紛争や戦争の原因を内包するのに対し、オリンピック・モデルは相互の調和的な関係の形成に豊かさ、人間関係や心の豊かさを見出していく。これは、「もう一つの豊かさ」を追求する世界モデルであるといえよう。

オリンピック・モデル

チョルーラのピラミッド・モデル

図5　2つの異なる世界秩序モデル

「もう一つの豊かさ」を追求する考え方は、「もう一つの生き方」に支えられてはじめて、戦争のない平和な世界秩序を実現することができる。「もう一つの生き方」は物的な富にとらわれない自由な心と生活様式の転換を必要とする。この点についてはさらに後にみることにしよう。

戦争や紛争はしばしば強者や富者や国家の我欲や覇権欲や蓄積欲から起こるものだが、同時にそれは人間や世界についての考え方の貧しさにも由来しているだろう。その意味で、戦争や紛争をなくし、平和を実現することは、じつは、「もう一つの豊かさ」をめざし、そのために「もう一つの生き方」を踏みだす一歩と結びついているといえる。

三　人間性の破壊情況

しかし、今日の世界では「もう一つの生き方」などと言っていられない、それ以前に広範な範囲で人間性が壊され、人びとが人間として最低水準の生活を営んでいくこともできない情況が存在する。

このような情況は一方では、核・化学兵器などの大量殺戮兵器の開発、軍拡競争と関連しているし、また他方では、人間をモノと同様に考え、人間性を無視したような世界的な開発と資本蓄積情況と関連している。

第二次大戦中に開発された原子爆弾は、すべての人間生命・自然の生命を一瞬にして大量に破壊するという意味で、究極の非人間的な兵器ということができよう。原爆の持つこの本質を、詩人峠三吉は見抜いて、次のようにうたっている。

「ちちをかえせ　ははをかえせ
としよりをかえせ
こどもをかえせ
わたしをかえせ　わたしにつながる
にんげんをかえせ」［峠 一九五三］

原爆は、それ自体、人間のもつ権利を国家・民族の前に踏みにじっていく全体主義に対抗して、全体主義の進出に対する危機感から開発された。そこから、第二次大戦後五〇周年を記念して発行されようとした米スミソニアン博物館の原爆切手のように、原爆は平和をもたらすために止むをえなかったとする見解もある。しかし、このような考え方をガンジーは一九四五年八月に、原爆が広島、長崎に投下された直後に、次のように批判している。

「原爆のおかげで、ほかのいかなるものをもってしても実現できなかったアヒンサー(愛、非暴力、真理)がもたらされることになるだろうと、アメリカの友人たちから言いだされている。(中略)……けれども、いまや私たちの前に戦争の真実がむきだしにされたのである。戦争には力の法則以外の法則はないのだ。原爆は、連合国の武器に空しい勝利をもたらしたが、結果が当分のあいだ、日本の魂を破壊しただけのことである。(中略)……原爆がもたらした最大の悲劇からひきだされた教訓は、ちょうど暴力が対抗的な暴力によって一掃されないように、原爆も原爆の対抗をもってしては滅ぼすことはできないということである。……」〔ガンジー　一九七〇〕

究極の非人間的兵器の開発・軍拡競争は、世界の生産的資源の多くを人間を抹殺する不生産的・破壊的用途に投入することによって、世界的な貧困を拡大することに貢献してきたと言わざるをえない。

他方で、戦後の世界的な開発と経済成長ブームの中で、ますます多くの人びとが貧困、権利の剝奪情況に追いやられていることを、私たちは、無視できない。

国連食糧農業機関(FAO)と世界保健機関(WHO)が、一九九二年に開いた世界栄養会議での報告によると、今日の世界で一二〇〇—一三〇〇カロリー(基礎代謝量の一・四倍)程度の栄養水準を満たすことのできない人口は五億人を越えている。これにさらに衣食住や保健、教育などの基本的必要を充足しえていない人びとを加えると、その数は優に一一億人、世界人口の五人に一人を上回るとみられる。

アメリカのような世界で豊かとみられる国でも、「アンダークラス」と呼ばれる貧困所得線以下の人口は最近二十数年間に増えており、好況期の一九九〇年代にも人口の一三パーセント、黒人だけとれば二七パーセントに及んでいる(一九九八年)。アンダークラスの人たちは有色人種、片親家庭が多く、幼少時から家庭の崩壊、暴力、愛情の欠如、アルコールや麻薬(ドラッグ)といった荒れた環境の中で育ち、教育へのアクセスも少なく、従って成長したあともまともな職に就くこともできない。そして収入も少なく、社会的上昇の意欲にも欠けるといった「貧困の悪循環」の中で暮らし、貧困線からはい上がることは極度にむずかしい。「アンダークラス」は個人の問題であるという見方もあろうが、同時にそれが社会構造に根ざしていることをなにびとも否定できないだろう。

また、発展途上国の七割以上の人口が暮らす農村では、経済の急速な近代化の中で、地主や富農層による土地集中と人口増加の双方の理由から、せまい土地で食べていくことのできない人びとの数が急速に増えている。一九七〇年代初めには途上国農民の三人に二人が自分の土地では家族を養っていけない土地なし・零細農だったが、二一世紀初めにはその数は四人に三人に増えるとみられる。

こうして今日、南の世界では農村から都会へ向かって膨大な人の波が起こっている。中国ではこれを「民工潮」とよぶが、中国のみならず途上国の都市ではどこでも、農村からの移住や出稼ぎの人の波が、都市のスラム地域をふくらませている。現在、東アジアや東南アジア、さらにはアフリカやラテンアメリカの大都市では、人口の四分の一から三分の一がスラム住まいで、その日暮らしの「インフォーマル人口」とみなされている。

フランスの作家ドミニク・ラピエールが、マザー・テレサが活動しているカルカッタのスラム地区を舞台に描いたすぐれたノンフィクション『歓喜の街カルカッタ』では、農村の人びとが、いかにちょっとした旱魃や病気による借金、さらには開発などの理由によって、先祖代々住んできた土地を失い、都市に流れこんでこざるをえないかを、よく描いている。

今日、南の国ぐにから北の世界へと数千万人に上る膨大な人の流れが起こっているが、これも単に高い所得を手に入れるためというよりは、一人ひとりの人間や家族が、それぞれののっぴきならない情況を背負って、あるいは止むをえず、あるいは希望をもって、そして恐らくはその両方の感情の複雑なミックスをドライブとして、都市へ、そして先進国へと流れてくるのが実情であろう。

本章の土台となった稿を私はデリー市で執筆したのだが、そのとき、ちょうど『タイムズ・オブ・インディア』(一九九五年二月八日付)におもしろい漫画が載った。スラムを訪れた政治家が、住民たちに「この前の選挙で私は、水道、下水、清潔な居住環境を諸君に約束した。こんどの公約は……」というものである(図6参照)。しかしもちろん、住民たちのひどい居住環境は変わるはずがない。これは、

Laxman, “The Times of India” Feb. 8. 1995
「この前の選挙で私は，水道，下水，清潔な居住環境を諸君に約束した．こんどの公約は……」

図6　おえら方の公約

政治家など権力者層が、人権や人間の尊厳を剥奪された貧しい人びとを踏台に、自らの特権を維持している有様をまざまざと描いたすぐれた風刺画といえる。

他方で都市は、農村の多くと異なり、一人ひとりの人間、家族が容易に孤立しやすい。都市は、孤立や排除という意味での貧困を生み出しやすい場でもある。また、都市は金儲けや営利が優先して容易に人間が他人の道具になりやすい場でもある。

都市のスラムと農村を結んで、人身売買や売春が横行する。都市の不安定で殺伐とした生活から一時逃れるために麻薬やアルコールが日常のこととなる。これらはいずれも核兵器と同様に人間性を真っ向から否定する人間たちの営みである。

家庭は崩壊し、街頭に寝起きして群をなして暮らすストリートチルドレンたちが増え、彼らはありとあらゆる手段で自らの生活を守っていこうとする。そして、ストリートチルドレンがまた増えていく。今日、世界のストリートチルドレンの数は三〇〇〇万人を越えると推定されている。

こうした情況が存在することはじつは、いかに私たちの世界が人間性を否定する仕組の上に築き上げられているか、ということにほかならない。

二〇〇〇年の世紀転換期に、国連難民高等弁務官事務所（UNHCR、現弁務官緒方貞子）が保護する難民・避難民の数は二二六〇万に及び、その数は年々増え続けている。

以前は難民とは、政治的難民、戦争・紛争のあおりを受けた難民に限られていたが、近年ではさらに環境や生態系の悪化により自分の故郷で食べていくことのできない環境難民や経済難民の数も増えている。

国際赤十字社によると、一九九三―九七年平均で、毎年一億七〇〇〇万人が自然災害の被災者となっている。また、自分の生まれた国以外の地域で生活している人（その多くは出稼ぎ労働者）は、一九九〇年代末に一億五〇〇〇万人にのぼっている。

農村から都市、先進国への膨大な人の流れを加えると、世界で数億人の人が自分の故郷で食べることができずに移動しているとみてよいだろう。これは明らかに、個々人の性向や意志などの問題ではなく、人間の資性や能力を生かすことのできない体制の危機だということができる。

社会体制が不安定化すると共に、近年では民族集団(ethnic group)間の紛争や対立、民族紛争が激増している。

かつての国民や民族(Nation)は、国家をつくる動きだったが、今日の民族集団はむしろ、国家や大民族の圧力や支配に抗して、自らのアイデンティティを主張する社会グループ形成の動きだということができるだろう。この場合にはしばしば言語や文化が、民族集団の絆となる。

ソ連の分解は各民族集団の大ロシア支配からの独立の動きと切り離すことができない。マザー・テレサの故郷ユーゴスラビアでは、豊かなスロヴェニア、クロアチア(カトリック地域)の連邦からの離脱後、ボスニアの帰趨をめぐって、同じセルビア人が、イスラム民族(セルビア人の中のイスラム信者)とセルビア民族(ギリシア正教)、そしてクロアチア民族の三つ巴になって相抗争した。ついで南のコソボでは、やはりセルビア人とアルバニア系との血で血を洗う抗争が繰り広げられた。その最大の犠牲者はいつも、女性や子どもなど、社会の中で弱い立場に立つ人びとである。ユーゴスラビアの中での最後進地域マケドニアに生まれたマザー・テレサが、社会の中の弱者に注ぐ愛情と共感には、こうした歴史的背景をみるとき、ある意味ではごく自然のものがあるといってもよいだろう。

民族集団間の戦争や紛争は、さきにみたように一方では国家や大民族の支配に対抗して自らのアイデンティティを守る動きに発しているし、他方では人間や他者をモノ扱いにして中心地域の繁栄や成長をはかるやり方に対する抵抗に基づく、と考えてもよいだろう。もちろん、個々のケースごとに事情はかなり異なり、慎重な分析が必要だが、いずれにしてもそれは、国家や企業を中心にした資本蓄積体制、覇権体制の危機を表現しているといってよい。その意味で、今日の民族問題の頻発は、人びとのアイデンティティ意識の強化、人権概念の高まりに根ざしていると、これをみることも可能だろう。

こうして、人間性の広範な破壊をもたらす資本蓄積・国家体制が今日、大きな危機に直面していることを、世界的な貧困の増大、難民・流民の増大、民族紛争の激突はまざまざと示しているのである。それでは次に、この物質・経済優先文明の下で「周辺的」立場におかれた「社会的弱者」のあいだから、どのようなオルターナティブが提起されているか、についてみることにしよう。

四　貧困を越える道——愛

貧困とは、単に所得が低いことではない。それは、社会の中で一人の人間として生きる権利を奪われることであり、人間としての尊厳を全うすることができないことであり、また社会の中で孤立したり、排除されたり、一人の人間として自立した生き方を否定されることでもある。

このような貧困の対極としては、富裕(riches)があるが、すでにみたように、富裕が貧困をつくり出すことによって、他者の支配の上に成り立つものであるとすれば、すべての貧困者が富裕者となることは決してできない相談である。

貧困のもう一つの対極概念は福祉(welfare)である。これは英語の古語の wela に発し、今日の well, wellness につながる言葉で、人間がよい状態にあることを指す(1)。さきに引いたジョン・ラスキンは、物質的な富(riches)と対比して、精神的な豊かさを wealth とよび、私たちが致富ではなく、心の豊かさを求めるべきだとした。

一九世紀以降の資本蓄積社会において、福祉の実現はつねに、「市場のゆがみ」を是正する重要な社会目的の一つとみなされた。だが、福祉をいかに実現するかについては、何度かの概念の変遷がある。

福祉の思考の原点となったのは、「社会から落後した者を助ける」という救貧、または慈善(charity)アプローチである。これは、持てる者が、自分の富の一部を貧しい者に割くことによって、人道的な要求と社会平和とを同時に満足させようとする考え方である。今日でも多くの国の社会保障制度はこの考え方に立っている。つまり、一定の所得ラインに満たない収入しか得ていない者に対して、生活保護を与えたり、配給を行なって生き永らえさせようとする。

慈善アプローチは、災害や飢餓など緊急の場合に有効であり、必要なのだが、構造的貧困の解決には無力である。また、慈善によって、貧困者の外部依存が強まり、貧困の悪循環の中に閉じこめられるという例もよく見受けられることだ。

慈善アプローチに代わって、近年重要性を帯びてきたものが、ノーマライゼーション・アプローチである。

これは、障害者福祉に発する理念で、すべての人はこの社会を生きる上で大なり小なり障害を負っていると考え、障害の程度の大きい人も、より小さい人と同様に社会参加するべきであるし、またその社会参加の条件を整備していくことが、福祉政策の課題であると考える。これは、障害を負った人の自立と参加を重視した福祉実現アプローチである。この場合の障害者に、貧困者を含めることも当然可能だろう。なぜなら、貧困者はかなりの程度、この社会で生活をしていくうえで――社会の特定の価値観からして——障害を負わされている人びとだからである。

女性の場合をみよう。女性は、特にジェンダーを理由として、この世の中で生きていく上に障害を負っているわけではない。むしろ逆に、女性は子どもを産み、男性と共に育て、人類の存続の上で基本的な役割を果たしている。しかし、まさしくその理由によって、生産を増やす上での効率という見地からすると、二次的な地位に押しやられがちである。女性は「第二の性」であるという価値観が社会に行きわたると、生産や雇用ばかりでなく、政治等の社会的意思決定の場、教育等の文化的な場でも、女性への差別が一般化するようになる。「男は仕事、女は家庭」という分業関係が天然自然ののであるかのように、みなに受け入れられ、女性の社会的貧困が永続的なものとなる。

これは、女性に限らず、高齢者、移住外国人、先住民、特定の被差別社会層、などについてもいえることである。

障害＝貧困は、社会的差別（＝特定集団・社会層による支配）と関連しているとすれば、貧困の克服、福祉の実現は、すべての人間を社会の不可欠の構成員として受入れ、社会の中でのそれぞれの役割を認めていくということになろう。これがノーマライゼーションによる新しい協同社会の展望である。

さて、マザー・テレサのインドでの、そしてインドを通じて世界での仕事の意味はどこにあるだろうか、ということをここで考えておきたい。

マザー・テレサがカルカッタで福祉の仕事に従事する、というよりは自らを捧げるまでに、彼女は二度の回心を経験している。

第一回は、ヨーロッパの周辺＝後進地域マケドニアに生まれて、インドでのイエズス会宣教活動に触れ、ベンガル宣教を目的としてロレット修道会に入会したことである。この修道会が、やはりイギリスの周辺＝後進地域アイルランドのダブリンに本拠を置いていたことは決して偶然とはいえないだろう。彼女が、カルカッタ東部のエンタリーでロレット会修道女として教え、またダージリンの修道院で祈りの一時を過ごす間、アイルランド人の修道女たちとの会話の中で、社会の最底辺の人びとへの共感を強めたことは想像に難くない。

第二回は、シスター・テレサがマザー・テレサとなる回心である。インド独立前後のヒンズー教徒とイスラム教徒間の殺し合いを経て、彼女は一九四八年、ロレット修道会を離れてカルカッタ大司教の下で極貧の人たちの看護・医療活動をめざし、五〇年に「神の愛の宣教者会」を設立する。彼女はいままでの黒地の正規の修道服を脱ぎ、水色の線取りをした白いサリーをまとうようになり、やがてインドの国籍を取得する。世間から離れるのではなく、世間に入っていくことによって、外国人としてではなくインド人として、社会の最低層の人たちの中に入っていくことによって、自分の内なる神の召命に応える道を選んだのである。これ以後彼女はもはや、神の前に「シスター」として仕えるのではなく、「マザー」として神の愛を現世で体現して働いていくことになる。

マザー・テレサは一九三〇―四〇年代にガンジーと同じインドの社会情況の中で暮らした。一九四八年に暗殺されたガンジーが修道女シスター・テレサを知っていたとは思えないが、シスター・テレサの方はガンジーの活動をよく知っていただろう。そして、この二人の貧困克服のために選んだ方法は驚くべく似ている。

第一に、この二人にとって、この世の不条理＝貧困を克服するための方法は、まず自らを社会の中の一番貧しい人の立場に置くことであった。ニューデリーにあるガンジー博物館に入ると、二階の正面に「あなたが行動に迷ったとき、まずそれがもっとも貧しい者の立場に立っているかどうかを考えなさい」というガンジーの教えが大書してある。

マザー・テレサの黙想集『心の静けさの中で』〔一九九〇〕は「イエスは貧しい人の中に見出されます」という認識から始まる。本書に見出される「貧しい者は誰か」という長詩は、貧しさに関するすばらしい定義だが、この詩は「貧しい者は物質的及び精神的に窮乏している人である　貧しい者は空腹であり渇いている人である……貧しい者は孤独な人である　貧しい者は無知で疑い深い人である……」と貧しさを列挙している。その中には「貧しい者は無作法な人である　貧しい者はきげんが悪い人である」というような定義もある。そしてこの詩の最後の「貧しい人はともかくも——私たち自身である」という言葉が電光のように読者の眼を射る。

貧しい者はだれか？　それはあなた方であり、私たちであり、イエスであり、そしてわたし自身なのだ。この認識は、ヨーロッパ市民社会で発達した慈善アプローチとも、ノーマライゼーション・アプローチとも異なる響きをもっている。ここには世界認識の転換がある。つまり、いまの世界を前提として、福祉の実現をはかるのではなく、いまの世界の中で私たちはみな、あなたも私も、渇いている貧しい者なのだ、という認識転換である。ここにガンジーが洋服を脱ぎ捨て、白い木綿のインド衣をまとい、マザー・テレサがサリーを身に着ける理由がある。

第二に、この認識から自ずと、貧しさを克服する独自の方法が生まれてくる。ガンジーとマザー・テレサの両者にとって、そのキーワードは「愛」であった。

ガンジーは愛を示すのに「アヒンサー」という言葉を用いた。これは暴力、他者の支配(ヒンサー)の対極概念である。非暴力とも訳されるこの言葉はしかし、単なる否定概念ではなく、人間が平和に生きていくための真理であり、そしてそのような平和で、他者との交感の上に立った共生の社会へのめざめ(回心)でもある。したがって、アヒンサーに生きることは、自らの生き方の変革を伴う。ガンジーが設立したアシュラム(道場)はこのような新しい生き方を身につける場であり、アシュラムでは、非暴力、盗みをしない、所有欲をすてる、好き嫌いをしない、人を恐れない、などの心の誓いを実践していくことになる。

マザー・テレサにとって、神とは大いなる愛そのものにほかならない。「神を知ることは愛を与え、自己を知ることは謙遜を与えます」[マザー・テレサ　一九九〇]。

自らの貧しさを知ることによって初めて人は神の愛の大きさに生きることが可能になる。世界から見捨てられ、孤独の中に死んでいく人の手をじっと握りしめるとき、そこにはこのような不条理な情況の中で、あるいはこれに押しひしがれ、あるいはこれを押し進めた、弱い人間同士の共感交感が芽生える。このような交感が「愛」なのだ。

愛の中に人は、お互いに人間的なものを確かめ、そこに希望が生まれる。この人間的な共感、生命への希望と信頼——これこそが豊かさの真髄である。マザー・テレサが次のように祈るとき、これはガンジーの言葉と、もうまったく変わらないことが知られるだろう。

「世界を負かすのに爆弾や銃を用いさせないでください。愛と共感を用いさせてください。平和は微笑から始まります。あなたが微笑みたくない人にも一日五回微笑みなさい。平和のために。神の平和をひろげましょう。神の光をともして、世の中で、またすべての人びとの心の中で、あらゆる憎しみや権力愛を消しましょう」〔マザー・テレサ 一九九〇〕。

私は、このきわめてアジア的な、または非西欧的な福祉へのアプローチを「人間変革」(transformation)アプローチと呼びたい。

貧富の差や階級、このような差を生み出す社会構造、国家や民族を媒体とした権力的な人間関係、そこに内在する非人間的な情況——そこに貧困が生まれるとすれば、このような貧困を克服する方向として、あるいは福祉アプローチ、あるいはノーマライゼーション・アプローチがある。だがもう一つ、人間変革アプローチは、自らが変わることによって社会が変わり、自らが非暴力＝愛に生きることによって、平和な社会が生まれるとの確信に立っている。これは禅の精神とも通い合う、アジア的な豊かさ＝真理の追求とよぶことができるだろう。

マザー・テレサはしばしば、慈善アプローチの代表者のようにいわれ、社会構造に無関心であるとの批判もよく聞くが、このように見るならば、それは事実ではなく、ガンジーと共に、インド古来の智恵に立った、福祉実現の第三の道を歩んでいる思想家であり、実践者であることが知られる。

実際、この人の表情を見てみよう。多くの場合、厳しい表情をしていることが多いが、その場合にも何とこの人は世の中の不正や不条理に対する心からの憤り、怒り、悲しみを現していることだろうか。また、子どもや若い修道女たちに囲まれているときの、この人のすばらしい微笑みはどうだろうか。この人の豊かな表情を通じて、人生の一瞬一瞬を全身全霊をあげて生き抜いていることが、私たちにひしひしと伝わってくる。(2)

私たちが日常、会社の会議などの場でお目にかかる無表情な能面のような顔の行列との、この大きな落差は一体どういうことだろうか。

ここにこそじつは、豊かさと貧しさの本質がある。人は自らの人生を、自分の内からの呼び声に呼応して、一生懸命に生き抜き、その生の中で、他の人びととつながり合っていくとき、豊かなのだ。人は、体制や制度や組織に同化して、自分の内の人間的なものを忘れるとき、貧しいのだ。

マザー・テレサにこういう言葉がある。

「貧しい人の中でもっとも貧しい者は自由で幸福です。この人びとにとって、多くのことをつねに欲し、望む人びとのことは何でもありません。第三世界の貧しい人は、私たちに満ち足りるということがどういうことかを教えてくれますが、これは西欧の人びとが忘れているものです」[『マザー・テレサ 一九九〇』]。

これは死にかけた女性をみとったとき、彼女が自分の手をにぎっているマザー・テレサに気遣いをみせたことについて述べた言葉である。

社会の最底辺の人びとと自らを同化することによって、私たちは初めて、この世界の社会構造を客観的に読みとることができる。そこに私たちの人間的な自由がある。そしてこのような自由の中で、他者と気持を通い合わせるとき、私たちは人生の豊かさを感じとることができる。これは今日、北の世界でも南の世界でも、国境を越えて大きく活動を展開し始めている市民のボランティア活動、非営利活動の社会団体であるＮＧＯの多くの考え方でもある。ＮＧＯ活動の中で私たちは、発展途上国、いまの社会システムの底辺の人たちと経験を分ち合い、学び合い、自らを豊かにしていくことができる。マザー・テレサはこのようなＮＧＯ活動のもつ豊かさを、私たちに示した先駆者の一人である。

注

（１）福祉(welfare)はwellnessをつくり出す意味で、政府の政策に使われる。これに対して、近年では、真の豊かさは与えられるものではありえず、むしろ人間にとってよい状態(well-being)を自らつくり出すことこそが、真の豊かさにつながる、という見地から、しだいにwell-beingがwelfareに代わって使われるようになってきた。本書第10、12章参照。

（２）本稿は、西川潤・小林正典『マザー・テレサ――インドから世界へ』(大月書店、一九九五年)における拙文に加筆したものである。なお、本章に述べたマザー・テレサの表情については同写真集を参照されたい。

第II部の参考文献

(第4章)

F. Perroux[1926]*Le problème de profit*, Paris.

Id. [1935]*La Pensée économique de Joseph Schumpeter. Une théorie pure de la dynamique capitaliste*, Paris.

Id. [1955]*Trois outils d'analyses pour l'étude du sous-développement*, Paris : Cahiers de l'ISEA.

Id. [1961]*L'économie du XXe siècle*, Paris : PUF.

Id. [1965]*La Pensée économique de Joseph Schumpeter. Les dynamiques du capitalisme*, Genève : Droz.

Id. [1981]*Pour une philosophie du nouveau développement*, Paris : Aubier.

J. Schumpeter[1912]*Theorie der wirtschaftlicher Entwicklung*（塩野谷祐一・中山伊知郎・東畑精一訳、岩波文庫）

P. Swedberg[1991]*Joseph A. Schumpeter. The Economics and Sociology of Capitalism*, Princeton University Press.

M・アグリエタ[一九九〇]『勤労者社会の転換』斎藤日出治他訳、日本評論社。

W・M・ジョンストン[一九八六]『ウィーン精神』井上・岩切・林部訳、みすず書房、二巻。

伊達邦春[一九七九]『シュンペーター』日本経済新聞社。

伊達邦春[一九九一]『シュンペーターの経済学』創文社。

伊達邦春・玉井龍象・池本正純[一九八〇]『シュンペーター経済発展の理論』有斐閣。

ヘーゲル[一八三七]『歴史哲学』武市健人訳、岩波文庫。

（第5章）

S. Amin[1972] “Le modèle théorique d’accumulation et de développement dans le monde contemporain. La problématique de transition”, *Tiers-Monde*, Oct.-Déc.

Id.[1973]*L’échange inégal et la loi de la valeur historique*, Paris：Ed. du Minuit（『不等価交換と価値法則』花崎皋平訳，亜紀書房，一九七九年）.

Id.[1973]*Le développement inégal*, Paris：Ed. du Minuit（西川潤訳『不均等発展』東洋経済新報社，一九八三年）.

Id.[1985]*La déconnexion*, Paris：Ed. La Découverte.

Id.[1990]*Maldevelopment：Anatomy of a Global Failures*, Tokyo：UNU Press and London：Zed Books（久保田順他訳『開発危機』国連大学出版局／文眞堂，一九九六年）.

M. Bye et D. de Bernis[1977]*Relations Economiques Internationales*, nouv. éd. aug., Paris：Dalloz.

F. H. Cardozo y E. Faletto[1969]*Dependencia y Desarrollo en América Latina*, México：Siglo Veintiuno (tr. par A. Morvan, *Dépendence et développement en Amérique Latine*, Paris：PUF, 1978).

Th. Dos Santos[1970] “The Structure of Dependence”, *American Economic Review*, May, pp. 231-236.

ECLA (United Nations’ Economic Commission for Latin America)[1949]*Post War Price Relations in Trade between Underdeveloped and Industrialized Countries* (E/CN. 1/Sub. 3/W. 5).

A.-G. Frank[1967]*Capitalism and Underdevelopment in Latin America*, New York：Monthly Review Press（第一章，第三章を大崎正治他訳『世界資本主義と低開発』柘植書房，一九七六年に収録）.

Id. [1972]*Lumpen-bourgeoisie and Lumpen-development*, New York：Monthly Review Press（西川潤訳『世界資本主義とラテンアメリカ』岩波書店，一九七八年）.

Id. [1978] *Dependent Accumulation and Underdevelopment*, London : Macmillan(吾郷健二訳『従属的蓄積と低開発』岩波書店、一九八〇年).

Id. [1998] *Re ORIENT*, University of California Press(山下範久訳『リオリエント』藤原書店、二〇〇〇年).

C. Fultado[1964] *Development and Underdevelopment*, Berkley and Los Angeles : University of California Press.

J. Martinussen[1997] *Society, State and Market*, London : Zed Books.

G. Myrdal[1944] *An American Dilemma : The Negro Problems and Modern Democracy*, New York : Mcgraw-Hill.

Id. [1957] *Economic Theory and Under-developed Regions*(小原敬士訳『経済理論と低開発地域』東洋経済新報社、一九五九年).

Id. [1968] *Asian Drama : An Inquiry into the Poverty of Nations*, New York : Pantheon(縮刷版の小浪・木村訳『アジアのドラマ――諸国民の貧困の一研究』東洋経済新報社、一九七四年).

F. Perroux[1961] *L'économie du XXe siècle*, 3^{e}éd. aug., Paris : PUF.

R. Prebisch[1949] "The Economic Development of Latin America and Its Principal Problems", reprinted in *Economic Bulletin for Latin America*, vol. VII, No. 1, 1962.

J. Robinson[1979] *Development and Underdevelopment*, Cambridge University Press(西川潤訳『開発と低開発』岩波書店、一九八六年).

D. Seers[1972] "What are We Trying to Measure?", *Journal of Development Studies*, April.

Id. (ed.) [1981] *Dependency Theory. A Critical View*, London : Pinter.

D. Senghaas[1981] *Von Europe leren. Entwicklungs-geschichtliche Betrachtungen*, Frankfurt am Main :

Suhrkamp Verlag (Eng. tr. by K. H. Kimmig, *The European Experience. A Historical Critique of Development Theory*, Dover, New Hampshire : Berg Publishers, 1985).
P. Streeten[1982]*First Things First, Meeting Basic Human Needs in Developing Countries*, London : Oxford University Press.
O. Sunkel[1970]*El Subdesarrollo latino-americano y la teoria del desarrollo*, Mexico, D. F. : Sigloveintiuno.
西川潤[一九七九]『南北問題』日本放送出版協会。

西川潤[一九八一]「新国際経済秩序と内発的発展——自力更生の政治経済学」(『平和研究』第五号。

西川潤編[一九九七]『社会開発—経済成長から人間中心型発展へ』有斐閣。

浜下武志[一九九七]『朝貢システムと近代アジア』岩波書店。

浜下武志、川勝平太編[一九九一]『アジア交易圏と日本工業化、1500—1900』リブロポート。

C・フルタード[一九七三]『ブラジルの開発戦略——高度成長の要因と問題点』山田睦男訳、新世界社。


(第6章)
M. Aglietta[1976]*Régulation et crises du capitalisme*, Paris : Calmann-Lévy.
Id.[1986]*La fin des devises dés*, Paris : La Découverte (斉藤日出治訳『基軸通貨の終焉』新評論).
M. Aglietta et A. Orléan[1982]*La violence de la monnaie*, Paris : PUF.
M. Aglietta et A. Brender[1984]*Les métamorphoses de la société salariale*, Paris : Calmann-Lévy.
R. Boyer[1986]*La théorie de la régulation : une analyse critique*, Paris : La Découverte (山田鋭夫訳『レギュラシオン理論』新評論).
Id. [1987]*La flexibilité du travail en Europe*, Paris : La Découverte.

G. Destanne de Bernis[1977] "Régulation ou équilibre dans l'analyse économique", in A. Lichnerowicz et al. (éd.), *L'idée de régulation dans les sciences*, Paris : Maloine-Douin.
E. Friedman, ed.[1982] *Ascent and Decline in the World-System*, Beverly Hills : Sage.
T. K. Hopkins and I. Wallerstein, eds.[1980] *Processes of the World System*, Beverly Hills : Sage.
A. Lipietz[1983] *Le monde enchanté*, Paris : La Découverte.
Id. [1985] *Mirages et miracles*, Paris : La Découverte(若森・井上訳『奇跡と幻影』新評論).
C. Ominami[1986] *Le Tiers-monde dans la crise*, Paris : La Découverte.
O. Raynolds[1986] *Radical Political Economy*, London : Wiley and Sons.
R. Robinson[1981] *Dynamics of World Development*, Beverly Hills : Sage.
I. Wallerstein[1974, 1980] *The Modern World System*, 2 vols., New York : Academic Press(第1巻のみ川北稔訳『近代世界システム』二分冊，岩波書店).
Id. [1979] *The Capitalist World Economy*, Cambridge University Press(藤瀬浩司ほか訳『資本主義経済』I，日南田靜眞ほか訳，同II，名古屋大学出版会).
Id. [1983] *Historical Capitalism*, London : Verso(川北稔訳『史的システムとしての資本主義』岩波書店).
西川潤[一九七六]『経済発展の理論』日本評論社。
平田清明・山田鋭夫・八木紀一郎編[一九八七]『現代市民社会の旋回』昭和堂。
R・ボワイエ[一九八八]山田鋭夫他訳『世紀末資本主義』日本評論社。

(第7章)

Mahatma Gandhi[1912] *Hind Swaraji*, in Gandhi[1968], vol. IV, pp. 83-208.
Id.[1968] *The Selected Works*, Ahmedabad : Navajivan Press.

J. Ruskin[1872]*Unto This Last*, in *The Works of John Ruskin*, ed. by E. T. Cook and A. Wedderburn, Library edition, London, 1905(五島茂訳、中央公論社版「世界の名著」四一巻「ラスキン・モリス」集、所収).

M・ガンジー[一九七〇]『わたしの非暴力』森本達雄訳、みすず書房。

峠三吉[一九五二]『原爆詩集』青木書店。

西川潤・小林正典[一九九五]『マザー・テレサ――インドから世界へ』大月書店。

マザー・テレサ[一九八二]『訪日講演集』女子パウロ会。

マザー・テレサ[一九九〇]『心の静けさの中で――カルカッタのマザー・テレサ及び共労者の黙想集』K・スピンク編、森谷峰雄訳、シオン出版社。

マザー・テレサ[一九九七]『マザー・テレサ語る』L・ヴァーディ編、猪熊弘子訳、早川書房。

第III部　社会、人間の開発理論

第8章　援助と自立

一八世紀に「進歩」の概念が近代市民社会を衝き動かしたように、二〇世紀の末には「開発」の概念が現代社会を衝き動かしているようにみえる。北の先進工業国からは毎年莫大な「開発援助」が南の発展途上国に向けられている。南の発展途上国では、「開発」が金科玉条のスローガンとなって、国民の翼賛が強いられ、開発への批判は「非国民」的な扱いを受けかねない。

もともと政府開発援助(Official Development Assistance――ODA)は、南北間の格差を縮小し、地球上から貧困や飢餓をなくしていくために制度化されたはずのものだが、ODAが制定されて四〇年、南北間の格差は一部の新興工業地域(NIES)をのぞいてむしろ拡大し、多くの途上国は債務の重圧に喘ぎ、そして衣食住の基本的必要を満足に満たすことのできない最貧層の住民の数は確実に増えている。

二〇〇〇年の時点から向こう半世紀間に、地球人口は六一億人から五割増しの約九〇億人前後に増えるとみられるが、世界はこうした情況に耐えうるだろうか。悪化しつつある環境問題と共に、こうした問いに答えるために、いま「開発」とは何か、「援助」とはどういう効果を持つか、私たちは「開発」をどう考えたらよいか――こうした一連の設問を考えておくことは決してむだではないだろう。

本章では、以上のような問題関心に沿い、まず第一に、今日先進工業国において支配的な開発援助の理念を検討する。第二に、開発／発展の概念と、そこで重要な役割を付与されている自立の概念との関係を眺める。ここでは、上からの開発が民衆の自立を妨げる傾向があるのに対し、自立はただ内発的発展のコンテキストにおいてのみ保障されうることが示される。このような民衆の自立的発展はじつは、南北関係の変革、そして南北関係を支える南北双方の――私たちの意識をもふくむ――国内構造の変革によってのみ、可能であることを述べることにしたい。

右の諸点の論証に入る前に、一つ左記のおとぎ話を読んでいただきたい。これは、スイスの開発／発展研究者たちが著した『昔々、開発が起こった……』(*Il était une fois le développement……*)と題する本の冒頭にのせられた寓話の要約である。ジュネーブ大学開発研究所の学者たちがつくったこの話は、ヨーロッパでの開発問題に対する反省がどの点まできているか、をよく表現している。

昔、ある富んだ幸福な温帯の国の王様が、一人娘の王女のために婿を求めた。舞踏会で選ばれた三人の候補者は、それぞれ自分が、王国の執政にふさわしいことを王に証明するべく、次つぎと旅に出ることになった。王は各人に彼を一度だけ助ける魔法の指環を与えた。最初に出発したエピステムは、七日七晩船に乗って、異国情緒豊かで、善良な人びとが何一つ不自由なく自然の中で暮らしている熱帯国についた。サルタンは彼を親切に歓迎してくれた。貧しい国を立て直して、執政たる手腕を示す任務を負わされたエピステムは、この豊かな国に失望したが、ある日この国の耕地を見て、はたと手を拍った。「お国はすばらしいが、耕地が乱雑で、一つの圃場に何十種類もの作物が植えられている。これでは生産性が低い。耕地を整理して、一定地域に一定の作物をつくれば、ずっと効率がよく、生産性が上がります」と彼はサルタンに進言して、魔法の指環の助けを借り、みごとに整理され、秩序立った農地図を描いた。サルタンは心を惹かれて、エピステムに熱帯国の農地整理を任せた。彼はこの仕事を立派になし遂げ、美しく農地の整理された熱帯国を後にして、意気揚々と王国に引き返した。

しかし、賢明な老王は、エピステムに王女を与えようとはしなかった。老王はこう彼を訓した。「熱帯国ではそれぞれの家族が土地を通じて祖先代々の魂と結びついている。お前はそれを断ち切ってしまって、彼らを貧しくしてしまった。そればかりではない。お前が耕地を整理したために、川に近く肥沃な耕地を得た者と、山間で不毛な土地を割当てられた者との間に、格差をつくり出してしまった。お前にこの王国の執政を委ねるわけにはいかない」。

ついで、イソノムが出発し、七日七晩の旅を経て、熱帯国にたどりついた。そこで彼は、金持ちが豪奢な生活をいとなむ反面、貧乏人がみじめに暮らしている情景に直面した。サルタンはこう嘆いた。「以前はこの国でみな同じように暮らし、平和で、階級対立はなかった。エピステムのせいで、いまでは金持ちは威張り、私をないがしろにし、貧乏人は反乱をたくらんでいる」。イソノムは、自分の執政にふさわしい手腕を見せる好機が来たことを喜び、進言した。「お国の民を一堂に集めて大宴会を開きましょう。これが平等時代への出発の夜となるのです」。サルタンは半信半疑だったが、大宴会を開催し、民衆に自分の富を表示するものをすべて持ってくるように命じた。富により貴族にとり立てられると信じた金持ちたちは宝石・現金・武器など、あらゆる富の象徴を携えて、宴会にやってきた。宴会もたけなわなころ、イソノムが魔法の指環からもらった薬草を火にくべると、みなが眠り込んでしまった。その間にイソノムは、富の象徴をすべて火中に投じ、富の痕跡を消してしまった。翌朝皆が起き上がったとき、彼はおごそかに宣言した。「本日からこの国には、貧富の格差はない。土地も平等に万人のものである」。

熱帯国は一躍、平等国に変わった。イソノムは、意気揚々と温帯の王国に引き上げた。しかし、賢明な老王はイソノムにいった。「お前はみなを平等にしたと信じているが、土地を平等にしただけでは、また強いものが土地を集め、弱いものがそれに従うような社会ができるだろう。お前に王女をやるわけにはいかない」。

そこで三番目にオフェリムが出発した。七日七晩の航海の後、熱帯国に着くと、奇妙な情景を目にした。そこではみなが同じような服装をし、同様な行動をとっていたが、その陰で、天の恵みの水や土地を売り儲ける者、金持に土地を奪われて子どもを売らざるをえない者、など貧富の格差が大きいことも判った。それが表面に出せないだけ、不正やだまし合いも横行していた。オフェリムが魔法の指環に相談すると、指環は「国中を回り、貧乏人が必要とする食物をリストに挙げ、大きなナベをつくってそれを炊き出して、人びとに分け与えよ」と答えた。その通りにすると、人びとは周囲一里もあるナベに殺到してきた。ところが人びとは、慈善の恩恵を受ければ受けるほど、欲望をふくらませ、最初十分な量を見込んだ給食も底をつきそうになった。困ったオフェリムは、王の禁制を破り、指環に再度相談すると、指環は薬草をくれた。この薬草をナベに入れると、底の見えていたナベはふたたびいっぱいになり、オフェリムは窮地を逃れた。サルタンの感謝の贈物と共に、オフェリムは意気揚々と温帯の王国に戻った。オフェリムの成功はだれの目にも疑いを入れなかったが、魔法の指環の持主である妖精が、二度目の願いの効果は長続きしないことを暴露した。そこで王女の婿争いは振出しに戻り、老王は熱帯国ではなく、この王国の富を守るために何をなすべきか、を三人に出題した。

エピステムは、鉄道や道路工事で開発を進めることを提案した。イソノムは、みなが豪奢な生活をして消費を増やすことを主張した。だが環境問題への関心を強めた温帯国の人びとは、この二つの提案を共に拒否した。そこでオフェリムはこう述べた。「温帯王国の余剰製品を熱帯国に送りましょう。近代化の趣味を受け入れた彼らはそれにとびつくでしょう。彼らが私たちなしには生存できないようにするのです。それが温帯王国の富を守る唯一の方法です」。

この提案は、王国の富を守ることで頭がいっぱいの温帯国の人たちの拍手喝采を浴び、オフェリムはめでたく、王女と婚礼することになった。[Rist et al. 1986]

一　開発援助の理念

温帯国／熱帯国の寓話は、「開発」がつねに、先進国から他の世界、「途上国」に対しての価値観の輸出に由来していることを示している。ある認識基準に固執するエピステムの「効率」、「平等」が最善と信じるイソノム、そして自国の「福祉」こそ世界的な最適状態(オフェリミティ)と考えるオフェリム——彼らは、それぞれ自らの価値観を他地域、他民族に押しつけるが、その結果、他地域、他民族はだんだん自立性を失い、他者依存、従属型に非可逆的に変貌していく。なぜ、ある地域が他地域に拡張し、ある地域がそれに対して受動的な立場におかれるのか。この寓話ではその答えは、拡張地域に生まれた生産システム、富(資本蓄積)の追求システムと、それに伴う特定の価値観――たとえば経済人や所有概念を普遍的な人間像とみなす価値観――に求めている。

さて、今日の「開発援助」においては、どのような理念が掲げられているのだろうか。

一九八五年にOECDの開発援助委員会(DAC)は『開発援助二五年の歩み』と題するDAC援助開始二五年を記念する議長報告を公にした。この報告の最初に「国際開発協力の基本的な命題」が掲げられている。すなわち、

「前工業的で比較的停滞的な経済は、動態的な経済的社会的変化の過程にのせられうる。最終的には有償無償の援助にいつまでも依存することのない持続的な……開発過程を導きうる」[DAC 1985 : pp. 11-12]。

この命題こそが、DAC諸国の援助を導いてきたし、この命題は産業革命以来の先進市場経済の発展によって実証されてきた、と報告はいう。そして、こう続ける。

「新興国の多くの文化は、国内外の近代化エリートによる進歩へのアピールに対し、根本から抵抗するのではないか、と疑う人びともいた。とりわけ農民は、経済的利益の望みに誘われることなく、リスク回避的で、伝統的な慣行を変えようとはしない、と考えられた。急速な経済成長を支えるのに必要な途上国輸出の急激な増加を、国際市場、特に先進工業国が求め、受入れることに対する疑いも広範に存在した」[DAC 1985 : p. 12]。

しかし、開発はいまや加速化され、途上国の経済成長率は高く、国際的に開発は「至上目標」(paramount objective)になってきた、と報告はのべる。

これは、いまのＤＡＣ諸国が行なっている莫大な開発援助の理由をよく説明しているが、この説明の仕方自体、さきに引いた寓話の世界の認識に基づいている、といえる。

まず第一に、産業革命以来の先進国の発展が、世界のすべての国・地域にモデルを提供する。

第二に、新興国の経済社会は停滞的で、変化に対して抵抗的だが、援助(aid)により、持続的開発の過程にこれをのせることができる。

第三に、途上国が自らを開発するためには、国際市場に貿易等を通じて統合されていかなければならない。

これが一九世紀来、近代市民社会の単線的発展段階説が生み出した近代化論に立脚しており、これが今日の経済グローバル化の論理(パラダイム)の前提となっていることはいうまでもないが、ここで注意しておきたいことは、この開発、援助観をつらぬく二つの認識である。一つは、持続的開発、進歩とは、一人当たり経済成長率といった単一の尺度によって測定されうる、という見方である。ほかの認識は、工業化社会以外の社会は停滞的であり、開発／発展はただ先進国からの援助と近代化エリートによってのみもたらされる、という考え方である。このような世界観に私たちは、一九世紀の「文明化の使命」「白人の重荷」論の再現を見出さずにはいられない。

ところが、果たして援助は近代化動因という、こうした大役を引受けることができるのだろうか。

つまり、「援助は機能しているか？」――この問いになると、ＤＡＣ報告はとたんに控え目になってしまう。

「開発の速度と進展に対して援助がどれだけの影響を及ぼしたか、という基本的な問題は答えられないままになっている。つまり、援助の大部分を受け取った国ぐにで、長期にわたって開発が加速化されてきた、という情況証拠は見当らない。援助と開発間の因果関係は多くの個別的なケースについて見ることができるが、広範な数量的相関関係を証明することはできない。これは驚くべきことではない。援助は単に補完的なものにすぎず、適切に使用された場合に、開発の触媒となるのだ」[DAC 1985：p. 15]。

開発過程は複雑なものだから、マクロ・レベルで援助評価を行なうことはできず、特定援助プロジェクト（またはプログラム）の目的に照らして、これを評価するやり方しかない。

世界銀行・ＩＭＦがサセックス大学に委託した援助効果の評価報告書は、数百の援助評価報告を分析して、この点を次のように述べている。

「多くの援助は開発目標を達成し……受入れ国の経済的成功に積極的に貢献している……その成功は国や部門によって異なっており……機能しない援助もかなりの割合で存在している」[DAC 1985：p. 16]。

つまり、援助計画は、開発のためというその目的に照らしても、機能しているものもあり、機能していないものもある。それが何に由来するのか。開発に「抵抗的」な途上国の「多くの文化」に由来するのかどうか、ＤＡＣ報告書は何も述べていない。世界銀行はやはり同じ一九八五年に設立三五年を回想して、『開発への投資――世界銀行の経験』(邦訳名『途上国の経済開発』東洋経済新報社)と題する本を出版した。世界銀行はこの本で、この期間に途上国で策定された三百件以上の総合開発計画を分析し、これらの計画は「海外援助を引き出すということに限れば、大いに役立った」(上巻、二六頁)が、目標達成そのものよりも、国民の支持、行政的経験など「結果に関わりなく計画策定の過程そのものが、しばしば重要な目的を達成した」(同、傍点引用者)と率直に指摘している。結論的にいえば「総合開発計画と持続的な経済成長の間にはなんらの相関性も見出せなかった」(下巻、七七九頁)のである(!)。だから途上国は、マクロ経済政策や優先度の高い公共投資プログラムで、市場メカニズム(＝世界経済への統合)を重視しつつ、開発をすすめるべきなのだ。

開発が至上命題とみなされ、そのために政府計画が組まれ、援助が動員されて経済成長がめざされる。ここまでは壮大な普遍性の領域の話である。ところが、いざ、援助の機能となると、開発計画と成長の間には因果関係が見当らず、目標に照らして機能したものもあれば機能しないものもある、ととたんに個別的な話になってしまう。大事なことは途上国が世界経済に統合されて、先進国の指導を受けることなのだ。これがおそらくはＤＡＣに集まった援助供与国の本音といえよう。いまみたようなさめた援助評価は、国際機関にかなりの程度共通した見方であるように見受けられる。

さて、ひるがえって、日本の援助理念をみよう。日本は、一九五〇年代の賠償、六〇年代の輸出信用、七〇年代の海外投資と、その時どきに経済協力の重点を移行させ、同時に援助額を増大させてきたが、一九八〇年代に入るまで、援助の「理念」が国政の場で討議されたことはほとんどなかった。つまり、日本の援助は大部分、デ・ファクトに進行してきたのである。

援助理念に関する行政側の見解が最初に示されたのは、外務省経済協力局が一九八〇年に、経済協力研究会の名で編集した『経済協力の理念――政府開発援助はなぜ行うのか』(国際協力推進協会発行)であるように見受けられる。

この報告は、ODA増大の折から「我が国独自の理念につき国民的な合意が定着」(梁井経済協力局長［当時］の序文)する要がある、との立場から、世界の援助理念の流れとして、一つには「人道的・道義的考慮」、他は二次の石油ショックを踏まえた「相互依存の認識」を挙げ、日本の援助理念として次の四点を挙げている。

① 戦争を放棄した平和国家として、国際社会の安全保障に貢献する要がある。

② 世界の経済大国として「南北関係における秩序造り」に寄与することが期待されている。具体的には途上国下部構造投資など、民間の経済活動を補完する要がある。

③ 日本経済の対外依存度が高いことから、資源確保など「脆弱性を防御する」役割がある。

④ 日本は非西欧国家として「本来第三世界の国ぐにの信頼と敬愛を集めることのできる有利な立場」にいるため、援助など途上国の期待に応える要がある。

この報告で、世界の援助理念の流れの一つとして「人道的・道義的考慮」といっているのは、一九六九年世界銀行の場で出されたピアソン報告で、われわれは「世界という村」に住んでいて、持てる者が持たざる者に分つのは、道徳的義務だ、と言っていることを引き継いでいる。しかし、DACの場でも、世界銀行の場でも、このような西欧的博愛主義的考慮が援助の主因とみなされたことは、すでに見たようになかったし、「道義的考慮」の内実が立入って分析されることもなかった。世界銀行の場で七〇年代にこの関心からうち出される「人間の基本的必要」(BHN)戦略はむしろ途上国側から批判されることになる。

この経済協力局・経済協力研究会編の報告を読むと、経済協力を全般的に「安全保障コスト」(さきに挙げた理由の①—③がそれ)としてとらえており、DAC、世界銀行の援助理念と比べると、はるかに「国益」色が強い。この思考の流れから、八〇年代には通産省産業構造審議会『経済安全保障の確立を目指して』(一九八二年)、中曽根首相(当時)の諮問機関である平和問題研究会『国際国家日本の総合安全保障政策』(一九八五年)等、経済協力を安全保障の枠組の中でとらえようとする試みが現われるが、恐らく国連やDACの場での議論とのあまりの隔りから、この安全保障型経済協力理念は、主要理念として国民の合意を得ることはなかったようにみえる。

他方で、経済協力の理念としては、経済審議会が一九八三年に首相に答申した「一九八〇年代経済社会の展望と指針」に呈示された考え方があり、これが各省庁の協力担当者の立脚点となってきたようである。この答申のために同審議会の経済協力小委員会が行なった取りまとめ『一九八〇年代の経済協力の展望と指針』(大蔵省印刷局)ではこう述べている。

「経済協力は人道的観点、政治的、外交的要請、あるいは総合安全保障の観点から日本の国益の確保といったさまざまな要請によって実施されているが、相手国の自律的経済発展過程への円滑な移行の促進に極力資するとの観点を重視していく必要がある。」(三七頁)

「我が国は……政府協力と民間協力を総合的に組み合わせて、発展途上国との間に、広範かつ緊密な相互依存関係を樹立することが重要である。同時に……できるだけ早期に発展途上国を先進国へ卒業させるよう努めることは、経済協力の古くからの課題である」(同)。

ここでは、人道、政治外交、総合安全保障といった援助の理由が挙げられているが、新たに、援助目的として相手国との相互依存な関係形成、相手国の自律的発展への移行、先進国への「卒業」という新たな一連の概念が出てくる。この小委員会報告はまことに特殊な発展段階説(農業が優勢な第一局面から、工農業の生産性上昇、都市人口増加が始まる第二局面、軽工業優勢の第三局面、重化学工業化がすすむ第四局面)をとり、日本がたどったこの発展段階説を途上国に及ぼし、それぞれの段階に応じた経済協力を行なうことにより、途上国を先進国へ「卒業させる」という大胆ともとれる発言をしている。それは同時に、日本の産業構造高度化の手段でもあるのだ。この目標をすすめるため、官民協力の分担、組み合せという「日本株式会社」として有名な協力概念が示される。この協力概念は後に、通産省産業構造審議会や通産省の一九八七年版『経済協力の現状と問題点』で「援助・直接投資・輸入が三位一体となった総合的協力」の概念へと展開する。

経済審議会答申では、経済協力により「南北問題の解決、世界経済の調和ある発展、世界の平和と安定への貢献に努める」と謳っているが、経済協力の理念として、途上国開発による「平和と安定」

と共に、安全保障や産業構造高度化など、国益要因が強調されていることは、他のＤＡＣ諸国と比べて、日本援助の大きな特徴である。(注)

しかし、日本をもふくめて、ＤＡＣ諸国の援助理念に共通していることは、援助が開発の起こっていないところに開発をもたらす、この開発により、途上国は先進段階に到達できる、との信念である。この普遍的な信念が、個別的な計画実行の領域ではいかなる結果を生んでいるか、という点についての調査研究はほとんど存在しない。ここに、普遍的な言説の領域での「人道的」(日本の場合には安倍外相〔当時〕が好んだ「民生の安定と福祉の向上」)「相互依存」「南北問題の解決」「進歩」などという美しいスローガンが、現実の開発の個別的な場では、国益や世界市場への統合、さらには近代化＝資本蓄積、致富という生なましい先進国や途上国エリートの利害が貫徹する過程へと、突如として変貌することを私たちが見逃すことになる原因があろう。それはちょうど、温帯国／熱帯国の話で、「福祉」を掲げて熱帯国へのりこむオフェリムが、突如として国益の代弁者に変身するのと、よく似ている。

開発が富など普遍的なスローガンの下に、先進国側の論理により遂行されるかぎり、個々の人間は無視され、とりかえしのつかない歪みが地元社会に生じる、というのが、さきにみた寓話の教訓だが、次にこの寓話で扱われなかったケース、つまり、温帯国と熱帯国の経済が別々に存在するのではなく、相互依存状態にあるケース(この寓話が終りに到達した時点)、そして、熱帯国で何らかの開発／発展がすでに起こっているケース、について考えてみよう。

二　開発／発展と自立

これまで私は、「開発」という言葉の定義をしないままに使ってきた。だが、一世紀前の「文明」「進歩」の概念に相当する「開発」という用語の意味をここで理解しておく必要があるだろう。

日本語で「開発する」とは他動詞として使われる。だが、もともと「開発」(development)「開発する」(to develop)の起源は、自動詞なのである。日本語では「発展」「発展する」の方がふさわしい。developing countriesは外務省の訳語では「開発途上国」である。「地域開発」という言葉も示すように、「開発」には行政用語として、「上からの開発」という意味がつきまとう。

しかし、development＝Entwicklungという言葉を最初に使ったのはヘーゲルで、理性の進歩、展開を示した。これは典型的に、市民社会的な概念で、これまで封建制のタテ枠の中で隠れていたもの、縮まっていた精神が、世界的にひろがり展開して、ある倫理的な目標を実現していく過程を示した。それから約一世紀経って、やはりドイツのシュンペーターは『経済発展の理論』(一九一二年)で、発展を、生産要素の新結合、経済組織の革新など、動態的な社会変化の過程と考えた。社会内部でこのような変化を推進する人間が企業者と呼ばれる。

今日では発展(development)は、「経済的、社会的、文化的変化の総体」(国連事務総長報告『国連開発の十年』一九六二年)と考えられている。つまり、発展とは、ある経済社会の内部から自らを変化させていくような自律的能力を意味している。この意味で、発展と他律的な開発とは、本来ラディカルに対立する概念である。

ところが、発展の過程で、ある国や地域が、他の国や地域から生産的資源を奪取、または移転させて、自らの発展をすすめるケースが出てくる。この場合に生産的資源を他国に提供または移転する国・地域にとっては低発展＝低開発情況が現われる。つまり、他律的な開発が現われる。

このようなケースがありうることを考えると、近代化論のように、発展地域以外の地域は停滞地域と考えるのはあまりにナイーブということになろう。

つまり、温帯国と熱帯国はそれぞれ七日七晩の距離に併存しているのではなく、国際分業関係など、何らかの相互依存関係に結ばれているかもしれない。

この場合に、開発がそれまで平和に暮らしていた民衆の立場をそこない、彼らの他者依存を深め、環境を破壊する、としてするどく告発したのはI・イリイチ[Illich 1982]である。フィリピンで輸出工業団地の建設により、農漁業など生業を失い、追立てられて、貧困化した人びとや、青森県の六ケ所村で、開発のために自立的な生活を失った人びと(地元では「開発難民」とよぶ)を見ると、イリイチの指摘は決して空想の産物ではないことが分る。つまり、国家や進歩のためという抽象的な理念を掲げた上からの開発には「だれのための開発か」という、人間を考える視点が欠けているのである。開発が人間を無視するとき、そこに従属情況が出現する。

ところで、開発の推進者たちが、ピアソン報告から経済審議会報告に至るまで、つねに「自立」「自律的発展」を開発目的として掲げるのはなぜか、を見ておくことはむだではあるまい。

開発援助の送り手にとっては、受け手が自立していたのでは援助(＝いまの相互依存関係維持の手段)の存在理由がなくなる。援助の受け手は本質的に他者依存的でなければならない。

この点で私は、石垣島の白保で会ったお婆さんがこう呟いていたことを思い出す。「国は私たちが貧しいからといって、空港をつくるというが、私たちが貧しいってだれが決めたんだい。私たちはそんなことを思ってもいないのに」。

開発援助は貧困や差別を人為的につくり出す面があることを、私たちは理解しておかなければならない。ある一つの(経済的)物差しにあてはめて、「先進国」「途上国」のレッテルを貼ることは、経済的優者が自らの優位性を守る手段にほかならない。こうした世界観は自らの物差し以外の価値尺度をすべて拒否するために必ず差別主義的となる。進歩史観、発展段階史観が現代世界の人種・民族・弱者差別の根底に横たわることを私たちは忘れるべきではない。

白保の例は、温帯国と熱帯国がこれまで関係がなかったケースに属するが、両者が相互依存関係を結び、熱帯国の自立が困難なとき、じつは温帯国も自立していないことは指摘しておいてよいことである。温帯国もまた資源や熱帯食糧を熱帯国から入れて、その代償に援助を送り、これを「相互依存」とよんでいる。自らが自立していない温帯国が、熱帯国を非自立的として、自立をもたらす(「卒業させる」)とするのは形容矛盾だが、こうした矛盾が堂々と通用しているところにも、南北関係の不均衡(北の言説がつねに普遍的なものとして現われる)が表現されている。

「自立」「自律(立)的発展」とは、self-reliant, self-sustained, autonomous などの形容詞を伴った

development である。この場合には「自立的開発」とはいわない。

この概念は、ある国・地域の発展の圧力を受けた国・地域で出てきた。中国の「自力更生」(self-reliance)は一九四〇年代初めに、日本と国府軍の包囲を受けた延安(陝甘寧辺区)で生まれ、毛沢東思想のキーワードとなったが、第三世界ではじつは二〇世紀初頭から公にされていた。この概念を理論的な形で展開したのはマハトマ・ガンジーの『インドの自治』[Gandhi 1912]である。

ここで、ヒンズー語の「スワラジ」は英語では home rule と訳されているが、ガンジー自身の定義によれば「われわれが自分自身を支配すること」である。

なぜ、インド人は自分自身を支配していないのか。インドはイギリスにより貧困化され、「彼らは年々、われわれの金を持ち去」るが、インド人がそれを許しているのは結局、自分たちが物質的な近代文明、物欲にとらわれているからだ。

自律、自己支配とは究極のところ、このような物欲を自らの意志の力で減らしていくことにほかならない。ガンジーの唱えた「サティヤーグラハー」(真理をつかむ)は単に、外国支配に対する外面的な不服従運動にとどまらず、むしろはるかに内面的な自立運動なのである。

近代文明は肉体的な幸福(=福祉)を人生の目的としている。だがその結果、人びとは、物欲の奴隷となっている。「近代文明は物的快適さを増やすことを求めてきたが、それさえも惨めに失敗している」[Gandhi 1912 : p. 34]。しょせんすべての人が、欧米並みの物的快適さを手に入れることはできない相談なのだ。それならば、そのような文明に従属している自分たちを変える以外に、人びとが幸福になる道はない。このような自己変革、それがインド人一人ひとりと共にインドを解放していくことにほかならない。「もし、われわれが自由になれば、インドも自由になる。……自治はわれわれの掌中にあるのだ」[Gandhi 1912 : pp. 68-69]。

こうした自己変革、自律性の高まりは、スワデシ(地域伝統に沿い、地域のさまざまな資源を生かした社会的、文化的、生産的組織)によって支えられるべきである。

「スワデシとは、遠隔地に出ていくのではなく、自分たちの周囲のものを用い、これを使う精神である。……経済の分野では、隣人たちの生産したものをもっぱら用い、地元の産業が不十分なときはこれを改善してよいものとしていくことだ」(*Collected Works*, t. xiii, p. 219)。

人間が物欲を減らし、精神の力を高め、隣人たちと助け合い、奉仕し合って地域発展を実現していく中で、自らも他国・他人に支配されず、また他人を支配したり傷つけたり恐れたりしないような愛(アヒンサー)の原理がみなぎっていく。こうした社会は、ひろい底辺が少数の頂点を支える上昇志向のピラミッド型ではなく、自己完結的なムラ社会が絶えず水平的に「大洋の中の環」のようにひろがっていく世界である。

ガンジーはこうして、温帯国と熱帯国が相互依存関係にあり、熱帯国の人びとに飢餓、貧困が現われているとき、熱帯国のとりうる道として、「自律」(スワラジ)、自己変革の方向を指示した。

ガンジーの「援助」(foreign aid)に関する考え方ははっきりしており、第二次大戦直後、インドで食糧不足が激化したとき、彼はこう述べている。「外部からの援助にわれわれが少しでも依存することは、換金作物に代えて日常の食料を一つひとつの耕地で栽培していくという巨大な国内での可能性を試みていくことを阻むだろう」(*Food Shortage and Agriculture*, 1949, p. 47)。飢餓は彼にとっては、対外依存的な国内経済を変革する好機であり、彼は一貫して食糧輸入に反対した。

途上国からは自らの発展のあり方として、従来三つの答え方が示された。一つは、温帯国とますます緊密に相添い、上からの開発をすすめて、人びとの物欲を満足させていこうとする近代化論の道である。今日の先進国援助が基本的にはこの道を指向していることはさきに見た。しかし、すでに半世紀以上前にガンジーが見抜いていたように、途上国のすべての人が先進国並みの生活水準を享受することは、資源の点からみても、環境への圧迫の点からいっても、明白に不可能になっているように思える。事実、途上国内部でも、少数の例外的NIESを除いて、多くの国ぐには、債務負担や増大する貧困者層という深刻な問題をかかえている。

第二は、ラテンアメリカで発達した従属論、新国際経済秩序(NIEO)の運動である。従属論は、途上国での貧困や社会不安定の原因を大国支配に求め、大国支配の排除、NIEOを要求した。しかし、NIEOも、大国支配下に形成された国内構造や格差をそのままに、近代化、工業化を追求したことから、今日の債務問題、経済困難を引き起こした。

第三は、ガンジー的な、アジアから提起された「自らを変える」発展のあり方である。他律的支配を排する自立の試みは、必ず地域に根ざし、地域資源を利用する発展のあり方を要請する。それは地域の生態系に基づき、文化伝統を踏まえながら地域の人びとが、外来の科学知識・技術をも参照しながら自律的に創り出す「多系的発展」(鶴見和子)の試みにほかならず、このような発展が「内発的発展」とよばれる。自立は内発的発展によって初めて可能となる。自らを変えるこのような発展の試みは、中国の自力更生路線でたどられてきたが、今日中国はいまみた三つの発展路線のあいだで、引き裂かれているようにみえる。

途上国の側から提起されてきた三つの開発/発展路線がそれぞれ困難に逢着している理由として、最後に二つの点を考えておきたい。

第一は、冒頭の寓話で想定されていなかったもう一つのケース、「熱帯国でなんらかの開発/発展がすでに起こっているケース」である。どのような社会も、発展段階説が教えるような「停滞的」なものではなく、それ自身の理性をもち、独自の進展の道をたどっていることを、今日の経済人類学やアナール派歴史学は私たちに教えている。つまり、豊かな(温帯国との接触以前の)熱帯国でも、独自の発展はすでに起こっている、と私たちは考えた方がよさそうである。この国が「サルタン」という階級構造をもっているように、表面的には豊かに見えても、その内側には階層的支配、家父長的支配が多くの人びと、とりわけ弱者層を抑圧しているかもしれない。サルタンが温帯国の使者を招き入れて開発が起こったように、こうした国が南北関係を取り結ぶなかで、伝統的な抑圧構造は一層強化され、南の北従属の高いコストがこれら弱者層に転化されているかもしれない。——これは今日、途上国のフェミニズムの側から尖鋭に提起されている問題である。

近代化に伴う開発のなかで女性の地位が悪化し、「変化の犠牲者」(国連婦人問題調査訓練研究所編『世界経済における女性』、東京書籍)となっていることはひろく国連の場でも認められている。しかし、この変化は決して、単に近代化、北との接触によって起こったのではなかった。これをエジプトのある女性学者はこう述べている。

「アラブの女たちは、自分たちの独立性と積極的な特性を突然に失ったのではなかった。社会における女たちの状況は、社会経済的な変化に伴って徐々に悪化していったのであり、女たちは、古い既得権を失うまいと激しく闘った。……しかし、たいていは勝ち目のない闘いであり、父権制度の勝利に終わった」[エル・サーダウィ　一九八八]。

いまや、アラブ世界で女は「男の財産」のようにみなされている、とエル・サーダウィはいう。こうした抑圧的、封建的、家父長的構造がじつは、途上国側から提起されてきた先ほどの三つの発展ヴィジョンで十分に吟味されていなかったのではないか。中国開放体制が突き当った困難も、民主化運動よりもそれが問題とした社会の封建的な心性、構造にあったのではないか。

一九八九年八月、横浜市で開かれた「ピープルズ・プラン二一世紀」の国際会議で、インド代表の女性がこう述べたのを、私は印象深く聞いた。

「発展とはけっして、経済変化にとどまるべきではない。それは文化の変化でもなければならない」。

いま、南の側から経済的、社会的、文化的な真の発展を追求する動きが起こっている。このインド女性は「曙」(DAWN)と名のる団体からきたが、「曙」は女性、先住民族等の少数者にいま光を投げかけはじめている[Development Alternatives for Women for a New Era=DAWN 1987]。開発が特に少数者層を主とする多くの人びとの立場を悪化させてきたことから、国内構造を変革し、一人一人の人間の人権、尊厳を重視するような発展への希求がいま始まっている。「開発」がこのような「発展」の動きへと近づくとき、それはガンジーが想定したような「大洋の中の環」的世界像への一歩となるだろう。

第二は、熱帯国と温帯国との関係がひとたび結ばれた後は、熱帯国だけでこの相互依存関係を変えることは難しい、ということである。温帯国でオフェリム的論理が支配的であるかぎり、熱帯国が自立的発展の道を歩もうとしても、世界経済から自らを切断するか、あるいは再植民地化および/または抑圧構造強化の方向をたどることになってしまうだろう。前者は中国文革が挫折した道であり、後者は途上国の多くに現われている開発独裁の道である。

結局、温帯国の側でも、不平等な南北関係を変え、そのために国内構造を変化させていく動きが出てこないかぎり、南北双方で自立的な発展を実現することはむずかしい。

他国・他民族・他人に他律的な開発を課していく国・民族・個人は、他者から学び交流する姿勢をもたないために必ず差別をつくり出していく。他者をモノとしてしかみない、こうした差別はとどのつまりは自らを孤立化させ、貧困化させることになる。貧困化とは結局、人間関係の破壊、人間性の破壊にほかならない。モノの溢れる中で精神が貧困化していく現象は「温帯国」ばかりでなく、多くの先進国に見出される。また、他者の資源の上にあぐらをかいた浪費的生活様式は、地球環境を非可逆的に壊して、人類の生存基盤そのものを損いつつある。

こうした点から、南北関係を考え、北の国の生き方を考える開発教育が近年ますます重視されるようになってきた。同時に、開発教育の担い手としてのNGO(民間公益団体)の役割が注目されるようになってきている。今日、DACの場でも、いままでの政府レベルの開発援助が必ずしも大量貧困、失業の問題に答ええていないことから、草の根レベルでのNGOとのパートナーシップ、またNGO活動が重視されるようになり、NGOを経由するODAも増えてきている。

NGO活動の意義については、第7章でも触れたが、その活動形態には三つの様態がある。第一は、政府と同様な開発プロジェクトを、しかし草の根レベル(小規模)で実行すること。第二は、政府にできないような開発協力事業を、途上国側とパートナーシップを組んで行なうこと。これは、政府の目の届かないような民衆生活、基本的必要(BHN)関連の事業が多い。第三は、政府のODAに対して、民間、または民衆の視点から、提言を行ない、これを住民により望ましい方向に変化させること。この三つの形態のいずれにせよ、場合によっては、冒頭の寓話のエピステムらの行動を後追いすることにもなりかねない危険性を持つことは、銘記されてよい。NGOだからといって独善性を免れる保証は何らないのである。この保証はただ二つの方向からのみもたらされうるだろう。一つは、途上国側とパートナーシップを組む中で、南側のインプットを重視し、自らを変えていくこと。第二は、南北双方で開発協力、開発教育をすすめる中で、さらにひろい――国境を越えた――平和や人権を希求する民衆の声（時には声なき声）をインプットとして受け止めていくことである。

このような市民社会、NGOの活動を通じて、ODAなど先進国（北）と発展途上国（南）の間の関係が、しだいに「覇権」「国益」「利益」追求型から、より「人類益」、水平的なものに変化していくとき、南北双方がより自立的で平和的な地球社会の形成へと接近していく道が開けてくることになろう。

（注）一九九〇年代に日本ODAの理念として、一九九二年に「ODA大綱」が制定され、九〇年代後半には「人間中心の発展」「人間の安全保障」など、国連の場での用語が頻繁に用いられるようになっている。これらの新しい理念はたしかに「国益中心型」からの転回を示しているものの、その現実との落差については、西川潤「日本のODA——社会開発と人間の安全保障」（『アジア太平洋討究』第三号、二〇〇〇年、近刊）を参照されたい。

第9章　社会開発とは何か——自立の条件づくり

一　はじめに——社会開発とは何か？

経済開発(economic development)という言葉は私たちになじみ深い。実際第二次世界大戦後の世界は、この言葉を中心に動いてきたようだ。一九六一年に国連が、当時のケネディ米大統領のよびかけに従って、一九六〇年代を「開発の一〇年」(Decade of Development)と宣言してから、「開発の一〇年」はもう四度にわたって続けられてきている。

しかしながら最近、「社会開発」という言葉がしだいに多く用いられるようになった。援助や開発でも「社会開発部」を設けるところが増えてきた。一九九五年三月には、デンマークの首都コペンハーゲン市で、国連主催の「世界社会開発サミット」(World Summit for Social Development——WSSD)が開催され、世界の首脳が集まって、社会開発問題を討議している。

国際協力の場で、しだいに重要視されてきている「社会開発」の概念を、このあたりで整理しておくことが必要だろう。そのために、本章ではまず第一に、社会開発の議論が始まった一九六〇—七〇年代における社会開発概念を「第一期」として、この時期における社会開発のとらえ方とそれが政策の領域にいかに反映したか、について見ることにしよう。

第二に、一九七〇年代の末頃から、新しく国連システム(世界銀行、ＩＬＯ等)の場で、経済開発のゆがみを是正する試みとして「人間の基本的必要」(Basic Human Needs――ＢＨＮ)の考え方が登場するが、これをベースとして、間もなく、国連開発計画(ＵＮＤＰ)の場で、「人間開発」(human development)という概念が生まれるようになる。私たちはこれを、社会開発の「第二期」ととらえ、その要点を検討することにしよう。一九九〇年代の社会開発概念は、この人間開発と、それを保障する生産的雇用、福祉、社会的連帯といった新たな開発方向へと展開する。

第三に、一九九五年の世界社会開発サミット(社会サミットと略称)で取り上げられた主要課題――貧困、雇用、社会的統合――がいかなる意味で、社会開発問題であるか、これらの問題を解決するための政策的方向として、どのような考え方が提起されているか、について考えることにしたい。

以上三点の吟味を通じて、今日開発協力の場でクローズアップされてきている社会開発問題の基本的な考え方、その進展方向について整理を行ない、形成途上の社会開発理論と政策について、第一次的なアプローチを行なうことが、本章の目的である。

二　第一期――社会インフラ時代

一九九四年八月に、社会サミットの準備をめぐって、政府一八省庁と私たち市民団体・ＮＧＯ(国際協力に携わる民間自発・公益団体)の組織するＷＳＳＤのＮＧＯフォーラム日本準備会が意見の交換会を開いた時に、「社会開発とは何ですか？」という私たちの質問に、政府の方からは「経済開発以外の開発と理解しています」(経済企画庁)という答えが返ってきた。

これはたしかに、社会開発の一つの理解の仕方であり、日本の援助関連機関が、このような理解に沿って、開発協力業務を行なっていることが判る。具体的には、経済開発が、直接国民総生産の増大、生産性の向上をめざすのに対し、社会開発は、教育訓練、保健などのいわゆる「ソフト型」領域を含んでいるが、より一般的には都市、農村、商工業、農業をも含めて「社会基盤の整備」(1)を社会開発と見ているようである。

この社会インフラの整備を社会開発と考える見方は実際、一九六〇—七〇年代には多くとられた。つまり、植民地諸国の独立後、途上国の経済開発が急テンポで始まると共に、港湾・道路・電力・上下水道・灌漑設備などの社会的インフラストラクチャーの大きな欠如が明らかになる。これら社会資本を整備することが政府援助(ODA)の主要目標となる。この意味では、社会開発は経済開発を補完するものであり、実際、経済開発との異同がさだかでなくなってしまう。

ところがこの時期に、一九八〇年代頃から、経済開発のもたらす社会問題——貧富の格差、大都市成長と地域格差、インフォーマル部門など社会的弱者の増大、環境や生態系の破壊など——がだんだん大きくなってきた。

東南アジア諸国の経済開発計画が「経済社会開発計画」と、社会開発を加えてくるのが大体一九七〇年代後半から八〇年代始めにかけてのことである。タイ、マレーシア、インドネシア、フィリピンなどで、地域・民族格差の是正、社会的公正、環境保全、家族計画、女性参加などの問題がだんだん重点開発目標として入ってくる。

また、世界銀行の場でもこのころから、「人間の基本的必要」(BHN)という新たな援助分野が取り上げられ、貧困克服が課題となってくる。一九八七年に世界銀行に環境部を設けるかたわら、NGOとの対話を始め、一九九〇年の『世界開発報告』を「貧困」問題の特集とする。

こうして、社会開発を単に経済開発を補完するというよりは、経済優先の開発路線を是正する試みとしての社会開発政策が登場してくる。

この見方からすれば、人口増加・都市化に伴うインフラ整備は当然のことだが、それと共に、貧困、環境、女性、人口・家族計画、教育訓練などの領域が重要になってくる。

海外経済協力基金(OECF――現国際協力銀行＝JBIC)でも環境・社会開発課を設けて、これらの領域に対応していくのが八〇年代末である。国際協力事業団(JICA)では社会開発部は発足当初からあったのだが、またそれゆえに仕事の内容としては社会開発＝社会インフラのイメージが強いのだが、八〇年代後半から、環境、貧困、女性と開発(Women In Developement――WID)、人口などの「分野別援助」研究会を設け、これらソフト部門への援助政策を検討していく(2)。

ODAの仕事を多く担当している海外コンサルティング企業協会(ECFA)の開発研究所が一九九四年六月に出版した『社会開発ハンドブック(3)』では、貧困、住民参加、WID、環境、教育、コミュニティ発展、NGOとの協力、などの領域が扱われているが、実際これらの領域が現在の開発協力機関で、社会開発の対象として扱われている分野だということができよう。

ところがじつは、社会開発には、これら経済開発(ハード)の補完・是正のソフト型援助としての側面と共に、経済開発のあり方そのものを見直していく、という根元的テーマが存在するのである。そして、このテーマが一九九〇年代に新しい開発協力の主題としてクローズアップされてくることになる。

この点を次に見ることにしよう。

三　第二期——BHNから人間開発へ

そもそも第二次大戦後に、人類が相戦った大戦の惨禍と苦い経験を踏まえて、国連が設定されたとき、平和を実現するための二本柱として、安全保障理事会と経済社会理事会がおかれた。経済社会理事会は「世界の経済的・社会的進歩と発展」を実現して、世界平和の基礎を確固たるものとすることを目的とする。国連憲章第九章「経済及び社会的協力」の第五五条には、経済社会理事会の任務を「経済的及び社会的な進歩及び発展の条件……を促進する」と定められている。

経済的・社会的進歩と経済的・社会的発展(=開発)は相伴うべきものである。この経済的・社会的発展の内容は、一九七〇年に国連総会が採択した「社会開発宣言」で示され、さらに、オランダの経済学者J・ティンバーゲンらが執筆した「国際開発戦略」(一九七〇年)で明示されることになる。つまり、一九七〇年代の第二次国連開発の一〇年の期間中に、国際開発の目標として、①経済成長、②「社会の質的および構造的改革」(=富・所得の公平な分配、雇用水準、社会資本の増加、環境保全等)

が指摘されている。ここでは、社会開発が、社会の質的・構造的改革、分配の公正や雇用保障、環境保全、社会資本増加等として考えられているのである。この時期に、社会開発は経済成長・開発を単に補完するものではなく、むしろ後者を実現するためにも社会改革を必要条件とするという考え方が、提起されるようになった。

この場合に、それではGNP成長を優先するばかりでなく、どう望ましい経済社会開発を実現するか、という問題点が出てくる。

このような方向でのユニークな研究を行なったのが、国連の社会開発研究所(United Nations Research Institute for Social Development ——UNRISD、在ジュネーブ)である。UNRISDはすでに一九六三年に設立されていたのだが、この研究所が初期に行なった大きな研究に社会指標の作成がある。

GNP指標に代わる人間福祉の指標を開発する必要性はすでに世界的な高度成長期に痛感され、トービンやノードハウスの「純国民福祉」(Net National Welfare ——NNW)指標も提示されたが、実用には至らなかった。UNRISDは、GNPを基準とした指標という固定観念(NNWはGNPに家事労働分を足したり、公害分を引いたりしたもの)を棄て、人間生活に重点をおいた社会指標をつくった。(4)

これが、一九七〇年代にOECDの場での社会指標作成に影響を与え、日本でも経済企画庁がこの手法を導入して、独自の国民生活指標、ついで新国民生活指標(People's Life Indices ——PLI)を作成し、毎年発表している。いま、PLIの詳細には立ち入らないが、一人当たりGNPで全国平均の二倍の東京圏も、この生活の質の指標PLIでみると、むしろ全国平均より低く、かえって北陸など日本海沿岸の諸県の生活レベルの方が上になる。

これは経済開発の内容、質そのものを社会開発の面から問い直す視点といえる。

経済開発の目的を単に一人当たりGNPの増大に求めるのではなく、人間の基本的必要(BHN)など、生活の質向上を考えるべきだとする考え方は、一九八〇年代に一段と強まることになる。これは経済開発の目的それ自体を問い直す動きといってよい。

一九八七年にUNDPは「人間開発」(human development)を主題としたセミナーをトルコのアンカラで開催する。[5]このセミナーに発して、一九九〇年からUNDPは『人間開発報告』(Human Development Report)を世界銀行の協力の下に、毎年発刊することになる。この報告は、新たに開発の目標を人間におき(「人間中心的発展」human-centered development)、その指標として、保健(平均寿命)、教育(識字率と平均就学年数)、実質購買力による所得水準(所得、雇用)をとった「人間開発指標」(Human Development Indicators――HDI)を提示したものである。

「人間開発」はBHN理論の延長線上にあるものだが、BHNが公共政策としての福祉供与に重点をおくのに対して、より個々の人間の社会参加の側面を重視したものということができよう。

実際、人間開発政策の提起は、やはり同じ時期に、OECDのDACが発表した報告『一九九〇年代の開発協力』(一九八九年)における開発戦略の転換と相呼応しているのである。[6]

この報告では、従来の大規模・インフラ主体型の援助が、南北格差の拡大、また貧困大衆の増大を生んだとは言わないまでも、少なくともこれらの情況の進展に無力であった事実を反省して、新たに「すそ野の広い成長」(broad-based growth)と「持続可能な発展」(sustainable development)の二つの援助理念を提起した。

「すそ野の広い成長」とは、経済成長の恩恵を一般大衆に及ぼすことであり、そのためには民衆の経済社会過程への参加が必要とされる。「持続可能な発展」とは、これまでの開発が環境悪化、生態系破壊をもたらし、人類の生存と開発の基盤そのものを脅している情況を反省し、開発と保全のバランスを実現することによって、開発の恩恵を私たちの子々孫々にまで及ぼす発展方式を指す。どちらの方式も、民衆、人間の立場を中心におくものであり、ここから国家＝政府を中心とした権力エリートによる上からの開発に対して、民衆中心型発展(people-centered development)、参加型開発(participatory development)の新たな援助の流れが現われた。

このような援助協力の流れの転換を押し進める動きとして、人間開発の概念が登場し、その指標として前述の「人間開発指標」(ＨＤＩ)がつくられたのである。ＨＤＩは未だ、完全な指標として受入れられているとはいえず、ＨＤＩ自身も毎年計算方法の見直しを行なっている段階だが、ＨＤＩを基盤として、性別ＨＤＩ、地域別ＨＤＩ等の算出の試みも行なわれている。また、ＨＤＩは基本的には人間の「選択の自由度拡大」を目標としてつくられたため、ここから「政治的自由度」の指標づくりも一度は試みられたが[(7)]、このような自由度が当然劣る発展途上国からの抗議によって、現在は中断されている。

人間開発のためには、人間を取り巻く社会環境改善がはかられなければならない。そこから、人間優先分野(human priority areas)の社会支出が重視されることになる。これは、従来の社会支出が、社会インフラを重視したのに対し、貧困、環境、栄養、保健、教育、女性、居住などの分野を重視するもので、これらの分野に力を入れることによって、人間開発の社会環境を整え、人間開発指標を高めようとする。

人間開発戦略は、以前のＢＨＮ戦略と似ているが、開発の戦略の立案、推進、評価のすべての段階において民衆参加を重視するところに特色があるといえる。

こうして、一九九〇年代には、「すそ野の広い成長」路線と結びついて、人間−民衆中心型の発展戦略が登場した。これが、九〇年代の社会開発論議の背景となる。

四　社会サミットにみる開発の課題

社会サミットでは、貧困、雇用、社会的統合の三つが、主要課題として扱われた。

この三つの主題が、数多い社会問題の中からなぜ取り上げられたか、また、これらの主題がどう相互に関連しているか、または関連していないかは、一考に値する。

まず、貧困の情況はどうか、というと、最近数十年間に、南北格差ばかりか、国内の貧富の格差もかなりの程度拡大した。

南北格差は一九八〇年代以降、顕著に拡大した。UNCTADの『国際貿易・開発統計』によれば、一九八〇年の一対一〇から九五年には一対二〇までひろがっている。(8)南北問題の激化は、債務問題を厳しくさせる。累積債務の伸びは、一九九〇年代の不況期に横ばいとなったが、一部の新興工業国・アジア諸国を除いて、先進国からのキャッシュフローの停滞、輸出の伸びなやみ、日本の円高などによる為替レート変動など、元利返済の負担はかえって増大している。

世界で貧困人口は増えており、さきに引いた世界銀行の『世界開発報告』一九九〇年版は、一九八〇年代半ばの貧困人口を約一一億人(年所得三七〇ドル以下)と見積り、二〇〇〇年時にその数は七億人程度に減るとしたが、同じ『世界開発報告』二〇〇〇年版では「一日一ドル以下」の貧困人口が依然として一一億人を上回るとしている。とりわけ、南アジア、東欧で貧困人口が増えている。FAOの一九九〇年代半ばの推計では、基礎代謝量に一・五四をかけた水準を満たさない栄養不足人口は八億人を越えるとしている。(9)先進国アメリカでも一九八〇年代の新自由主義の時代を通じて、「アンダークラス」とよばれる貧困人口層が増え、八九年の三一五〇万人(人口の一二・八パーセント)から九八年には三五六〇万人(人口の一三・三パーセント)に及んだ(『米国経済白書』二〇〇〇年版)。

第二に、一九八〇年代後半から、世界的な企業の国境を越える事業展開がすすみ、企業間競争が激化した。これは、一つにはいま述べた新自由主義による市場経済拡大、他方では日本・アジアなど後発工業国の追上げ、の双方を理由としていよう。これが企業の多国籍化、海外投資を促進すると共に、企業の合理化・オートメーション化・OA化、減量化の努力を必然とし、国内での雇用の伸びを抑え

ることになった。(10)

ヨーロッパ諸国では高度成長期に平均二パーセントだった失業率が石油ショック以降六—七パーセントに、そして八〇年代以降一〇パーセントの水準に高まり、九〇年代末でも平均一一—一二パーセントで減少する徴候はない。日本では長年の二パーセント失業が、九四年半ば以降は三パーセント、二〇〇〇年時には四・五パーセントに増えている。ひとり好況のアメリカでのみ、失業率は一九九〇年代に六パーセント台から四パーセント台へと下った。

発展途上国でも人口増加と共に農村での潜在失業、そして都市に流出する人口および若年労働力の失業率が増えている。

これらの失業は、南北それぞれの理由は異なれ、いずれも単に景気の波に左右された失業にとどまらず、「構造的失業」の問題にほかならないと、OECDのコミュニケ「経済成長と雇用」(一九九四年六月)は、指摘している。(11)

これと貧困人口、失業の増大は共に、社会の一体性をそこない、社会分裂という大きな脅威をつくり出してきてもいる。ここに、第三の「社会的統合」のテーマが現われる。

貧困増大の中には、世界不況期を通じて、女性、障害者、中高齢者らが解雇の主たる対象となり、福祉国家化でひとたび築かれた国内社会の一体性が脅される問題がある。EUではこれを「社会的排除」(exclusion)とよび、緊急の対策を必要とする問題としている。EUの場合には非熟練労働者または労働集約部門の労働者、青年、女性の失業率が高いわけだが、日本でも、新卒女子の就職難、終身雇用制・年功賃金制の動揺が現われていることに注目すべきである。

また、南北格差の増大に伴い南から北へ、周辺地域から中心地域への大量人口移動が起こっている。難民も、以前の政治難民から、最近では環境難民、経済難民の数が激増している。国連難民高等弁務官事務所(UNHCR)による難民・庇護民統計は約二二三〇万人(二〇〇〇年)。環境難民や経済難民の数については明確な統計が存在しないが、しかし、これらをも背景とした国内外での出稼ぎ労働者は、今日では欧米諸国労働力(約三億人)の七—八パーセントに及んでいる。彼らの家族をも加えると、現代世界では数億人の人びとが経済的、そのほかの理由で移動している。

このような大量人口移動の時代に、一部の地域では排外主義や人種差別主義が強まっている。ドイツでのトルコ人襲撃、フランスでの反ユダヤ主義、日本での朝鮮人女子生徒に対する襲撃などは、その徴候といえる。

また、各地で増発している民族紛争も、立ち入って調べると、民族的アイデンティティの確立の問題と並んで、経済的原因がからんでいることが判る(ルワンダとブルンディでのツチ、フツ両族対立、旧ユーゴでの先進スロベニア、クロアチア地域と後進セルビア、マケドニア地域の対立から起こった中間のボスニアでの戦争、旧ソ連で豊かなバルト三国が最初に離脱したこと、等々)。

こうして、一方では南北問題の激化など世界社会の一体性が脅され、他方では貧富格差の拡大など、国内社会の統合が揺らいでいる。

しかしながら、これら三つのテーマは決してばらばらのものではなく、経済成長優先の開発路線に根ざし、新自由主義の時代に拡大した一つながりの社会問題にほかならない。

ここに社会サミットの宣言・行動計画で、新たに人間開発・社会開発が開発の中心目標として据えられた理由がある。

宣言前文では「民衆の必要と志向にとって社会開発こそが中心課題である」(第七項)と述べている。また、「持続可能な開発を実現するために、民衆こそがわれわれの中心的な関心対象とならなければならない」(第八項)とも指摘している。

これは、新しい開発戦略の中心に人間開発、社会開発をおくという考え方であり、「現在から将来にかけてわれわれを導く社会開発の枠組として、民衆中心型の枠組(people-centered framework)を確立する」(第二四項)問題にほかならない。

つまり、OECDのDACの場で確立した「すそ野の広い成長」「持続可能な発展」における参加型開発戦略の目標として、人間開発・社会開発を置くものであり、一九九〇年前後に現われたDAC型とUNDP型の開発戦略を結合したものといえよう。

人間開発、社会開発を促進するために、宣言および行動計画は「政府と民衆の間の協力」(第七項)が必要であると指摘し、このような社会問題の解決は、政府のみの手で成し遂げられるものではなく、「国際社会、国連、国際金融機関、地域機関、地方自治体、および市民社会を構成するすべての人びと」(第二七項)の積極的な貢献をまたなければならないという認識を示している。そのため、行動計画の第五章「実行とフォローアップ」では、各国が国別行動計画を設定することを指示する「A節」とワークの構築がよびかけられている。

共に「市民社会の参加」というB節で、民間の企業、NGO、労働組合、協同組合等の参加とネットワークの構築がよびかけられている。

社会サミットの宣言・行動計画で示された社会開発戦略は、開発の主体として、従来開発を担ってきた民間企業(市場)、国家(政府)と共に、新たに「市民社会」(civil society)の役割を指摘し、同時に国家―企業―市民のバランスのとれたパートナーシップ関係の構築を、開発目標として提起しているということができる。

ここに、近年国連の場での地球規模問題の会議にしだいにNGO、市民団体が参加度を強めている理由がある。[12] また、この考え方は、現在援助協力の場で重視されている人権、自由、民主化、環境、市場経済、よい統治(good governance)などの新しい主題(日本でもこれらは九二年に公表された「ODA大綱」の第四項目にまとめられている)を総合した開発戦略に沿うということもできる。

五　結論――開発理論、政策の新方向

経済社会開発の概念それ自体は、第二次世界大戦直後、国連憲章における経済社会理事会の任務として定められたのに始まるが、その後半世紀間の経済成長期に、経済開発の概念は重視されたが、社会開発の概念は二次的なものとされてきた。

しかし、この間、社会開発がまったく忘れられてきたわけではない。

第一期(一九六〇―八〇年前後)には、社会開発は主として、経済開発を補完する社会資本、社会イ

ンフラの整備を意味すると考えられた。この時期には、日本のみならず、EC（当時）でも、援助の七―八割は経済社会下部構造の整備に向けられたのである。

しかし、この時期の経済成長が同時に、貧富の格差、貧困大衆の増大、環境破壊等を伴ったことから、第二期（一九八〇―九五年）には新たに、人間の基本的必要（BHN）の充足、さらにすすんでBHNの実現のための参加型開発、環境保全の必要性等を重視した開発路線が登場することになった。これが、DACの場でのすそ野の広い成長、持続可能な開発の考え方、戦略である。

さらに、この時期には、世界的に高度成長時代を担った「大きな政府」の弊害が明らかになり、新自由主義、市場経済化、国営企業の民営化等がすすんだが、それは、八〇年代後半から世界的な経済集中、バブル経済、貧富格差、環境破壊、投機等をすすめ、「市場の失敗」をふたたび目立たせることになった。

ここに、第三期（一九九五年前後）から、新しく人間＝民衆を中心においた発展、参加型開発が一層促進される必要性が生じてきた。私たちは「市場の失敗」が明らかになったとて、ふたたび大きな政府による赤字財政、官僚制肥大化、技術革新の遅れなどの「政府の失敗」を繰り返すことはできない。

こうして、第三期には、開発主体として、国家、企業と並んで、新たに市民セクターが登場することになった。政府（権力）―企業（市場）―市民（非営利）三部門間のバランスのとれた関係の構築、市民的＝社会的（非営利）セクターの発展が、人間＝社会開発にとって不可欠と考えられるようになったのである。

社会開発の理論の形成は、未だその緒にある。しかしながらすでにその理論形成に不可欠な諸要因は明らかになってきている。これらをまとめれば、次の通りである。

(1) 人間優先的な開発諸分野の重視。すなわち、栄養、安全な飲用水、識字、初等・生涯教育、保健医療、家族計画、貧困対策、地域レベルでの雇用創出、環境など。

(2) 性・人種・民族等の差別をなくす人権の強化と、国際・民族理解をすすめる開発教育、環境教育、国際理解教育などの促進。

(3) 地域社会の発展と、開発計画の形成・実行・評価のあらゆる段階における住民参加。

(4) NGO、市民団体の免税措置など、非営利部門、社会的部門の支持および一層の展開。

(5) 開発指標のGNP指標から社会指標への転換。

これらの諸分野における政策を一歩一歩すすめていく中で、さらに社会開発理論がすすんでいく性質のものであろう。本章はそのような方向にむかっての社会開発に関する基本概念の整備を、歴史的・理論的・実証的に検討したものである。

注

(1) 一九九四年一二月一三日、国際協力事業団社会開発協力部の西脇英隆計画課長代理、同社会開発調査部の大島義也計画課長代理、企画部の塚田幸三環境・女性課長代理のインタビュー(西川研究室院生野田真里による)。なお、一九六〇年代に発するこのような「社会開発論」を当時整理した論文として、若林敬子

「〝社会開発〟をめぐる研究動向」(『人口問題研究』一二五号、一九七三年一月)がある。若林論文はこの時期のハード重視型社会開発論にすでに、「自助」論の流れが顔を出していることを指摘している。

(2) 一九八五年に筆者も参加した外務省経済協力局に設けられたODA効率化検討委員会が報告を出し、インフラ支援のODAからソフト重視の方向への転換の必要性を指摘するが、この頃からソフト部門援助が新しく日本ODAに入ってくる。

(3) ECFA開発研究所[一九八四]。

(4) UNRISD[1985]. 本書はUNRISDが一九七〇年代に発表した一連の社会指標開発ワーキング・ペーパーに基づいたものである。なお、NNWは最近、国連大学により「GDPマイナス生態系悪化、公害損失分」という形で、「グリーンGDP」と名づけられ、ふたたび取り上げられている。

(5) UNDP[1991].

(6) DAC[1989].

(7) UNDP[1991].

(8) UNCTAD[1997].

(9) FAO, *The State of Food and Agriculture 1998*, Table 1.

(10) 西川潤「日本、雇用創出に貢献を」(『日本経済新聞』一九九四年六月二九日「経済教室」)参照。

(11) OECD, *Economic Growth and Employment*, June 1994. このコミュニケは次の報告に基づいて出された。OECD[1994].

(12) 社会サミットには、準備委員会の段階からNGO代表が参加し、コペンハーゲンの本会議の日本代表国には筆者を含む三人が民間の日本準備会から参加した。二〇〇〇年六月にジュネーブで開かれた国連社会開発特別総会(UNGASD)は、社会サミット後五年の時点で、サミット宣言・行動計画のレビューを行なうものだったが、ここでは南北対立が尖鋭に現われた一方で、NGOがメディエーターとして活発に活動した

（西川潤「ＵＮＧＳＤの意義」社会発展ＮＧＯフォーラム『ニュースレター』二〇〇〇年九月号所収、参照）。ＮＧＯはいまや各国の国別報告の作成、首脳演説の起草、宣言・行動計画案の審議に積極的に関与し、本会議でＮＧＯ代表として発言するようになっている。このようなＮＧＯの活動は、国連改革の大きな方向――政府間機関から政府・民間のパートナーシップ機関への進展――を告知するものである。

第10章　貧困と格差——貧困緩和の諸方策

世界で南北格差は近年増大し、貧困者数は増えているといわれる。一九八〇年代以降の新自由主義の時代を通じて、国営企業は民営化され、市場経済の流れが世界的に著しく強まったが、それと共に貧困問題が大きくクローズアップされるようになった。このため、国連は一九九六年を「国際貧困解消年」(International Year for the Eradication of Poverty)として指定し、九七年に始まる一〇年間を「国際貧困解消の一〇年」(International Decade for the Eradication of Poverty)として、この期間に国際的な貧困解消・緩和への取り組みを強化することを決めた。

本章では、国際的な貧困問題の現状を眺め、なぜ九七年から「貧困解消の一〇年」が設定されたか、貧困緩和の方策として今日考えられているものがどのようなものか、を理解するために、まず国際機関ごとの貧困の定義を検討する。ここで貧困には、絶対的貧困と相対的貧困の二つの種類があり、対象とする貧困によって貧困指標が異なることを理解する。

第二には、貧困問題の現状を検討するが、今日の世界の貧困が、性・民族・人種・階級・社会集団など、特定社会層に集中していること、これら「社会的弱者」とよばれる人びとの数が世界的に増大していること、したがって貧困問題は、個人的問題というよりはむしろ、社会構造と関連した問題であることを指摘する。

最後に、貧困緩和の諸方策について述べる。貧困緩和については政府、企業、市民社会の三者が、それぞれ大きな役割を持っている。しかし今日まで、貧困の解消・緩和は主として、政府・企業の任務と考えられてきた。ここに「開発」ブームが生まれる。だが、世界的な開発ブームの進展の下で、貧富の格差、貧困大衆はむしろ激増してきた。一九九〇年代に入り、こうして開発目的が再考されるようになり、それと共に開発・発展における市民社会の役割が重視されるようになってきた。ここでは、貧困緩和のためにとられる救貧、雇用、再分配、人権、エンパワメント、ネットワーク等の諸アプローチと、政府・企業・市民社会の三者の役割を論じる。

これら三点の検討を通じて、今日の世界的貧困の諸相、「国際貧困解消の一〇年」の課題、それが日本の開発政策に及ぼす影響を明らかにしたい。

一　貧困の定義と指標

一九九五年三月、デンマークのコペンハーゲン市で開かれた世界社会開発サミット（略称「社会サミット」）の首脳宣言では「世界では一〇億人余が赤貧の状態にあり、そのほとんどが日々飢餓状態にある」（一六a項）と述べている。(1)

国連の場で「一〇億人余」が貧困状態にある、というとき、それは各国での「貧困人口」、つまり、貧困線以下の所得しか得ていず、何らかの形で生活保護法や社会保障の対象となっている人口を指す。

アメリカは一人当たり所得約三万ドルの世界最高水準の豊かな国だが、この国でも人口の約一三パーセント、三六〇〇万人が貧困人口となっている。(2) しかし、彼らの所得は、アメリカでは自分と家族の生活を維持することができない水準だが、たとえば中国やインドの平均所得の一〇倍以上に及ぶ。

世界で貧困人口が一番多いのはインドであり、この国は九億人口の四割が貧困線以下の所得と発表されている。一二億人口の中国も最近貧困人口を公表するようになったが、この国の場合には約二〇〇〇に及ぶ後進指定県の人口を合計した約八〇〇〇万人が貧困状態といわれる。(3) しかし、インドやすぐ後にみる世界銀行のように、一定所得水準を満たさない人口を貧困人口とする定義を採用するならば、所得水準の設定の仕方にもよるが、この国の貧困人口は容易にインド並みにはね上がることは想像に難くない。

次に、世界銀行は、一九九〇年、二〇〇〇年の『世界開発報告』を「貧困」特集として、世界の人びとの関心を貧困問題に引きつけることに貢献した。これは、一九八〇年代を通じて、世界的に貧困問題が激化して、従来の政府開発援助(ODA)の方向転換が課題となってきた事情を背景としている。つまり、ODA政策において、従来の経済成長、GNP増大から「すそ野の広い成長」「持続可能な発展」など、経済成長の恩恵の草の根レベルへの拡大、環境保全への配慮など、発展目標の転換が必然となってきた。ここに、ODAの調整機関であるOECDのDAC(開発援助委員会)の場で一九八九年に『一九九〇年代の開発協力』報告が採択され、新しいODAの理念、方向がうち出されることになった。(4) 世銀は一九七〇年代後半にいち早く、ODAの方策として「人間の基本的必要」(Basic

Human Needs―BHN)充足を重視するBHNアプローチを提起していたのだが、[5] 一九八〇年代の共和党政権下の新自由主義時代に、BHN政策はいったん息をひそめていた。それの復活を告知したのが、一九九〇年版世界開発報告である。

この報告では、世界の貧困人口を一人当たり所得三七〇ドル以下として、約一一億一六〇〇万人、途上国人口の三三パーセントに上る(一九八五年時)とする。つまり、途上国人口の三人に一人が貧困状態ということになる。さらに一人当たり所得二七五ドル以下を「極度の貧困」人口とし、その数を六億三三〇〇万人と見積るが、これは途上国人口の一八パーセント、五人に一人に相当する。[6]

さらに近年の貧困人口増加への関心を反映して、世界銀行は二〇〇〇年度の報告をふたたび「貧困への挑戦」と題して、貧困問題に取り組んだが、ここでは、一九九三年時の購買力平価(Purchasing Power Parity ――PPP)ドル、一日一・〇八ドルを貧困ラインとして、これに満たない所得しか得ていない人口(絶対的貧困人口)が一九九八年時に一二億人、途上国人口の四人に一人に上る、としている(表1)。

このように貧困人口を設定するのは、国内福祉政策と同様に、公共政策の対象を確定し、この人口のBHN充足にODAの焦点を定める必要からである。

ここでの一人当たり所得は、米ドル表示GNP計算を実質購買力平価ドルに換算したもので、ある程度、一定所得で購買し得るBHN関連消費財(食料、衣服など)の幅を表示していると考えられる。しかし、この場合にもGNPといった国民経済計算が基準となっているために、GNPに表示されてない家事・ボランティアなどの無償労働や、人間・社会・自然の絆といった「精神的豊かさ」を表示しえていないことは念頭においてよい。たとえば、一人当たり所得が二〇〇ドル程度のネパールとブータンで、前者では社会的、環境的貧困の厳しさが実感されるのに対し、後者ではむしろ日本の明治時代を思わせる素朴な生活様式と人びとのゆったりとした暮らしが印象的だが、一人当たり所得は必ずしも、地域や社会ごとのこのような生活実感、人びとの内面的生活の領域をも含めた豊かさを表示するものではないことは注意に値するだろう。つまり、一人当たり所得の低さがそのまま援助の必要性につながるとは限らない、ということがあり、これはたとえば沖縄県石垣島白保住民の国際飛行場建設反対運動をみても知られるとおりである。[7]

　イギリスNGOのOXFAMは九五年六月に、国際貧困解消年へのNGO取り組みの基調となる『OXFAM貧困レポート』を公表した[8]が、ここでの貧困の考え方は、政府や国際機関とはかなりちがう。

表1　発展途上国の絶対的貧困人口(1987—1998)
(世界銀行『世界開発報告』2000年版による)

単位：百万人(カッコ内は総人口による比率)

	1987	1998
東アジア	417.5(27.6)	278.3(15.3)
ヨーロッパ・中央アジア	1.1(0.2)	24.0(5.1)
ラテンアメリカ・カリブ海	63.7(15.3)	78.2(15.6)
中東・北アフリカ	9.3(4.3)	5.5(1.9)
南アジア	474.4(44.0)	522.0(40.0)
赤道以南アフリカ	217.2(47.7)	290.9(4.3)
計	1,183.2(29.0)	1,198.9(26.2)

(出典) The World Bank, *World Development Report 2000*, Table 1.1.

(注) 絶対的貧困とは1日1.08ドル(1993年時の購買力平価[PPP]ドル)以下の所得しか得ていない水準とする。

ＯＸＦＡＭの場合には、南北格差、地域格差、貧富格差など社会構造の不公正に関連した貧困が増えているとみる。とりわけ所得分配の下位二〇パーセント、四〇パーセント層の受け取る所得の比率が各五パーセント、一五パーセントと分配の不公正が増大し、二〇二五年には貧困人口数は一五億、途上国人口の四人に一人の比率になる、と指摘する。アフリカでは二人に一人が貧困状態となる。世界の貧困はさらに国際機関が世界市場統合のために推進している構造調整政策により、財政や社会支出の引き締め、賃金抑制、経済自由化政策のあおりを正面から受ける社会的弱者層に大きくのしかかっている。また、環境・生態系の悪化も貧困層の生活を一層厳しくさせている。

したがって貧困解消のためには、公正な国際貿易、債務の軽減、社会的弱者に力をつけるような（エンパワメント）公共政策、社会的弱者が主体となって開発過程に参加していくような参加型発展が必要となる。つまり、貧困をなくすような国際的・社会的環境づくりが課題となる。近年の国際会議では政策実現を「可能とさせる環境」(enabling environment)が重視されるようになっているが、これはまさしく政府・民間企業・市民社会がパートナーシップを形成して、参加型発展をしていく問題にほかならない。

国連や世銀の場では、絶対的貧困が主として取り上げられているのに対し、ＯＸＦＡＭのようなＮＧＯではむしろ、所得分配の不公正など、いわば相対的貧困の問題が、絶対的貧困と並んで、視野に入っているといえよう。この立場からするならば、貧困は先進国・途上国共通の問題であり、豊かな国や豊かな社会層などの「満足（飽食）の文化」こそが、他方で「貧困の文化」を生み出すのである。

いま見ただけでも、貧困の概念は決して一様のものでありえず、開発の場でも機関や、また人によって貧困の定義もかなりの程度異なることが知られた。次に、貧困がどういう形で現象し、人びとに意識されているか、を検討することにしたい。

二　貧困の現状

しばしば貧困、または低所得は、個人の勤労意欲や能力の問題と関連していると考えられがちである。私はニューヨークのマンハッタンでバスに乗っていたとき、たまたま乗り合わせた日本人のお母さんが小学生の子どもに向かって、街頭でぶらぶらしている黒人を指さしてこういうのを聞いたことがある。「……君も勉強しないと、あんな風になるのよ」(!)

ニューヨークなどの大都市に黒人失業者が多いのはたしか(全米平均の失業率四・五パーセントに対し、黒人失業率は二〇パーセントである)だが、失業は「勉強しない」結果、そうなるのだろうか。いや反対に、高等教育進学率五〇パーセントを越す欧米では大学新卒者の就職はかなりの程度むずかしく、青年層の失業率も高い特徴がある。失業は個人の意欲や努力や能力と関係なく、われわれを襲いうることを理解しておかなければならない。

むしろ近年の貧困、失業は個人の資性と別個に「構造的」なものとして、特定社会層にふりかかっている、ということこそが今日の貧困問題の大きな特徴である。黒人層の失業率が高いということそれ自体がすでに、失業が個人の問題ではなく、ある社会層と関連した社会の構造的問題であることを示している。まったく同様に、貧困問題も、個人的な問題よりは社会的な問題であり、それゆえに「貧困、失業、社会的分裂」が、近年の世界を特徴づける三大社会問題として、同時にそれぞれ一つながりの社会問題として、社会サミットの場で討議されることになったのである。[9]

実際、世界の貧困は特定の社会層に集中的に現われている。

その第一は、女性である。「女性は世界の労働時間の三分の二を働きながら、所得は男性のそれの一〇分の一、資産は一〇〇分の一にすぎない」とは、一九八〇年の第二回世界女性会議(コペンハーゲン)のスローガンだが、一九九五年九月北京で開かれた第四回世界女性会議の際には、世界の貧困人口の七割、非識字者の八割が女性であることが指摘された。[10]

国連開発計画(UNDP)の『人間開発報告 一九九五年版』は「性的不平等」を特集しているが、ここで途上国九か国の累計調査によると、女性の総労働時間は男女全体の五三パーセントに及ぶが、国民経済計算による報酬を受けている時間は三四パーセント(男性の場合は七六パーセントの労働時間が報酬を受けている)にすぎず(工業国でもほぼ同じ数字)、家事・育児など、無償の労働時間を国民経済計算に入れ、有償化あるいは社会的に認知する必要性が主張されている。

第二に、農民層がある。途上国人口の七割以上は農民だが、これら農民層の所得は、都市住民層に比べて、かなりの程度低いのが通例である。たとえば、タイでバンコクの一人当たり所得約三〇〇〇ドルに対し、北部・東北部では一人当たり三〇〇ドルと、所得格差は一〇対一に及ぶが、これはかなりの程度、都市住民と農民間の所得格差に対応している。都市住民と同じだけ、あるいはそれ以上に厳しい労働に従事して、所得に大きな格差がある状態では、とりわけ若いダイナミックな住民ほど、農村から都市に移動するのは当然といえる。今日の世界で広範にみられる農村から都市への人口流出、都市の過密と農村の過疎の共存状態は、このような所得分配の不平等とも関連している。

第三に、中高齢者層がある。社会の技術革新、それに伴う産業構造の変化が急速にすすむと共に、これに適応できない非熟練労働力、あるいは従来の熟練が新しい条件に対応できない労働力が脱落し、社会の底辺に沈澱していくことになる。先進国大都市にひろくみられるホームレスの人びとの多くは、資本主義経済の中での破産者、麻薬中毒者と共に、これら中高齢者層である。ホームレスにならなくとも、会社内での「窓際族」「出向族」に多くの人が追いやられることは、日本の会社でもよく見られる光景である。

第四に、難民、災害犠牲者がある。世界的な資本主義経済の進展、貧富格差、人口増加と共に、戦争・紛争はむしろ多発するようになっている。国連難民高等弁務官事務所（UNHCR）が認定する国境を越えて他国に収容された国際保護を必要とする難民数は二〇〇〇年時に一二〇〇万人に及んだ。(11) 一九五〇年代初めにその数は二五〇万人程度だったから最近半世紀間に難民数は五倍に増えたことになる。この他に、UNHCRが庇護対象とする国内難民等を加えた保護・庇護対象者の総数は約二二六〇万人に上っている。

また近年、天災や環境悪化による災害・環境難民が激増していることにも注目すべきである。天災とは、地震、洪水、暴風、高・津波、火山噴火、地すべり、異常気象などを指す。天災は人力ではどうにもならない天然現象と考えられがちだが、実際に天災の犠牲者が増えていることは、人口増加と共に、生態系の悪化や災害に対して脆弱な貧困人口が増加していることと関連があるとみることが自然だろう。国際赤十字社の『世界災害報告』（日本赤十字社監訳）一九九五年および一九九九年版によると、一九八四—八五年（アフリカ飢饉時）の災害による世界の被災者数は年間約五〇〇〇万人だったが、一九九三—九七年平均では約一・七億人へと、三倍以上に増えている。この被災者の約半分は旱ばつによるもので、生態系悪化がすすんでおり、熱波や土地侵蝕、砂漠化の進行がその背景にあることが知られる。ここからとりわけ砂漠の周辺地帯で環境難民が増えることになる。生態系悪化と共に、地域コミュニティの崩壊や、自然に依拠して生存せざるをえない極貧の脆弱性の高い人口の増大が、災害犠牲者を増やしていると考えてよいだろう。

第五に、先住民族がある。[12] 先住民族は世界資本主義体制の進展と共に、高地・奥地に追われた人びとが多いが、最近の開発ブームから森林の伐採、鉱物資源の開発などにより、長年の生活基盤を失う危機に直面している。また、近代化の中で、コミュニティや家族の解体、アルコール中毒、子どもの売買、民族文化の蹂躙等、人権を脅かされてもいる。社会の価値観が画一化すると共に、先住民族は「貧困化」を運命づけられる社会層であるともいえる。

第六に、子どもも大きな貧困層である。今日世界の大都市の街頭で生きるストリートチルドレンは三〇〇〇万人にも上るといわれる。[13] 彼らは、急速な都市化、家族の解体の影響をまともに受け、家族にも住居にも教育にも縁がない貧困層である。リオデジャネイロやブエノスアイレスには彼らの抹殺を商売とする殺し屋集団まで現われ、弱肉強食の世界の地獄図をまざまざと現わしている。

第七に、エイズ患者・ＨＩＶ感染者の厖大な数がある。エイズは先進国中産層の同性愛者や薬害の犠牲者に現われた病気だが、今日では途上国でとりわけ異性間接触を通じて低所得者層にひろまっている。西・中央アフリカの一部の国・地域では人口の四人に一人がＨＩＶ感染者と伝えられるし、タイではＨＩＶ感染者は一〇〇万人以上、エイズ発症者は八万人を越えている(二〇〇〇年時)。二一世紀初めにはＨＩＶ感染者は四〇〇〇万人を越すとみられる(14)。

エイズ患者・ＨＩＶ感染者は社会の偏見の対象となり、通常の社会・地域生活から排除されがちである。エイズ患者もまた、貧困の体現者であるということができる。

以上、七つの社会集団に貧困が集中している実状を眺めた。これらのほかに、障害者、外国人労働者、被差別部落住民など、私たちの身近にも社会によって貧困を強いられている集団がいくつも見出されることはいうまでもない。これらのケースをみると、貧困は個人の資性とは何の関係もなく、社会構造の中でつくり出されるものであることが理解される。それでは最後に、貧困緩和の諸方策について考えることにしよう。

三　貧困緩和の方策

貧困が、市場経済における強者と弱者の差異、あるいは貧富の格差に由来するものであれば、貧困解消あるいは緩和は伝統的に公共政策の領域に属する仕事であった。このような公共政策の代表的なものに、次の三つの政策がある。

1　救貧アプローチ

これはもともと救貧法として発足した制度であり、資本主義経済メカニズムの中で、自活が困難な人たちに対して、衣食住等の基本的ニーズをある程度保障するに必要な援護を行なう政策である。このような援護の方法としては、現金、現物やサービス・施設の供与がある。日本の生活保護法、アメリカの社会保障法等がそれである。しかし、今日先進社会の多くで、高齢化の進行、福祉コストの上昇などにより、「福祉国家の破産」状態が指摘されており、[15]救貧アプローチは特定社会層に対して必要であるものの、その拡大には限界があることもまた明らかになっている。民間の団体または個人がこのようなアプローチをとる場合には、これは「慈善アプローチ」とよばれる。慈善アプローチも貧困の対症療法にとどまり、貧困を生み出す社会的原因に取り組むものではないこともしばしば指摘されるとおりである。[16]

2　雇用アプローチ

貧困問題の重要な側面として、社会の中での失業がある。今日の先進国では、すでに述べたように、単に景気循環に基づく失業ばかりでなく、産業構造転換や企業の合理化投資に基づく構造的失業が問題になっている。[17]また、途上国では統計に現れた失業率は低いが、農村での広範な潜在失業、不完全雇用、都市インフォーマル部門での不安定就業が存在する。こうした場合には、政府は直接的な事業(失業対策事業)、第三セクター(官民合弁)創出、さらに間接的には事業・職業訓練、企業誘致やマクロ経済政策等の手段で、雇用の創出に努める。しかし、今日の失業問題は単に政府や企業の努力で解決することが不可能な規模に達していることは、社会サミットでも指摘されているとおりであり(第9章参照)、ここに協同組合や非営利団体(NPO、NGO)などの民間非営利部門、いわゆる第四セクターを振興していく必要が出てくる。(18)

3　再分配アプローチ

所得の再分配により、低所得者層の生活を安定させる方法であり、政府は税制と社会保障政策を通じて、再分配を行なう。先進国は福祉国家化を通じて、所得の再分配をかなりの程度実現し、国内社会を安定させてきた。しかし、再分配アプローチもいくつかの困難にぶつかっている。まず先進社会の高齢化、政府財政の赤字化と共に、年金等再分配の進行が必ずしも容易でなくなっているし、他方で、先進社会の構造不況期に、社会の中の弱者層(女性、障害者、中高齢者、外国人労働者等)にしわ寄せがいき、社会の一体性が脅される現象がみられる。いわゆる社会的「排除」(exclusion)は、随所で大きな問題としてクローズアップされるようになった。

また、途上国ではそもそも税制や社会保障制度が整備されていないところが多く(メキシコでの納税者は活動人口の五パーセント以下といわれるし、中国での高齢者年金は都市労働者層にほぼ限られている)、再分配アプローチをどう国民福祉のために機能させるかは、これからの課題である。

国際的にみるならば、国際援助機関(国連開発計画等)を通じて、ある程度の先進国から途上国、低所得国への資金・資源移転は行なわれているが、それはごくわずかな規模にすぎず、貿易を安定化させることの方がはるかに重要である。たとえばフィリピンの例をとると、砂糖の値段が一ポンド数セント下がっただけで、海外援助のかなりの額が失われてしまう。[19] 途上国が「援助よりも貿易を！」と訴えるゆえんである。国際的な再分配権力をもった中央機関が存在しないこともあり、国際援助にもかかわらず南北格差が拡大している現状をみると、[20] 国際的な再分配アプローチは決して容易ではない。

以上は、主として政府(および企業)からする福祉実現のための諸政策だが、次に述べる諸政策は、近年重視されるようになってきた政府と市民協同の、あるいは市民社会独自の福祉方策である。これは人権と参加を重視したアプローチといえる。

4 人権(ノーマライゼーション)アプローチ

ノーマライゼーション・アプローチは、近年福祉理論・福祉政策で重視されてきたアプローチである。これは、障害を負っている人を特別視して社会から隔離し、特定の政策対象とするのではなく、むしろ、すべての人間は大なり小なり障害を持つと考え、程度の差はあれ障害を持つすべての人間が社会の一員として生活していくための物質的・精神的手段を整備することに重点を置く。[21] これは、すべての人の人権を重視する福祉政策アプローチといってよい。人権が尊重されるとき、自ずと福祉は実現すると考える。ノーマライゼーションのためには公共政策としては、すべての市民の自立と参加を保障するような法制、教育訓練、社会サービスの提供等が必要となる。しかし、公共政策だけではノーマライゼーションは決して実現できない。地域、企業や市民、隣人たちの理解と協力がなければ、権利を奪われている貧困者、障害者の社会的統合、社会との一体化はむずかしいだろう。ここに市民社会がどれだけ人権を尊重し、すべての人の社会参加を当然と考える民主主義的精神がそこにみなぎっているかどうかが、重要となる。市民社会の参加は、人権実現の条件といえる。

5　エンパワメント・アプローチ

貧困は社会の仕組に発するものであり、そこに社会的強者と社会的弱者の区分がつくり出される。「社会的弱者」とされた人びとの人権回復のためには、二つのことが必要になる。一つは、社会の中での多元的な価値観、多様性を尊重する気風の実現である。社会的な「強者」「弱者」の区別とはじつは「強者」の側からする一方的な価値基準(白人、家柄、効率、男性、美人等々)の設定によるものである。「弱者」の復権のためにはこのような精神的・文化的に一元的な物差しを問い直し、多元的な価値観をつくり出していくことが重要になる。他方で、弱者は実際にこのような一元的物差しの設定によって、生産的資源へのアクセスが阻まれ、人間の基本的必要(BHN)を充足することがむずかしい情況に追いやられる。この状態を克服するためには、特に弱者層の衣食住、保健、教育、雇用等の基本的必要の実現に配慮する必要がある。これが弱者層に「力をつける」(エンパワメント)アプローチであり、近年、開発政策の中で重視されるようになった考え方である。エンパワメントは決して強者によって与えられるものではない。エンパワメントは、弱者自身が社会変化の過程に積極的に参加していくことによって、初めて身につくものといえるし、このような参加を通じてはじめて、強者がつくり出した社会的価値観を自分自身で問い直していくことが可能になる。その意味では、エンパワメント・アプローチは、参加アプローチとこれをよんでもよい。(22)

6 ネットワーク・アプローチ

市民社会の特徴は、民主主義とネットワーキングにある。民主主義とは社会の権力が分散化し、すべての人間が社会変化の過程に参加していくことを重視する考え方である。ネットワーキングとは、市民社会を構成する諸主体(住民団体=Community-Based Organizations——CBO、民間公益団体=Non-governmental Organizations——NGO、言論・報道機関、そして個人)が水平的な連絡網を持ち、各自の主体的行動の前提となる情報を共有していくことである。[23] ネットワーキングは市民参加の前提条件であるといってよい。ここで、貧困の定義を思い出すと、貧困には絶対的貧困もあれば、相対的貧困もあるが、結局のところ、社会構造に発して、特定の社会集団・個人が権利を奪われている(deprivation)状態にほかならないのである。ここに、欧米の福祉理論・福祉政策でも、貧困を"poverty"(何かが欠如した状態)ではなく、"deprivation"(自分が自分でなくなる状態)と表現するようになった理由がある。貧困とは権利の剝奪状態にほかならない。[24] 日本でも昔から、村の掟に反した人間に対しては「村八分」とよばれる制裁を課したが、これは村人たちとの交際を絶つことによって、人為的に貧困をつくり出すものであり、最高の社会的制裁といってよい。ところが今日の資本主義をベースとした社会では、構造的に貧困=権利の剝奪が生み出されるのであり、ここにネットワーキング、人間同士の絆(連帯)の回復によって、貧困を軽減していく努力の重要性が現われる。ネットワーキングはしたがって、市民社会固有の福祉実現アプローチであるといってよい。

7 貧困解消を可能とさせる環境づくり

以上六つの福祉実現アプローチをみたが、これらのアプローチは二者択一的なものではありえず、それぞれがあいまって、総合的に社会の中で貧困を緩和し、やがてなくしていくために必要な政策手段であるといってよい。しかし、これらのアプローチが実現していくためには、貧困をなくしていくための「環境づくり」(enabling environment)が重要となる。この点では、社会サミットの行動計画第一章「社会開発を可能とさせる環境」、第二章「貧困の解消」が参考となるので、この二つの章に示された環境整備の考え方を要約しておきたい。「国際貧困解消の一〇年」間に各国で発足する行動計画でも、これがベースとなるからである。

社会開発とはさきに述べたように貧困・失業をなくし、社会の一体性を高め、すべての人びとの生活の質を改善し、個人の選択の自由を拡大していく過程にほかならないが、そのための環境は次のような特徴を持つ。

——市民社会の広範な参加、関与。
——持続可能な開発と自然環境の保護。
——成長の利益の公正な分配と貧困層の生産資源に対するアクセス。
——市場機構・機会の開放による雇用と効率。
——多元主義、多様性を尊重し、諸格差を克服する公共政策。
——民主主義と人権・基本的自由を尊重する法制および安定的な政治。
——社会的排除の回避。

——地域社会・家族の役割。
——知識、技術、教育、ヘルスケア、情報へのアクセス拡大。
——社会的連帯、提携および協力の増進。
——健康で生産的生活を終生送れるようなエンパワメント。

これらはいずれも前述の1―6に述べた福祉実現アプローチに含まれるものだが、さらに社会サミット行動計画では、次の点が強調されている。

①これらを総合した貧困解消の総合的戦略を各国が策定すること。
②生産資源・インフラに対する貧困層アクセスの具体的改善策を取り決めること。
③すべての人びとの基本的必要の実現をはかること。
④社会的保護を強め、社会的な脆弱性を低減させていくこと。

これらの項目の下にさらに四一の具体的なガイドラインが示されている。国際的、国内的に、各国政府・企業・市民社会が協力して貧困解消に取り組む姿勢を強め、貧困解消を可能とさせる環境づくりに努力していかないかぎり、地球的規模での社会分裂、民族対立、社会紛争は避け難いとするのが、社会サミットの基本的見方であるし、この見方は「国際貧困解消の一〇年」に引き継がれていくことになろう。

四　むすびに

国際貧困解消年は、一九九〇年代に提起されてきた一連の地球社会の一体性を脅かす問題に対する取り組みを、「貧困」という一点で集約し、貧困問題の解決がじつは地球的諸問題を解決するためのキー概念となることを示すべく、設定された。その意味で、国際貧困解消年とそれに続く国際貧困解消のための一〇年は、環境(九二年)、人権(九三年)、人口(九四年)、社会開発(九五年)、女性(九五年)、居住(九六年)などの会議を通じて提起されてきた一連の地球規模問題会議の成果を引き継ぎ、これを二一世紀に向けて、さらに具体的に展開していく役割を持っている。二〇〇〇年に開かれた女性、社会開発に関する特別総会、そしてミレニアム・サミットは、いずれも貧困問題の解決を二一世紀の「よりよい世界実現」(アナン国連事務総長のミレニアム・サミットへの基調報告)のための国際社会の努力の柱に据えている。

貧困には絶対的貧困と相対的貧困があるが、いずれの場合にも、特定社会層および個人の人権の剝奪状態がその根底にある。貧困は、社会の強者と弱者への分裂から生まれる。したがって、とりわけ「社会的弱者」とみなされた人びとの人権を強化していくことこそが、貧困克服の大道である。

貧困克服のためには、政府・自治体が主として行なう救貧や再分配アプローチ、これら行政と企業が行なう雇用アプローチ、さらに行政・企業と共に市民社会がすすめる人権(ノーマライゼーション)アプローチ、エンパワメント(参加)・アプローチ、ネットワーク・アプローチ等のいくつかのアプローチがある。これら貧困克服のアプローチはそのまま、福祉実現の諸方策にほかならない。

これらのアプローチは排他的なものではなく、それぞれ相互補完的な性質を持っている。したがって、総合的な福祉実現、貧困軽減のためには、政府・企業・市民社会の三者のコミットメントと参加が必要である。

日本では従来、経済社会開発が「政官業」体制の手に握られてきた。市民社会の開発過程への参加は、戦後の民主化にもかかわらず、未だ弱いものがあった。しかし、一九九〇年代における「政官業」体制の行きづまりと動揺、市民社会の台頭とあいまって、日本でも人権を基礎に据えた福祉社会形成の条件が整ってきている。

一九九七年に始まった「国際貧困解消の一〇年」は、日本においても、政府、企業、市民社会のバランスのとれた関係の実現を通じて、日本を真に世界に開かれた福祉国家・福祉社会へと変えていくための、よい機会となるものである。そして、この一〇年は同時に、日本にとっては二一世紀への進路をめぐって、偏狭な民族主義の下に国家権力を強め、戦争・紛争の世界の中に突入していくのか、平和憲法の下に人権理念を強め、開かれた世界福祉社会の一員として生きていくのを選択するのか、の岐路ともなるにちがいない。

注

(1) 国連社会開発サミット『宣言』『行動計画』国連広報センター、一九九五年。

(2) 「貧困人口」とは、毎年定められる貧困基準(一九九七年では四人家族で年収一万六四〇〇ドル)以下の収入しか得ていない家計(「貧困世帯」)の人口を指す。「貧困世帯」は、公的扶助として所得安定補助金、扶養児童養育費を受給しうる。このほかに、可処分資産二〇〇〇ドル以下、総収入が毎年定められる貧困基準の一三〇パーセント以下の家計に対してフードスタンプが支給されるが、その受給家計は、全世帯の約一割、約二〇〇〇万人(一九九八年)にのぼる。

(3) 国務院扶貧開発領導小組組長陳俊生「向絶対貧困宣戦」(一九九四年一〇月一六日)。『中華人民共和国社会発展報告』一九九四年八月。

(4) DAC[1989].

(5) 阪本公美子「人間開発と社会開発」(西川編 一九九七)。

(6) 国連の場では「もっとも開発の遅れた国」(Least Developed Countries ――LDC)四一国が指定され、貿易・援助面での特恵措置が勧告されているが、その人口は約五億人、途上国人口の約一二パーセントである。

(7) 白保の飛行場計画は「離島振興法」による中央からの補助金を用いるものだったが、地元の反対運動の結果、棚上げとなった。

(8) OXFAM[1995].

(9) 本章第9章参照。

(10) 総理府仮訳『北京宣言及び行動綱領』一九九六年二月。

(11) 国連高等難民弁務官事務所の二〇〇〇年一月プレス・リリースによる。

(12) 上村英明[一九九三]およびJ. Burger[1987].

(13) ユニセフ[一九八八]およびアルスブルック/スウィフト[一九九〇]参照。

(14) 世界銀行[一九九九]。

(15) OECD[1981].

(16) 長年、アメリカの国際開発庁やNGOの仕事でフィリピンで働いたデビッド・コーテンは、NGOは

「システムの破綻を導いた根本原因にではなく、破綻がもたらした結果に、活動の焦点をしぼりすぎた」と指摘する[コーテン 一九九五、二二頁]。

(17) 西川潤「日本、雇用創出に貢献を」『日本経済新聞』一九九四年六月二九日付。

(18) J・ドウフルニ/J・L・モンソン[一九九四]。

(19) 一九九四年から九五年にかけて、国際砂糖価格はポンド当たり四セントから一二セントに上がったが、これによってフィリピンの砂糖収入は四八〇〇万ドル増加した。これは、九三年の全国連機関の対フィリピン援助の二倍の額、八五年の飢饉時に砂糖産地ネグロス島に流入した全国際援助の二倍の額に相当する。

(20) 西川潤[二〇〇〇]。

(21) ヴォルフェンスベルガー[一九八二、一九九二]参照。

(22) J・フリードマン[一九九五]。

(23) さしあたってJ・リップナック/J・スタンプス[一九八四]、N・エリアス[一九九四]、J. Lipnack/J. Stamps[1994]を参照。ここでは非営利部門を「第三セクター」と称しているが、日本では第三セクターは地方政府と企業の合弁を指すため、横田克巳氏は、「第四セクター」という名称を提案している[横田 一九八九―九一]。

(24) 西川潤[一九九四]。

第11章　社会的経済――市民社会の経済学をめざして／EUの実例

一　はじめに

ヨーロッパ連合(EU)は一九九〇年代に、マーストリヒト条約(一九九二年)、アムステルダム条約(一九九七年)の二つの条約により、一段と高次の統合を追求すると共に、「アジェンダ二〇〇〇」により、東欧・地中海諸国の加盟をも日程にのぼらせ、「大ヨーロッパ」形成への道を歩み出しはじめている。マーストリヒト条約の三つの柱、外交・安全保障統合、経済通貨統合、社会的統合はいずれも困難をかかえながらも、EUはたゆみなく、これらの問題点のクリアに努め、一歩一歩統合の道をすすめている。

外交・安全保障統合の問題については、国民の安全保障をまったくほかに依拠してしまっていいものかという議論があり、デンマーク加入の際には、九三年五月の再投票で、外交・安全保障統合ははずして批准した経緯があった。この外交・安全保障統合の問題はイギリスでも非常に慎重であり、なかなか予定どおりには進まないものと思われる。

経済通貨統合では、一九九〇年代初めに通貨危機を経験しながらも、一九九八年には欧州中央銀行を設立し、一九九九年から計算・決済単位として共通通貨ユーロを発足させた。二〇〇二年からはユーロは実際の通貨として、これまでの各国通貨に代わり、ヨーロッパで流通することになる。そのために、各国政府は財政赤字をGDPの三パーセント以内に抑え、国債発行残高を同じく六〇パーセント以内に抑えるなど、なみなみならぬ財政規律の努力をはらってきた。

さて、社会的統合の分野は、一方では人間の移動とヨーロッパ共通の市民権の確立、他方では一九八九年ヨーロッパ理事会によって採択された「労働者の基本的社会権に関する共同体憲章」(EU社会憲章と略称)の推進から成っている。ヨーロッパ市民間の自由移動は一九九五年のシェンゲン協定以来著しくすすんでいるが、他方で人間の移動を進めれば進めるほど外からの人びとが入りやすくなるという問題も生じる。この社会統合は、ヨーロッパ統合の主要な目玉の一つではあるものの、その促進と共にヨーロッパの中の排外主義、ナショナリズムが高まるという問題が出てきている。社会憲章は、この自由移動をはじめとして、労働者の経営参加、労働権等社会政策の調整をはかるものである。現実には、EU統合が進むためには、三本柱のうちでも、人権を基軸とした社会的統合がある程度進む中で相互理解と相互信頼が進み、外交安全保障あるいは経済通貨統合を裏づけていくという過程になると思われる。そのような意味で社会的ヨーロッパの考え方は今後のEU展開でも重要な概念である。

社会的ヨーロッパの推進とともに経済理論の領域では社会的経済(エコノミー・ソシアル)の理論・政策が提起されている。社会的経済の理論は、マクロ・レベルでの内発的発展、ミクロ・レベルでの人間開発をリンクするメゾ・レベルでの市民社会の経済理論となると考えられるので、本章では、この社会的ヨーロッパの形成と社会的経済理論の関連を検討することにしたい。

二　EU統合と社会的ヨーロッパ

1　「成長のヨーロッパ」から「民主的」「社会的」「地域的」ヨーロッパへ

EU統合の起源を考えると、第二次大戦後の東西対立というコンテキストの中でヨーロッパは独自のアイデンティティを確立するために、経済成長を重視し、市場をひろげてその中でEC(ヨーロッパ共同体)規模の巨大企業を育成していくという方向をとってきた。EUの共同市場も、ヨーロッパ経済共同体からEC統合市場へすすみ、マーストリヒト条約を契機としてさらにヨーロッパ産業の一層の強化をめざすというシナリオであった。しかしマーストリヒト条約の批准の過程で大きくクローズアップされた問題として、ヨーロッパ統合のプロセスにおける民主主義の欠如の問題がある。この民主主義の欠如とは、ブリュッセルのEU事務局が指導した形の統合が本当に諸国民の意向を代弁しているのかどうか、という疑問と関連している。こうした疑問がデンマークやフランスの国民投票ではかなり強かった。EU諸機関の場でも世論を軽視したことへの反省が生じ、これからのヨーロッパでいかに民主主義的な側面を強めていくか、という課題は今日人びとの間に明確に意識されるようになった。いいかえれば成長のヨーロッパからさらにすすんで、民主的ヨーロッパをどう実現するかという新たな課題が、EU建設の過程で提起されてきた。一九九九年三月、サンテール委員会が不透明な事務局運営を批判され任期を残して総辞職したのも、この民主化のコンテキストの中で理解できる。

民主的ヨーロッパ建設の問題と関連して、社会的ヨーロッパ(ソーシャル・ヨーロッパ)には二つの内容がある。[1] マーストリヒト条約では一つは人権を強める方向が示された。ヨーロッパは世界の人権概念形成の歴史の中でつねに先進的な役割を果たしてきた。ヨーロッパ人権条約(一九五〇年)をはじめ国際的な人権規約の確立の中で、自由権、社会権そのものがヨーロッパから出てきたという歴史的な経緯がある。その延長上に、「EU基本権憲章」(二〇〇〇年)に定められた広範なヨーロッパ共通の市民権が確立した。ヨーロッパ内での加盟国の人びとの移動の自由、さらにはある程度居住した後でどこの国でもヨーロッパ議会および地方レベルの選挙に参加し、あるいは選挙に選ばれる権利を持つ公民権、ヨーロッパ共通のビザと第三国のどのヨーロッパ公館に対しても個人が外交的な保護を求めうる権利、ヨーロッパ議会に対する個人の請願権、さらにEU関連機関により不利益を蒙ったとき、ヨーロッパ議会に設けられたオンブズマンに訴える権利、情報公開と個人情報の保護、などの形で人権を強めることが社会的ヨーロッパの内容としてある。このような人権強化の側面はさらにヨーロッパ共通の男女の同権、死刑廃止、あるいは外国人労働者の保護、強制就労禁止、難民保護などの形での人権の強化につながっている問題である。だからヨーロッパはこれまでの歴史的伝統の中で、人権問題についてははっきり自信と確信を持っており、これを軸として一つのヨーロッパ共通の人権概念を強めていく方向にある。そして、人権が民主的社会の基礎であることはいうまでもない。

またこの考えと結びついてヨーロッパ諸国の社会的な統合または一体化をめざすいくつかの組織が

ある。ＥＵが大規模な一五か国の市場を形成する。そしてここにいまや東欧諸国が入ってくる段階になっている。この広大なヨーロッパ共通の市場の中で、アメリカや日本の企業と対抗するようなヨーロッパ企業を育てるというのがヨーロッパ経済共同体(ＥＥＣ)のもともとの考え方であった。このような巨大企業の育成、経済集中そして合併、グループ化は現時点までかなりの程度進行している。これがじつのところ、経済グローバル化の反面、ヨーロッパでは一向に改善しない失業問題の大きな原因にもなっている。

このような経済集中の進展が他方でヨーロッパの中の産業間、地域間の格差を拡大し、経済集中と共に社会的格差が拡大してくるおそれが当然ある。その中で労働条件が高い方でなくて低いほうに均一化され、いまの高賃金国における労働条件が切り下がるのではないかという不安もあり、ヨーロッパ共通の社会的な基準を確立したいという考え方が強く出るにいたった。

2　ＥＵ社会統合の諸政策

このような社会的、地域的格差の是正のためにはいくつかのやり方がある。ＥＵの構造関係基金はこの格差是正のためにＥＵ予算の約四分の一をさいている。ＥＵ予算の五割は農業補助金であり、三割強が社会・地域関係の予算である。その重要なものの一つはヨーロッパ社会基金で、これはローマ条約の一二三条「ＥＣ内部で労働者の雇用機会、地域的、また職業間移動を促進することを目的とする」ためにもうけられた基金である。これは主として失業者の救済事業に使われている。特に長期間にわたる青年失業者および構造的不況地域の援助——一九八三年改正で、この面に重点的に向けるという方向——で使われており、またそれから失業者の職業訓練や部門間の再配置、それから構造転換業種の労働者に対する援助事業に半分を補助するという形で使われている。

経済的社会的格差是正の強化の鍵としては農業指導保証ヨーロッパ基金がある。これは一九六二年に設けられ、保証部門は農業の価格・市場政策に、指導部門は農業構造の改善と近代化に使われている。ヨーロッパ地域開発基金は一九七五年に設置され、ヨーロッパの中での構造不況地域の構造改善事業に支出されている。ヨーロッパの社会的経済的な格差をこれら基金(EU予算の三割)だけで是正できるわけではないが、少なくともヨーロッパの後進地域あるいは構造転換などで不況に見舞われている地域に対して取り組みがなされ、ある程度の事業が行なわれているのである。イタリア、ギリシア、スペイン、ポルトガルなど地中海諸国が主な受益国である。また、マーストリヒト条約ではヨーロッパの後進地域(スペイン、アイルランド、ポルトガル、ギリシア)に援助を行なうヨーロッパ一体化基金も設けられた。

もう一つ社会的経済的格差是正の一つの大きな措置として各種の教育訓練関係のプログラムがある。コメットは先端技術関連の大学・企業間の協力プログラムで、大学・企業共同による人的資源の育成、両者間の人材交流、学生交流および生涯教育の促進を行なっている。第二は一九九五年にそれまでのいくつかの計画が統合して発足したソクラテス計画で、その内容としては、ヨーロッパの大学間の交流ネットワークをつくり、単位の交換と他大学での勉学への給費の提供を行なうエラスムス計画、コンピュータ・ネットワークを利用した小中学校の連携プロジェクト（コメニウス）、語学研修プログラムのリングア、遠隔地の放送大学の四つの内容がある。[2] エラスムス計画では、一九八七年の発足以来、四期二〇年間のあいだに参加大学、参加教員・学生が一貫して増え、ヨーロッパ大学生一一〇〇万人の七パーセントに当たる約八〇万人の大学生が他国で学んだ。このほか、第三のペトラは青年職業訓練・準備行動計画である。これは義務教育を終了した青年たちに一―二年の職業訓練を、どこの加盟国内でも受けられるヨーロッパ訓練イニシアティブのネットワークをつくるものである。第四のユーロテクネットは技術変化に関連する職業訓練の開発・革新行動計画であり、中小企業の近代化を支持するため、中小企業関連の職業訓練、特にハイテク関連の職業訓練、新規訓練計画を開発する事業に使われている。第五のイリスは女性職業訓練ネットワークで、職業訓練、人材交流、情報把握などの計画、それからこれらの関連のデータバンクへのアクセスをつくる計画である。こうした社会面での統合のいろいろな措置を、教育訓練の分野でもかなり力を入れて行なっている。

三　EU社会憲章の意味

1　自主管理と経営参加の動き

このような社会的な統合の動きをある程度まとめたのがEUの社会憲章である。社会憲章成立の背景には、EU規模での労働者の経営参加や団体交渉権など、労働権の強化の動きがある。ヨーロッパでは自主管理が強調された一九六八年のフランス五月革命のころからこの考え方が強くなり、フランス社会党が自主管理を党の基本憲章とした。ところが社会党が政権をとった後すぐにケインズ理論によるインフレ政策をとり失敗した。それで自主管理政策はいったん消えたと思われた。しかし現実には社会党内閣の下で、オルー司法相の名をとり、オルー四法とよばれる一連の法律が一九八二—八三年に公布された。これによりフランスではかなりの程度労働者の団体交渉権、従業員の代表を決めて賃金や労働条件の交渉に当たること、あるいは労働権の実行や、従業員の権利の保障、団体協約権の保障が定められた。その中には、従業員代表と経営者の対話を促進することも含まれている。それに先行してドイツが一九七〇年代にすでに共同決定法を設置している。これはじめ一九七二年に中小企業に対して、一九七六年には従業員二〇〇〇人以上の大会社に対して制定された法律である。企業に監査役会をもうけて、大企業の場合は監査役会の半分が出資者、半分が従業員の代表者、また中小企業の場合は、監査役の三分の二が出資者、三分の一が従業員の代表者とする。そのような形で、従業員が会社の事業経営の情報にあずかり、そして経営関係の諸決定に参加するという従業員参加制度である。

これらを受けてEUは、一九九四年に従業員参加に関する指導的ガイドライン(directive)を出し、欧州規模の企業について、従業員の情報入手権および協議権を定めた。(3) もともとヨーロッパ諸国はすでに一九五〇年に自由権を主としたヨーロッパ人権条約を発足させ、六一年にはさらに社会権を定めた社会憲章を採択(発効は六五年)していた。この考え方の延長線上に、今日EUの中の枢軸国であるドイツやフランスで従業員の参加がすすんだという歴史的な事情を背景にして、一九八九年にこんどはEUのレベルで労働者の社会権に関する憲章が制定されたわけである。今日までイギリスをのぞく一四か国がEU社会憲章を批准しており、その内容としては、第一には労働者がどこでも移動できる移動の自由、第二は雇用あるいは賃金の保障、第三には労働条件の改善、特に労働時間の短縮の普及、第四に社会保障の促進である。社会保障は各国で非常にばらつきがあるので、これをある程度の水準に上げていく。第五には労働者の団結権、あるいは団体交渉権の保障、第六に職業訓練、第七に男女平等の実行あるいは女性の労働力としての社会参加をすすめる。第八に労働者の情報や教育や経営に対する経営参加をすすめる。第九は職場の安全衛生を保障する。第一〇に児童、弱年労働者の保護、第一一に高齢者の生活保障を行なう。ヨーロッパでは着々と高齢化社会が進行しており、高齢者問題は重要な社会問題となっている。第一二に身体障害者に対して援助を行う。ヨーロッパの場合、人口の約一割は障害者といわれ、ヘリオス(太陽)計画でノーマライゼーションをすすめる。新しいアプローチで福祉をEU規模ですすめていくという考え方である。

この社会憲章に沿って各国のレビューが行なわれている。

2　社会憲章と社会的対話

社会憲章を進めるためには社会的対話とよばれる協議体が発足しているが、実際はこの社会的対話は、九〇年代不況のためにほとんど進んでいないのが実情である。

EUの社会的対話はいくつかのパートナーの間で進められる。ヨーロッパ産業経営者連盟(UNI

CE)は一九五八年にできて、ヨーロッパ二二か国の三三経営者団体を連合した団体である。ヨーロッパ公共企業センター(CEEP)は一九六一年につくられたEU諸国の公共企業あるいは国家出資企業の連絡団体である。一方、労働者側はヨーロッパ労働連合(CES)を一九七三年につくり、西欧二一の国の三五の労働組織と一二〇のヨーロッパ産業別労働組合連絡会議がここに加盟している。EUの農業団体委員会(COPA)は一九五八年につくられた全欧三〇の農業者、農業関係団体の連合会である。これらが社会的な対話を行なうという考え方になっている。何回かは実施されているが、経営者団体側はこの社会的対話の場が団体交渉のようになることを恐れ、社会的対話に束縛されないということを明言しており、EU社会憲章の推進にはなかなかむずかしい面がある。したがって、社会憲章の意味は、こうしたヨーロッパ先進国の水準にそった社会憲章権の規定をヨーロッパ規模でひろげていくために、必要な内容、規範を各国の行動規範として宣言したということに意義があるといえる。

いまヨーロッパの緊急の課題は失業問題と社会の中で必ずしも統合されない人びとの問題、すなわち排除(エクスクルージョン)の問題で、失業と排除が現在のヨーロッパの社会的動きの二大キーワードとなっているといっていい過ぎではない。不況の中で青年層の失業が非常に深刻となっている。大学を出てもすぐ職がみつからないという情況である。不況の中で女性の社会参加がおくれがちな問題も深刻である。また外国人コミュニティが増大し、やはり排除の対象になっている。実際、社会的ヨーロッパの形成が掲げられた時点で、世界不況が訪れ、その中でのヨーロッパの社会統合はかなりむずかしくなって来ている情況がある。現実には、直接選挙制に移行してだんだん民主的権利を強めてきているヨーロッパ議会の場で、社会憲章の重点項目についての討議が行なわれ、これが閣僚理事会の場での多数決制に移されて実行されていくという形になっていくだろう。ただし、近年ではヨーロッパ諸地域の発言権が強まっており、EUも地域評議会を設けて、諸地域との対話に努めている。「社会的ヨーロッパ」と「諸地域から成るヨーロッパ」がそれぞれ、どう進展していくか、については予断を許さない。

四　社会的経済理論とアソシエーション理論

1　社会的経済理論と社会事業経済

その中で出てきている社会的経済理論とは何であろうか。社会的経済（エコノミー・ソシアル）は日本では新しい言葉だが、ヨーロッパでは必ずしも新しくはない。今日社会的経済の研究者たちはこの言葉で三つの経済社会組織を想定している。第一に協同組合、第二に相互信用金融機関あるいは共済保険会社、第三にアソシエーション、すなわち市民たちがつくる自発的団体、コミュニティ・ベースの住民団体（CBO）や開発協力関連のNGO等である。これら三つには非営利団体という共通性がある。つまりこれらの団体は、事業活動によって儲けた金を資本の蓄積にまわすのではなくて、資本への配分をむしろある程度制限して、労働者・従業員にまわすなり、あるいは彼らの教育にまわすなり、または社会的な目的に使っていくという特徴をもっている。この非営利部門を進行させていくというのが基本的には社会的経済の考え方で、この意味では社会的経済は社会事業経済といってもよい。

社会的経済の推進に熱心なのはEU中でもフランス、ベルギー、スペインである。その共通性はやはり協同組合が強いということで、一九世紀からの協同主義の伝統が最近復活してきているといえよう。社会的経済理論を推進している研究機関にCIRIEC(Centre International sur l'Economie Publique, Sociale et Coopérative. 直訳すると公共経済・社会的経済・協同経済研究国際センターだが、日本ではたんに国際公共経済学会といっている)が学術委員会をつくり、社会的経済の理論・政策に取り組んでいる。一九九二年にスペインのバルセロナで開かれたCIRIEC大会のときに、この研究の成果が『社会的経済』(Economie Sociale)と題して発表された。(4) この題名の英訳はソシアル・エコノミー(Social Economy)ではなくてサード・セクター(Third Sector)になっている。エコノミー・ソシアルというのは英語にはならないと思われる。

英語でソシアル・エコノミーという用語は漠然としているために、第三部門すなわち市場と国家各部門と異なる第三部門、あるいは非営利部門という位置づけからこの訳語が選ばれたと考えられる。この非営利部門を拡大していこうというのがCIRIECの考え方である。これはかなりヨーロッパにおける実践活動と結びついており、一九八九年以来、毎年ヨーロッパ社会的経済会議が開かれている。参加者は協同組合、相互信用の金融・保険会社あるいは市民団体などの関係者、それに学者、行政担当者等である。この会議はEUと連携をとっている。EUは全体で二三の総局があり、社会政策は第五総局だが、社会的経済は社会政策の部門ではなくて、企業の福祉政策、流通、ツーリズムそして協同組合を担当する第二三総局の管轄である。第二三総局では現在、非営利部門についてヨーロッパ共通の立法作業を行なっている。EUの社会的経済立法ができると、認可の基準や税制、奨励策など、日本にとっても大きな参考となるだろう。

いま述べた意味での社会的経済は、社会的事業経済とよんでもよい領域と重なり合っている。[5] しかし、社会的経済はじつはその歴史をふりかえると、それにとどまらないのである。

2　アソシエーション理論との関連

エコノミー・ソシアルは語源から見ると、ずっとひろい意味をもっている。エコノミー・ソシアルの理論は一八三〇年代にヨーロッパで提起された。シャルル・デュノワイエは『新社会的経済概論』という本を著し、ベルギーのルーバン大学でエコノミー・ソシアルの講義を行なった。当時の自由主義の代表的学者J=B・セイもコレージュ・ド・フランスでの晩年の講義では、社会的経済の重要性についてふれている。

一九世紀の経済学は資本蓄積と工業化をすすめている政治経済学(エコノミー・ポリティーク)が全盛の時代であった。ところが、このエコノミー・ポリティークに対して、工業化から出てきた社会問題の解決を扱おうとしたのが、エコノミー・ソシアルの考え方であった。[6]

このエコノミー・ソシアルの考え方は一九世紀を通じてずっと見出されるが、一九世紀後半から二〇世紀前半にかけて、大きくいうと四つのエコノミー・ソシアルの考え方が出てくる。[7] 第一は社会主義的な伝統で、ロバート・オウエンやW・トンプソンなどが、一方では市場メカニズムから起こる弱肉強食の問題あるいは貧富の格差の問題を解決するために、他方では国家の干渉主義に対して、それぞれ協同原理(アソシエーション)の優位を説くことから始まった。これはさらに、J=S・ミルにおいて協同組合主義を将来社会の構成原理として考える形で発展していくことになる。

第二に、キリスト教社会主義の伝統がある。フランスのビュシェは、生産者の環境を改善するために、生産者自身がアソシエーションの旗の下に集まるべきだとするサンシモニストであったが、カトリックの影響が強く、有機的アソシアショニズムを唱えた。これがフレデリック・ル・プレイなどのキリスト教社会主義者に引き継がれ、ル・プレイは一八五六年に社会的経済協会をつくって、この思想の推進にあたった。この協会は「エコノミー・ソシアル」という雑誌も一八八〇年代まで発刊している。ル・プレイのキリスト教社会主義の立場からすると、エコノミー・ソシアルとは産業革命によるいろいろな社会的な変動に対して社会改革をすすめることである。

第三に、社会主義者とまったく異質な点で、自由主義者の中からエコノミー・ソシアルに近い考え方、つまりアソシエーションの考え方が出てきた。これは経済自由主義の中から国家の干渉に反対するということで民衆のアソシエーションというものを主張して、協同組合主義の支持と結びついた。自由主義者の中で有名なのはワルラスである。ワルラスは純粋経済学という形で経済学の純粋化を試みた人物だが、同時に社会問題に大きな関心をもち、一八六五年に『消費、生産、信用に関する民衆のアソシエーション』と題した本を公にしている[Walras 1990a, 1990b]。これは民衆の互助組織といった形で、社会組織としての理想的な形態としてアソシエーションを提起している。

また第四の流れとして、協同組合運動の流れに立ちながら、むしろそのイデオロギー的側面を重視した考え方があり、フランスで言うところの連帯主義を主張した。フランスの社会主義者の中ではジャン・ジョレスがこの立場であるが、理論家としてシャルル・ジードがいる。ジードは経済学説史家として知られているが、社会的連帯の考え方を提唱し、一九〇五年に『エコノミー・ソシアル』と題した本を公にした。彼は、コレージュ・ド・フランスで「連帯（ソリダリテ）」という題の講義をも行っている。ジードは今日でいう協同組合セクター論の考え方を出した学者として知られている。つまり私有財産と自由権を守りながら、いまの資本・賃労働の対立の関係から起こってくるいろいろな社会問題を防ぐために人間が協同する相互扶助の社会原理というものを発展させることにより、資本主義社会を改良していくというのが、ジードの思想である。彼の思想はフランスにおける消費者協同組合の運動に大きな影響を与えた。

こうしたいくつかのエコノミー・ソシアルの流れが、二〇世紀三〇年代の大不況、そして第二次大戦後の経済成長時代を通じてほとんど消えてしまい、国家主義とブロック主義が強まった。その根本的理由としては、エコノミー・ソシアルのめざした資本主義体制の批判が、一方ではマルクス主義という急進的イデオロギーに吸収されたこと、また他方では、帝国主義時代を通じて労働者の社会的統合がすすめられ、社会民主主義的福祉国家の建設という方向に同じく吸いとられたこと、の二つが挙げられよう。それがなぜ最近、急速にエコノミー・ソシアルが取り上げられるようになったのであろうか。これにはいくつかの理由があると思われる。フランスではこの考え方が本当に社会の片隅で生き延びてきた。ジードの弟子のアンリ・デローシュが協同組合大学で協同組合理論を教えてきたが、エコノミー・ソシアル理論はデローシュの仕事によってやっと生き永らえてきたところがある。

五　社会的経済発展の展望

1　社会的経済復活の理由

社会的経済の復活にはいくつか理由があると思われる。一つは社会問題に対する関心がヨーロッパで非常に強いことである。それは根本的にはヨーロッパの資本蓄積がある程度成熟段階に到達して、豊かさに対する価値観というものが変わって来たという事情がある。つまり、以前は物をつくることが豊かさを表現したが、だんだん物をつくるということと同時に、人と人との関係、社会関係を豊かさと結びつけていく考え方が出てきているように思われる。単に利潤追求的でなくて、人間の生き方として社会的、文化的活動というものを重視する考え方、これが週五日制や余暇の増大と結びついて、社会問題、社会関係に対する関心をたかめたということが一つある。そうすると、人間福祉の基盤として、経済ばかりでなく社会というものを一緒に考えていこうという考え方が当然でてくる。

第二には一九六〇—七〇年代を通じてヨーロッパ混合経済の中である程度確立した福祉国家体制が一九七〇年代中頃から行きづまってきた。これは一つにはヨーロッパで高齢化の進行とともに財政赤字が増大してきたことがある。米露の場合は財政赤字は軍備拡張による比重が大きいが、ヨーロッパの場合は福祉政策がある程度すすみ、それが高齢化の進行によって、赤字が増大して現われてきたという事情がある。それと共に官僚的な国家機構がふくれ上がればあがるほど、赤字も増えるし、柔軟性を欠いて新しい時代に対応もできない。したがって高度成長期につくり上げられた福祉国家体制を批判する新自由主義の考え方が、七〇年代末頃から高まってきた。国家の福祉施設づくり政策が見直されたり、あるいは国家の役割に限界があるのではないかという考え方が、福祉政策の分野にも典型的に出てきた。それまでの施設福祉からノーマライゼーションという考え方に移行した背景には、このような国家の機能の限界について、市民の認識が高まったことがあろう。

第三には、さきに述べた失業の増大である。平均すると一〇パーセント前後の失業で、フランスなどでは青年層の失業が二〇パーセント前後と非常に高い。一九二七―二八年の大恐慌時の失業率二〇―三〇パーセントに比べられるような情況である。このヨーロッパでの失業問題の増大に際して、やはり自分たちで生活を切り拓いていくしかないという考えが出てきて、生産協同組合がいろいろな形で増えてきた。一九世紀のイギリスでも景気循環や不況の中で、失業者が集まって組合をつくるというのはロッチデールの公正先駆者組合にはじまる協同組合運動の一つの流れであり、現在のヨーロッパの失業問題に対応して、自主管理とはいわないまでも自分たちが何かやらなければ食べていけないという情況の中でワーカーズコープなどの運動がひろがっている。

もう一つは社会的な排除が増大しているという問題である。大企業主導型、競争的雰囲気のEUの中で、この問題は必ずしも解決されていない。それに対してアソシエーションの役割というものが再評価されている。やはり市民が自分たちで連合や団体をつくりつつ、差別とたたかい、人権を強化していかないとこの問題は解決できないのではないかと考えられている。

第四の流れとして、ソ連等の共産党独裁体制の崩壊が大きく影響している。社会主義は本来、資本主義体制の生み出すイデオロギーの問題に対するオルターナティブとして出てきたのだが、それが中央集権的なソ連型の共産主義に独占されていた。しかしそれらの崩壊によって、初期社会主義の持っていた市民社会の発展のもう一つの側面というものに対する関心が出て来た。市民革命は一つは市民の経済的利害、経済人として利潤の極大化をすすめるという面がある。利潤の極大化は階級社会を生み、社会の分化を導いた。ところがもともと市民社会の革命の中で、階級化の側面に対してもう一つは連合の側面、すなわちアソシエーションをもたらす動きがある。アダム・スミス風にいえば、私利(セルフ・インタレスト)を追求していくと階級社会になる。ところが、市民感情のもう一方、社会のセメントとしての共感(シンパシー)を追求していくと連合になる。市民社会にはもともとセルフ・インタレストとシンパシーの両方の側面があった。それがしだいにヨーロッパにおける資本蓄積の市民社会の中で、階級の側面が一般的になって連合の側面は忘れられてきた。したがって社会主義運動がこれを引き継ぐようになったのだが、今日の中央集権的な社会主義の崩壊の中で、ふたたび連合の側面に人びとの関心が向くようになったということがある。資本に対するオルターナティブとしての連合(アソシエーション)の思想がクローズアップされてきた。

連合はフランスの人権宣言に起源を持つ。人権宣言の第二条に「すべての政治的連合の目的は人の……時効によって消滅することのない自然的な諸権利の保全にある。これらの諸権利とは自由、所有、安全および圧政への抵抗である」とある。ここで、政治的連合という言葉はルソーの人権を根本とした市民の連合によって圧政に抵抗し、自由を守るという考え方に発している。これが一九世紀の初期社会主義者に引き継がれて、フーリエのアソシアシオンとかウィリアム・トンプソンのアソシエーションなどのアソシアシオニスムに引き継がれていき、その流れが今日の協同組合運動へと至ったのである(8)。

2　重要性増す非営利経済

そういう意味で非営利経済の発達が、市民社会の発展の面と資本主義社会に対するオルターナティブの面の両方を引き継いで、非営利経済の重要性が経済体制の問題として新たに浮び上ってきた。それが近年出ている協同組合セクター論であり、これをエコノミー・ソシアルに具体的に対応させて図7で示した。国家および地方自治体を第一部門とする。次に第二部門は民間企業部門および民間企業の労働組合である。ヨーロッパでは協同非営利セクターは第三部門になる。日本で第三セクターとは、国家と民間の合弁部門をいうので混乱しやすい。協同部門を第四セクターとよぶことを生活クラブ生協の横田克巳氏も提唱しているので、一応協同非営利セクターを第四部門にした。そうするとエコノミー・ソシアルは要するにいままで国家と民間の両部門、第一部門と第二部門をもっぱら取り扱って資本蓄積を推進してきた政治経済学に拠って立つ近代経済の流れに対して、そのような主流派の経済学によって無視されてきた社会的部門を、つまり経済人類学者ポランニー風にいえば、「もともと人

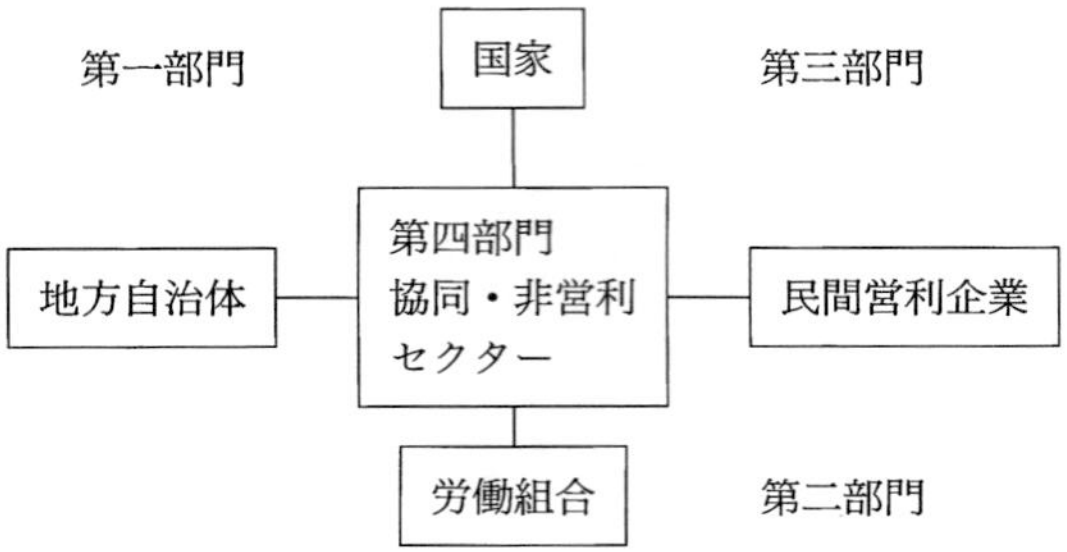

	国家(第一)	民間企業／労働組合(第二)	第三セクター	第四セクター
市場生産	○	○	○	△
非市場生産	△		△	△
自給部門				
家事部門				
ネットワーク部門	△	△	○	○
協同生産	△			○

○ 関連性大，△ ある程度関連あり

図7 経済を構成する各セクターの関連

間の社会というのはどこでも経済は社会のひとつの要因にすぎず、社会の中に埋め込まれてきたのだ。ところが近代資本主義社会は、あるいは近代市場経済社会では、経済が突出した形をとり、歴史的にみれば異常な社会なのだ」(K・ポランニー『人間の経済』『大転換』)ということだが、その経済を社会の中に埋め込む見方としてエコノミー・ソシアルの考え方が提起されてきたと考える。

　市場生産部門は国家、民間企業／労働組合、それから第三セクターも担当している。第四セクターの協同・非営利セクターは多少はかかわりがあるものの市場生産に

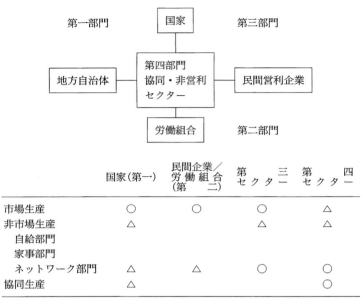

近い協同生産部門とそれから遠いところに居合わせる非営利セクターとがある。それから国家部門も、特に地方自治体等では協同生産と重なっている部分もあるので、やはり第四セクターにかかわりがある。ところが問題は非市場生産である。この非市場生産部門は、国家は福祉・教育サービス等公共財・サービス提供の分野でかかわりがあるけれども、これをつねにコントロールしているわけではない。非市場生産というのは何かというと、自給部門、家事部門、ネットワーク部門等である。民間企業でたとえば日本の系列などはネットワーク的なところがある。ネットワークには垂直的ネットワークと水平的ネットワークがあるが、日本の場合にはかなり垂直的ネットワークが発達していると思われる。しかし、最近水平的ネットワークも経済のサービス化・情報化、人間の移動等によって、ずいぶん発達してきた。第三セクターは市場生産とネットワーク的なところの両面を持つ。非市場生産は多少関連する程度だろう。ただ自給部門と家事部門はどの部門もじつは掌握していない。主として個人の領域にかかわっている。第四セクターも同様に非市場生産、主としてネットワーク部門にかかわりがあり、協同生産を行なっている。

したがって社会的経済は、現在のEUの場では社会事業経済として行なわれているけれども、もともとの考え方からするならば、非営利経済のみならず非市場生産も社会的経済の対象として考えてよいのではないか。そういう意味では社会的経済をかなり広くとり、社会事業経済とは区別して、あえて社会事業経済とよばずに社会的経済とよぶ。

社会的経済論はどのような発展の展望を持つか。一つはポスト資本蓄積の先進社会において、経済

第四セクター経済(1990年)

支店数	出資者数(1000人)	雇用者数(1000人)	預金額(10億ECU)	市場シェア**
48,052	26,397	338	527	2.3-28%
CECOP*メンバー 13,809	組合員数 731,200		CECOP*メンバー 売上高 12.5	
12,902	組合員数 14,908	(人) 188,847		食品 小売 1〜31 1〜22
	組合員数 9,116	724.5	売上高 458.7	ワイン 飼料 5〜60 18〜65 ミルク 14〜100
	組合員数 21	14.4		5.5%
建設箇所 (100万戸) 5.5		(人) 741,894	売上高 69.1	
保険掛金額 (10億ECU) 24.1 (EC市場の6.45%) 保険加入家庭 (100万世帯) 32.2		(人) 110,475		

Industries 1991-92.
合センター.
のもの.

表2　ECの

	数
協同銀行	9,139
生産協同組合	44,985
消費協同組合	2,252
農業協同組合	36,687
公共薬局	2,471 (薬局数の 4.5%)
住宅協同組合	24,263
協同購入グループ	182,552
協同・共済保険	

(資料) EC, *Panorama of EC*
＊ ヨーロッパ生産協同組
＊＊ 市場シェアは各国ごと

学の学問領域として重要になってくる面がある。すなわち経済ばかりを考えるのではなくて経済と社会の関連を考えていく学問としての役割があるだろう。第二は非営利セクターなる部門は決して異常でも何でもなくて、社会の中であたりまえの経済活動をやっているものなのだということを、証明する学問になるのではないか。つまり非営利部門の発展を支える役割があるのではないかと考える。これは実際にＥＵで行なわれていることである。

ＥＵの産業概観で、ＥＣ時代に社会的経済関連産業の一覧が特集されたことがあるが、一九九〇年の時点で、非営利部門としての協同銀行、生産協同組合、消費協同組合、農業協同組合、公共薬局、住宅協同組合、協同購入グループ、協同・共済保険などの現状が、数、支店数、出資者数、雇用者数、預金額、市場シェアに至るまでリストアップされている(表1)。

これで見ると雇用者数はＥＣの中で六—七パーセントである。非営利部門は、将来この分野が発展するとして、一割経済というところであろう。ただ実際には経済社会の大きな部分として個人や中小家族企業があって、それらはどこまで非営利だかどこまで営利だかわからないところがある。また、会社にしても、営利的要素と共に協同的要素もつねにもっていよう。フィランソロピーやメセナ等、会社の社会的地域的貢献を重視する考え方もつねにある。非営利部門が発展することによって、社会全体に非営利的、互助的関係の正統性が評価されるようになれば、それは当然他の部門のあり方にもある程度影響力をもちうると思われる。これが協同組合セクター論が提起している問題である。

一方、日本での就業者のセクター構成については、川口清史の研究がある。川口にしたがえば、一九七二年から一九九六年までの間、全就業者数は四四〇〇万人から六三〇〇万人に増えている(表2)。民間セクターは三八八〇万から五二七五万人に増えたが、会社部門の雇用が伸びているのに対し、個人部門は絶対数でも減少していることが特徴である。非営利部門は総務庁の統計では非営利セクターとしては出ておらず、法人団体として出ている。国家部門は四四七万から五二〇万と若干増えたものの、構成比としては減少している。ところが非営利部門では二〇〇万から四八四万へと四半世紀間に二倍以上に増えている。九〇年代不況の時期にも一貫して、非営利セクター雇用の伸び率は高い。アメリカでも一九七〇年代の統計によれば、やはり非営利セクターが一九七二年からの一〇年間に全就業者の伸びおよび民間営利部門の伸び、各二二、二一パーセントを上回り、五〇〇万から七〇〇万に、四二パーセント増えている。(9)

なお、ジョンズ・ホプキンズ大学のサロモンらの研究プロジェクトでは、一九九〇年時に日本の非

表3　就業者のセクター構成(日本)

単位：1,000人

	1972		1986			1996		
	実　数	構成比	実　数	構成比	伸び率	実　数	構成比	伸び率
全就業者	43,662	100.0%	54,373	100.0%	125	62,781	100.0%	115
民間営利セクター	38,794	88.9	45,789	84.2	118	52,746	84.0	115
会社	26,084	59.7	33,776	62.1	130	42,634	67.9	126
個人	12,710	29.1	12,013	22.1	95	10,113	16.1	84
非営利セクター	1,974	4.5	3,435	6.3	174	4,837	7.7	141
国家セクター	4,467	10.2	5,146	9.5	115	5,198	8.3	101
国・公共企業	1,536	3.5	1,746	3.2	114	1,850	3.0	105
地方自治体	2,931	6.7	3,400	6.3	116	3,348	5.3	98

(資料) 1972年の数字は川口清史「非営利セクターの規模と構成」(『統計学』第62号，1992年3月所収)．1986年および1996年のそれは川口清史・富沢賢治編『福祉社会と非営利・協同セクター』日本経済評論社，1999年，2頁より．

表4　NGOの海外援助 (1998年)

	(100万ドル)	国民1人当たり	対GNP比
オーストラリア	111	6.2	0.03
カナダ	155	5.2	0.03
デンマーク	35	6.6	0.02
ドイツ	972	11.9	0.05
日　本	203	1.6	0.01
オランダ	158	10.1	0.04
ノルウェー	126	28.6	0.09
スイス	167	23.9	0.06
イギリス	408	7.0	0.03
アメリカ	2,671	10.0	0.03

(出典) NGO援助額，対GNP比はDAC, *Development Co-operation. 1999 Report*, Tables 11, 13.
人口は国連世界人口年鑑による．

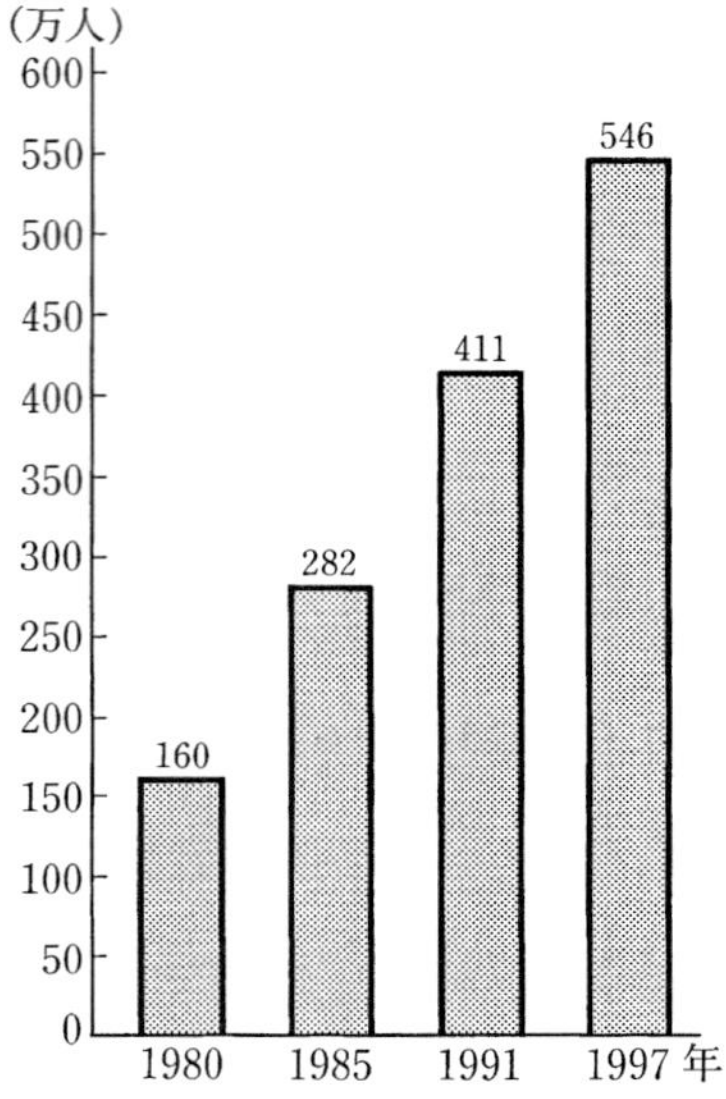

（出典）全国社会福祉協議会『全国ボランティア活動者実態調査』各年版.

図8　日本のボランティア活動者数

営利セクターの雇用者数を一四四万人(総雇用者に占める比率二・五パーセント)と見積っている。[10] 山内直人編『NPOデータブック』では一九九五年時に二一四万人(非農業就業者数の三・五パーセント)としている。[11] これは非営利団体の雇用者数であり、協同組合等を含んでいない。農協の会員数五三〇万人を加えるだけで、非営利セクターの就業者数は七四〇万余にふくらんでしまう。したがって従業者総数の七―八パーセントを非営利セクターが占めているという表2の見積りはほぼ正確であると見られる。

　社会が発展していくと非営利部門の人数が増えて非営利活動は活発化してくる。日本NGOの海外援助は一九九八年に国民一人当たり一・六ドルだが、ヨーロッパ諸国は軒なみに五―七ドル、スイス、ノルウェーは二四―二九ドルと一般に高い。対GNP比でみて、欧米諸国は日本の三―五倍に及ぶ(表3)。それはキリスト教の伝統もあるが、もう一つは非営利的なつまり社会活動・地域活動や慈善活動に対する理解あるいは共感というものがかなり強いからである。日本も最近NGO活動が活発化しており、ボランティア活動者数も増えている。日本社会福祉協議会のボランティア白書によれば、

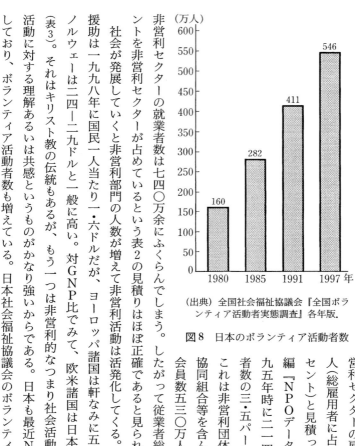

一九八〇年から一九九七年までの一八年間にボランティア活動に参加した人が一六〇万人から五四六万人と三倍以上に増えている(図8)。先進社会で非営利部門は経済サービス化と共に成長する傾向にある。社会的経済は、このような非営利部門を支える理論と政策たりうると考えられる。

六　むすびに

今日、世界的に個人の人権、民衆の自治権が重要となってきて、多系的な発展、内発的な発展の時代に入ってきているといわれる。社会的経済はヨーロッパの伝統に即したヨーロッパの内発的発展の思想、運動であるといえる。だが、社会的経済は同時に資本主義経済における社会的問題解決の理論であり、政策でもある。それは同時に、先進成熟経済における可能な社会組織のあり方の提示でもあり、その意味で普遍的な性格をもっている。

さらに社会的経済を、マックス・ウェーバーにならって、社会的組織の仕方によって経済の動きを統御する考え方であるとひろく定義するならば[12]、それは日本や途上国の経済社会をかなりの程度よく説明することになるのではないか。

たとえば、日本やドイツの社会は本当に営利活動だけで成り立っているのかどうだろうか。あるドイツの学者が「社会的経済という考え方はおかしい。というのはドイツは経済それ自体が社会的経済だからだ」と述べている。たしかに、ドイツの社会的市場経済は、公共政策によって市場経済のゆがみを調整するという考え方に立っている。考えようによっては日本経済も典型的な社会的経済といえるのではないか。

ＥＵ社会憲章はヨーロッパの労働者を、情報、協議、決定に参加させていくことをめざしている。その点からすると日本型経営も社会的経済の要因をもっているし、見方によっては系列や談合の経済などは社会的経済そのものなのかもしれない。だが、そのような社会的経済が人権を無視したり、公害を生み出すなどのゆがみをもっていることから、より民主的、分権的で協同的な社会組織の形成が課題となっているのではないか。ここに、せまい意味での社会的経済の理論が日本にとって持つ意義が存在すると考えられる。

注

（1）社会的ヨーロッパについては、さし当たって次の文献を参照。M. Wize and R. Gible[1993]; B. Magliulo[1991]; 恒川謙司[一九九二]。社会的ヨーロッパを、ヨーロッパ社会民主主義の産物として、政治社会学の角度からとらえ、市民社会確立の要件として「政府と市民社会の協力関係」「民主主義の民主化」「個人とＮＧＯ参加による〝ポジティブ・ウェルフェア〟創造」、そして「福祉国家から社会投資国家への移行」を指摘し、本章と同一の視点に立つ書として、Ａ・ギデンズ[Giddens 1998, 2000]の仕事がある。

（2）European Commission, DGXXII(Education, Training, Youth), *Socrates 1995–1999*, Brusselles, 1998. エラスムス計画については、西川潤「エラスムス計画の意義――ＥＵの高等教育協力・交流政策」(『早稲田フォーラム』一九九六年、七二号所収)参照。

（3）European Commission, "Employee Representatives in Europe and Their Economic Prerogatives", *Social Europe*, Supplement 3, 1996; 荒木尚志「欧州従業員代表委員会指令とＥＵ労働法の新局面」(『日本労

働研究雑誌』四二一号、一九九五年）、玉井章作「EUにおける従業員の情報入手権および協議権――一九九四年指令について」(『EUの社会政策』日本EC学会年報、第一六号、一九九六年）参照。

（4）J. Defourny et J. L. Monson[1992]. なお、英語圏で、社会的経済を "associational economy" として分析した研究に、Ph. Cooke and K. Morgan[1998]がある。

（5）この意味での社会的経済については、注(4)前掲書のほか、Th. Jeantet et R. Verdier[1984]；J・モロー[一九九六]、富沢・川口編[一九九七]、川口・富沢編[一九九九]等を参照。

（6）A. Gueslin[1987].

（7）A. Neurisse[1983]；H. Desroche[1991].

（8）杉原四郎他[一九八九]、フランスでのアソシアシオンの流れについては、河野健二編[一九七九]Ⅲ「労働者の運動とアソシアニスム」参照。

（9）P・ドラッカー[一九九三]は「ポスト工業化社会」での社会的(非営利)セクター拡大の必然性をアメリカの現状に即して、説得的に示し、「ポスト資本主義社会」の到来を予言している。また、アメリカ市民社会の現状とその論理、動態の分析については、D・コーテン[二〇〇〇]を参照。

（10）L. M. Salomon and H. K. Anheier[1996]邦訳一二〇―一二九頁。

（11）山内直人[一九九九]四―六頁。

（12）マックス・ウェーバーの社会経済学(der Sozialökonomik)はこのような見地からの社会組織と経済の動きの関連の研究である。M. Weber[1925, 1978]を参照。また、経済分析の方法として、市場を重視する経済的自由主義(Economic liberalism)、権力を重視する政治経済学(Political economy)、文化を重視する経済社会学(Economic sociology)の三つの流れを分類したR. J. Holton[1992]も有用である。

第12章　アマルティア・センの人間開発理論

人間開発は人間を舞台の中央に連れ戻した。

P・ストリーテン

一　はじめに

今日、国際開発の新しい方向として、「人間開発」(human development)の考え方が、国連開発計画(UNDP)等国連機関の場で提起され、これが二一世紀に向けての国際開発協力の新しい理念となりつつある。

本章では、この「人間開発」論の思想的淵源の一つとなっているアマルティア・センの倫理的経済学を検討し、その開発政策に対するインプリケーションを考え、セン理論が今日の国際開発政策の展開に持つ意義、そして同時に限界をもみることにしたい。

そのため、まず第一にUNDPによる人間開発論がいかに提起され、それが開発理論・政策におけるいかなる方向転換を意味しているか、またそれが開発指標の開発・利用においてどのような変化を導いたか、について眺めることにする。

第二に、A・センの倫理経済学の根幹というべきケーパビリティ論は、経済学の主流派の価値論を形づくっている効用論に対して、人間の基本活動(functionings)とそれを保障するエンタイトルメント(財サービスの支配情況)を基盤としてつくられた「もう一つの」価値論であるということができる。ケーパビリティ(潜在能力・能力)論は一九八〇年代に開発協力の場でクローズアップされた「人間の基本的必要」(Basic Human Needs ——BHN)政策の認識を引き継ぎながらも、人間のさまざまな基本活動の組合せ間の選択の自由という要因を強調することによって、新しい人間中心型発展(human-centered development)路線および人間開発思想の基礎となることができた。センのケーパビリティ論が開発の場で受け入れられたのには、それが経済学を、単に自己利益にとどまらない自由、人権概念と結びつけることに成功したことが大きかったが、しかし、セン経済学は個人の人権をベースとしていたために、まだ民衆・社会運動とはリンクしえていない。

以上の二点を検討することによって、今日の国際開発理論の新しい展開方向を見てとると共に、この展開が経済学のパラダイム転換を伴っていることを理解することにしたい。

二　国連開発計画(UNDP)による「人間開発」論の提起

1　『人間開発報告』(一九九〇—)における開発理念の転回

国連の開発援助機関である国連開発計画は、一九九〇年度より『人間開発報告』と題する新しい年次報告を公刊し始めた。この人間開発報告は、これまで開発援助の明示的、あるいは暗黙の前提であった国民(国内)総生産あるいは一人当たりの生産の増大に代えて、開発の目的を「人間開発」(human development)にあると述べ、国際的な開発協力の目的の転換をよびかけたものである。「人間開発」という概念が生み出された背景を、報告は次のように述べている。

「開発とは、GNP成長や、所得や富、また財を生産したり資本を蓄積したりする以上のことを意味している。ある人が所得を得ていることは、彼の人生の選択の一つであるかもしれない。だが、それは人間の生の営みの全体を表現しているとはいえない。

人間開発は、人びとの選択を拡大する過程である。これら多様な選択の中でもっとも重要なものとしては、永く健康な生活を送ること、教育を受けること、人間らしい生活にふさわしい資源へのアクセス手段をもつこと、がある。さらに、政治的自由、人権の保障、自己尊厳も重要な選択である」[UNDP 1990 : p.1]。

ここでは、開発(development)が、所得や富の成長以上のことを指し、すなわち、人間選択の拡大を意味すると定義されている。ここで、人間の多様な選択の中でも重要なものとして、保健、教育、人間らしい生活を維持できる収入、政治的自由、人権、人間の尊厳が挙げられていることに注目しておこう。これらはいずれも、収入の点を除いては、これまでの主流派経済学にとっては「外部的」とみなされた要因である。開発の経済学が従来の経済学のスコープを大きくひろげるものであることが判る。

また、この報告では、開発過程が個人の選択・能力の拡大にとどまらず、公共政策の責任領域であることをも指摘し、一九八〇年代に展開された新自由主義とケインズ派の論争を踏まえ、新しく「政策環境」(enabling environment)の議論を提起している。政策環境形成の議論は二一世紀初頭の開発問題について、開発理念の転回とともに、開発手段の変化の問題を提起しているがゆえに、ここで検討しておく必要がある。

人間開発報告は次のように述べている。

「開発の過程は少なくとも人びとに対して、個人的にも集団的にも、彼らの持つ資性を完全に発揮させることを可能とし、また、同時に彼らの必要や利害に応じた生産的、また創造的生活を営ませるに相当の機会を与えることを可能とさせるような政策環境を、つくり出さなければならない。

人間開発はしたがって、人間のケーパビリティ——保健や知識の改善——を形成するということ以上に、これらのケーパビリティをいかに利用し、発揮していくか、ということに関連している。ケーパビリティの利用とは、仕事、余暇、政治活動、文化活動などいろいろな面で現れる。もし、人間開発の度合の中で、人間のケーパビリティの形成とその利用との間にずれが見出されるとき、人間の潜在能力の大きな部分は浪費されてしまうことになろう」[UNDP 1990 : idem]。

ここで、人間開発の基礎概念として、「ケーパビリティ」(capabilities)という用語が出てくるが、これは後に見るように、英国の経済学者アマルティア・センの概念である。「ケーパビリティ」は能力および潜在能力の双方を指し、capacityという言葉とは異なる。つまり、capacityはあるもの(こと)を生み出す力を指しているが、capabilityは、人間のさまざまな活動や状態を(doings and beings)実現していく自由や能力を意味し、capacity プラス ability をさしている。ケーパビリティの形成、利用は個人の能力であると同時に、公共政策の責任でもある。ここで、公共政策の責任とは、能力の形成、発揮を保障していくような政策環境形成の責任である。ここに、近年注目されている政策環境の問題が現れる。

この政策環境の形成については、一九九〇年報告ではまだ漠然と政府の責任が示唆されるにとどまった。しかし、一九九三年報告で、人間開発に占める人びとの参加(people's participation)の重要性が指摘され、NGOやNPO等市民社会の開発過程への参加や、統治形態のコントロールの問題が提起された[UNDP 1993]。一九九四年に翌年のコペンハーゲン社会開発サミットのために準備された報告では、人間開発のために「人間の安全保障」(safety net)という考え方が示され、この安全保障ネットの形成には、政府と同時に市民社会の役割が重要であることが強調された。

一九九五年の社会開発サミットでは、人間開発とそれを保障する社会開発とは市民社会の参画なしてはありえないことが「宣言」で明記された。ここで、開発理念が経済成長から、世界大での貧困、失業、社会分裂を防ぐための「人間中心型発展」(human-centered development)「民衆中心型発展」(people-centered development)にあることについて国際社会のコンセンサスが成立したということができる。同時に、開発の主体が従来の経済成長時代には、政府と企業とこれを見なすのが常識だったが、新しく「第三の開発主体」として、市民社会の役割が強調されるようになった。開発を「可能ならしめる政策環境」(enabling environment)とは、このような開発過程における政府、企業、市民社会三者の関係の調整によって初めて成立するものである[西川 一九九七]。

ここに国連の場で新しい開発のオーソドクシーが成立することになったわけだが、この見方はさらに一九九五年北京で開かれた第四回国連世界女性会議にも引き継がれ、この際出された人間開発報告[UNDP 1995]では、人間開発の主要な分野として、女性の開発過程への参加、それを通じるエンパワメントの重要性が指摘されている。これは、いま述べた女性のケーパビリティ増進を開発課題とみる見方に沿うものである。

このような開発理念の転回、開発主体の多様化は当然のことながら、開発指標の再吟味を伴う。人間開発報告が提起した新しい開発指標について次に検討しよう。

2　人間開発指標(Human Development Indicators)の設定——GNP指標から社会指標へ

今日までの経済学では、厚生または福祉の指標は、限界効用の均等化(新古典派)か、それとも一人当たりGNP(マクロ経済学)で示されてきた。しかし、開発理念が経済成長から人間開発へと転回するとき、人間のよい生活(well-being)を示すための新しい指標が必要になる[Sen 1987c]。

人間開発報告では、センやハクらから成るチームをつくり、人間開発を測定する指標づくりを行なった。これが、人間開発指標(Human Development Indicators——HDI)である。

HDIは、さきに引いた人間開発の定義に沿い、保健、教育、一人当たり実質所得に関してそれぞれ指標を作成し、これらを合成したものである。その意味で、これはGNP指標とは異なり、社会指標であるといってよい。

ＨＤＩに先行する社会指標としては、次の二つの流れがある。

第一は、ジュネーブの国連社会開発研究所が、社会開発の度合を測定するために、一九七〇年代から開発に取り組んでいた社会指標であり、これは間もなくＯＥＣＤの場で採用され、ＯＥＣＤ加盟各国で社会指標づくりが行なわれることになった。日本で経済企画庁が作成している「新国民生活指標」(People's Life Indicators ――ＰＬＩ)はこの社会指標の流れを汲むものである[UNRISD 1985]。

第二は、国際協力の場で、アメリカの海外開発協議会が、一九八〇年代始めに公表した「生活の質に関する物的指標」(Physical Quality of Life Index ――ＰＱＬＩ)であって、これは、識字率、幼児死亡率、期待寿命の三指数の平均をとった簡単なもので、ＨＤＩとかなり近いものである[ODC 1979]。

ＨＤＩはその当初の形では、期待寿命、識字率、基本的必要を満たす生活水準(これは購買力平価〔Purchasing Power Parity ――ＰＰＰ〕で調整されたＧＤＰで表現される)の三指数から成った。その後、毎年年を追うごとに計算方法が多少ずつ変更され、複雑化しているが、基本的な考え方は一九九〇年時から変わっていない。具体的には、期待寿命と識字率(後に就学年数を教育指標として加えた)については、最長(最大)国との差をはかり、貧困指数(deprivation index)を算出する。生活水準については、一人当たりのＰＰＰドルではかった所得と先進国の「貧困線」との差をはかり、同じく貧困指標を計算する。これら三つの貧困指数の平均値を「一」から引くことによってＨＤＩが表される。たとえば、サウジアラビアの一人当たりＧＤＰは一万一二〇〇ドル(一九九七年)でＨＤＩは〇・七四〇だが、フィリピンは六六二ドルでＨＤＩは同じ〇・七四〇で、両者のＧＤＰ差は一六対一にも及ぶが、人間開発の程度はあまり変わりがない。

ＨＤＩの計算結果からいうと、次のことがいえる。

(1) ＧＤＰとＨＤＩは必ずしも相関関係にない。

(2) 人間開発度を高めるためには、保健、教育など社会支出を重視しなければならない。

(3) ただし、もっとも所得の低い国(アフリカなど)では、人間開発も遅れる傾向にある。

(4) 地域別、ジェンダー別等のＨＤＩを計算することによって、後進地域、遅れた社会階層など、社会開発の優先目標を設定することができる。

ＨＤＩは、比較的簡単な操作可能な指標を用いることによって、国際間の人間開発・社会開発度を比較することを可能とした。しかし、ＨＤＩはＧＤＰと同じくマクロ・レベルの数字であるために、国内の所得分配の歪みを表示するものではない。また、一人当たり実質所得はＧＮＰを基盤としており、そのため、経済成長を批判するというよりは、人間開発と経済成長の相関関係を肯定的に見ている。また一方で、人間開発のもう一つの定義として掲げられた自由や人権をどう測定するか、という問題がある。

じつは、人間開発報告は一九九一、九二年度にこの後者の問題に正面から取り組み、個人の安全、法の支配、表現の自由等について四〇の指標を集め、これを合成した政治的自由指標(Political Freedom Indicators ——ＰＦＩ)を発表した。しかし、この試みは、当然のことながらＰＦＩが低いとされた発展途上国からの厳しい批判にさらされ、その後放棄されている[Haq 1995：chap. 5]。

一九九七年度の人間開発報告は新しく「人間貧困指標」(Human Poverty Indicators——ＨＰＩ)の概念を示し、これを計算している。

貧困には一人当たり所得で見た貧困(所得貧困——生活保護法等の対象となる「貧困線」をこれによって設定する)と人間の基本的な権利が剝奪されている情況を示す人間貧困の二つの考え方がある[西川 一九九四]。前者は poverty だが、後者は deprivation という言葉によってよばれる。前者を絶対的貧困、後者を相対的貧困とよんでもよいが、当然のことながら両者は重なり合っている。人間開発報告では、三つの人間開発の要因(寿命、知識、人並みの生活水準)の剝奪状態に着目し、(1)四〇歳未満で死亡する人の割合、(2)成人非識字率、(3)人並みの生活水準を実現できていない人の割合(これは、保健医療サービスへのアクセス、安全な水の利用、五歳未満の栄養失調児の割合でみる)の三つの割合を合成して、ＨＰＩを算出している。発展途上国の中でも、キューバやシンガポールの人間貧困人口比率は五—六パーセントだが、エチオピア、カンボジア、ニジェールなどでは五三—五六パーセントに及ぶ。ＨＰＩはまだ発表されたばかりであり、その有用性については今後の検討を待たなければならないが、ここはさしあたって次のことを指摘しておこう。

人間開発の思想の背景にはＡ・センのケーパビリティ論がある。ケーパビリティ論はすぐ後に見るが、各人のエンタイトルメントが剝奪されており、人間が本来備えているケーパビリティが発揮できていない情況を貧困(deprivation)と考える[Sen et al. 1992：pp. 150-151; Sen et al. 1995：chap. 2]。したがって所得貧困では必ずしも人間貧困が説明できない。"poverty"の反対語は"affluence"または"riches"だが、"deprivation"の反対語は"well-being"なのである。貧困をpovertyではなくdeprivationとみる見方は近年の福祉理論の一般的傾向だが、セン理論はこれを経済学の面で展開し、人間開発報告はこれに基づいて、貧困指標を構築したということができる。こうして、開発理念の転回は、貧困概念の転回をも導いたのである。それでは次に、セン経済学の特徴を検討しよう。

三　センにおける経済倫理の展開と開発／発展論

1　効用論批判の前史――J=S・ミルからJ・ロールズへ

一九世紀を通じて形成されてきた古典派・新古典派の効用(utility)を基礎とする主観主義価値論は、やはりこの世紀の前半に確立した個人主義的価値論としての功利主義(utilitarianism)に基づいていた。

ベンサムに発する功利主義=効用主義は次の三つの前提をもつ[Bentham 1789 : chap. 1 and 4]。

(1)　人は快楽と苦痛を絶えず計算し、快楽をより多く苦痛をより少なく経験するように行動する。

(2)　快楽と苦痛は測量可能である。

(3)　個々人が快楽を最大化し、苦痛を最小化するように行動する以上、そして快楽・苦痛が計量可能な以上、社会的な快楽が最大となることが、社会の利益=幸福を最大化することになる。

この功利=効用主義に対しては、すでに一八六〇年代に、J=S・ミルから、人によって効用の質は異なり、効用、すなわち快楽は必ずしも人間の幸福に結びつかないという問題が「肥った豚とやせたソクラテス」の例によって、指摘された[Mill 1863]。

しかし、限界革命以降、あらゆる用途における限界効用ゼロの状態が資源の最適配分を保障するとの静態均衡の仮説が新古典派の価値論の柱となり、これが今日まで続いてきた。限界効用説は次の特徴をもち、ベンサム的功利＝効用主義を引き継ぐものである。

(1) 人間は効用を求めて行動する。
(2) 限界効用は逓減し、計量可能である。
(3) すべての用途で限界効用が均等化した点は、人間の福祉＝厚生を極大化する点である。

これは人間は欲望に従い、欲望を充足すべく行動し、欲望を充足することが人間の効用＝福祉を満たすことに結びつく、とする価値論であり、徹底的に主観主義的な価値論といえる。経済学はこの立場に従えば、絶えず欲望＝効用＝幸福の充足をめざす経済人的人間像の価値観を満たすための学問ということになる。

効用主義は、いかなる人間のいかなる効用をも等質の一単位ととらえることによって、政治的民主主義、平等主義的市場競争社会の倫理的基礎を与える。しかしながら同時に、この市場競争において、いわゆる市場の失敗(market failures)が起こり、貧富格差、地域格差、恐慌と失業、独占・寡占や投機、公害や環境破壊等が拡大する現象が二〇世紀に入り認知されてきた。

ここにケインズ的な政府の介入により、福祉国家の形成、発展をめざす考え方が第二次世界大戦後の先進世界では主流となってきた。しかしながら、一九世紀以降の国際分業体制の上に立って、北の先進国で福祉国家化がすすむと共に、新しく政治的独立を獲得した南の発展途上世界との間の南北格差が拡大する現象——南北問題——が生じ、南の世界における貧困、失業の堆積情況に人びとの耳目が集中するようになった。G・ミュルダールはこれを「国民国家の統合が国際的な非統合」を惹起すると指摘した[Myrdal 1956]。

一九七〇年代にはこの南北問題の進展から「石油ショック」が起こり、南の途上国の側から「新国際経済秩序」(New International Economic Order——NIEO)の要求が起こると同時に、南の世界の大量貧困、大量失業が世界経済の安定性を損ない、北の福祉世界への人口の大量移動の源泉となりうることが認められるようになった。

経済倫理学の方からこの問題を受けとめたのはジョン・ロールズである。ロールズは一九六〇年代におけるアメリカ黒人の公民権運動の経験を踏まえ、一九七〇年代の始めに功利=効用主義的平等主義を否定して「公正としての正義」(justice as fairness)の考え方を提出した[Rawls 1971]。

社会が合理的に行動する個人から成り立っていることを仮定するならば、このような社会はある正義の原理に立脚していなければならない。このような正義の原理とは、次の二つから成り立つ。

(1) 各人は考えられる限りの基本的自由に対する同等の権利を持つ。ただし、この自由は他人の同様の自由と両立することを条件とする。

(2) 社会的経済的不平等は、もっとも不利な立場にある人間にとって最大の利益が与えられる限りで認められる。この場合にすべての職務や地位についての機会の均等が保障されていなければならない。

このような正義の原理が認められる社会は、公正な協力体として、すべての人に受け入れられうる。このロールズの「正義の原理」理論は効用主義のすべての人間は効用の極大化をめざして合理的に行動するという仮定を否定して、ある社会が民主的社会として市民に受け入れられるためには、自由と不利な成員への配慮が存在しなければならない、という社会原理の倫理性の問題を提起した[Rawls 1995]。その意味で、効用主義をベースとした社会理論——合理的選択論——の個人の合理的行動の累積がある社会制度の基礎をなす[Poulson 1994]、とする新自由主義的考え方に対して、社会それ自体の成立の基礎を自由と機会の平等と弱者への配慮に求めた点で、効用主義批判を効用の質の差異および集計可能性の問題から一段とすすめたものと、いうことができる。

しかしながらロールズの功利＝効用主義批判は、基本的には西欧伝来の個人主義的自由と機会の平等という価値観の上に立って、福祉社会の一体性を守ろうと意図する規範的な議論であり、ある社会の中でいかに人びとの自由の実現が阻まれ、この自由の実現のためには何が必要か、という分析にすすみでるものではない。その意味で、「正義の理論」は政府の公共政策に倫理的基礎を与えるものであっても、個人行動の基礎を問うものではない。効用主義批判としては中途半端であるといわざるをえない。

この面で効用主義批判をさらに展開したのがA・センである。エンタイトルメント論とケーパビリティ論に基づくセンの効用主義批判を次にみよう。

2　エンタイトルメント論とケーパビリティ論

もともと計量経済学者として出発したセンは、彼の生地ベンガルで体験した大飢饉(食糧の豊富さにもかかわらず、分配の不平等から飢饉がひろがった)を主流派経済学が説明しえないことへの疑問から出発して、効用主義批判に通じる経済学の目的、範囲、政策展望という領域での仕事を行なっている。

一九七〇年代にセンは、効用主義の理論的基礎に対する批判に力を注いだ。「どの行為者も自己利益のみによって動機づけられている」(エッジワース)ことを「経済学の第一原理」とする見方は、個人の行動をもっぱら「エゴイズム」から説明するという点で片寄っている。だが、そればかりでなく、各人の自由な利益の追求が社会にとってもっとも望ましい均衡状態を成立させるというパレート原理はアローが不可能性定理で示したように、内的な矛盾をもっており、成立しえない[Sen 1982]。

この効用主義を基礎とする一般均衡理論の批判の上に立って、センは望ましい「協定と契約」理論の形成のためには、「自己利益」(self-interest)ばかりでなく、A・スミスによって描かれたもう一つの社会行動の基礎としての「共感」(sympathy)に発しながらも、さらに個人の選択としての要因を強調する「コミットメント」という概念を提起する。

コミットメントとは、人間の社会行動において、必ずしも利己的動機に基づかない(共感はしばしば他人の厚生(well-being)を自らの厚生と結びつける)行動(それは個人の効用情報としてはごくレベルの低いものであるかもしれない)、すなわち、現在の厚生よりも期待された厚生と関連させた選択行動を指しており、社会的連帯や献身といった言葉で示される行動がこれに当たる。

人間の行動が、単に自己利益ばかりでなく、同時にコミットメントにも依存していると考えるとき、センの、ロールズの「正義の二原理」に対する批判点が明らかになる。

ロールズでは、基本的自由を基礎として社会的不遇者に対する「最大の利益」の保障(格差原理)は、基本財(権利、自由と機会、所得と富、自尊等の社会的基礎としての「合理的な人間ならばだれでも望むであろうと推定される」財)の配分として現れる[Rawls 1971, 1982]。しかしセンは、この見方を「物神崇拝的」であるとして退け、人間の基本的能力(basic capabilities)の平等を認めることによって、初めて財に対する主観的効用とも、基本財の配分の平等とも異なった経済倫理学の柱が構築できると考える[Sen 1982]。

ここから一九八〇年代にセンは、ケーパビリティ論を展開していくことになる。

ケーパビリティ論の基礎としては、「エンタイトルメント」(entitlement)の考え方がある。エンタイトルメントとは、すべての人間がある社会の成員として原初的に所有する権利から獲得されうる財サービスの組合せを指しており、人びとはこの財サービスの組合せを生産や公益を通じて他者の所有する財サービスの組合せと交換することによって自らの厚生を高めていく。エンタイトルメントとは原初的な権利によって支配されうる財サービスの組合せということができる。たとえばあるエンタイトルメント組合せに自らを養うに足りる食糧が含まれていない場合、そこには飢餓が発生するといわれる[Sen 1981, 1987B]。

エンタイトルメントはその意味では人間の権利に基づき、人権を保障する物的基盤を指す概念だが、ある人(びと)の権利の行使によって、他者にとっては自らのエンタイトルメントが失われ、貧困や飢餓が起こることがある。エンタイトルメントとは権利の行使によって獲得あるいは失いうる財サービスの支配、またそれらに対するアクセス情況であって、単なる規範的な概念ではない[Sen and Hussain 1995 : chap. 2]。

ある人間にとってのエンタイトルメント情況は、その人間の基本活動(functionings)を決めることになる。

人間の基本的活動とは、十分な栄養をとること、早死を防いだり、病気の際に適切な医療を受けたりすることなどの、生に関する基本的な諸活動から、自尊心をもったり、幸福であったり、地域生活に積極的に参加したり、他人に認められたりする、より複雑な活動まで、多様なものを含むが、重要なことは、これらの諸活動の組合せを選択していくことによって、人間の能力(capability)が明らかになってくることである。

ケーパビリティとは、人間が基本活動の選択を通じて、さまざまな可能な生の間に選択を行なっていくことを指す。基本活動を実現していく能力は人間にとっての厚生＝よい生活(well-being)を現わすことになるし、またよりよい生活が達成されるかどうかは、基本活動を選び実現する人間の能力にかかっているのである。

福祉の表現としては基本財や資源の入手度、また実質所得など、いろいろな尺度があるが、ケーパビリティ・アプローチは、これら福祉のための手段とは異なり、福祉の構成要因、あるいは自由実現の方法にほかならず、人間にとってのよい生活を直接構成する自由そのものを表現しているといえる[Sen et al. 1992 : chap. 3]。

この意味でケーパビリティは、人間の能力でもあり、また潜在能力でもあり、潜在能力を能力に転換する力でもある。人間の基本活動は「ある状態にある」(beings)面と「何かをなす」(doings)面との両面から成るが、ケーパビリティはこれらの基本活動を組合せ、またこれらの活動の組合せ間の選択を行なうことによって、一つにはよい生活、他方ではよい生活を追求していく自由を実現していく力にほかならない[Sen "Capability and Well-being", in Nussbaum and Sen 1992]。

このように考えるならば、人間とは単に福祉または効用を追求する存在ではなく、むしろ人生の目標、社会活動へのコミットメント、自分自身の価値を形成していく主体(agency)にほかならない[Sen 1987a : pp. 40–41]。

以上のようにケーパビリティ、基本活動、エンタイトルメント間の関係を理解するならば、ここから開発/発展について、GNP増大とは異なった展望が生み出される。

3 開発/発展の再考から人間中心の発展へ

センは、経済成長を扱う通常の経済学が、貧困、困窮とよい生活、基本的必要の充足、生活の質などの人間生活関連の問題に答えないと指摘して、開発の経済学がこれらの問題を課題としており、その意味で先進国にも途上国にも共通の問題を対象としているとのべる[Sen 1988]。

開発の経済学は結局のところ、人びとがどれだけよい生活を達成するか、という問いに答えるものであり、人びとがある価値観に沿ったことをどれだけ成し遂げられるか、また、ある種の望ましい状態(十分栄養をとる、望まれない死を回避する、希望するように移動できる、等々)をどの程度実現できるか、などの基本活動の達成いかんに関連している。基本活動の達成は、もちろん一方ではある人によって所有される財によって計られる面があるが、同様に、国や社会によって提供される公共財・サービスがどれだけ利用可能か、によっても計られる。しかし、重要なことは、基本活動は単に財や所得による行動(doing)や状態(being)の実現によるばかりでなく、むしろ多様な基本活動の組合せの中からある組合せを選びとっていく能力によって評価されていく、ということである。このように人間の基本活動の達成や活動範囲の拡大を開発と考えるならば、開発／発展とは人間選択の自由の拡大を指すことになる[Sen 1990, 2000]。

ハイエク、バーリンらの自由至上主義派(libertarians)は人間活動を妨げる制約要因を除去するような「否定的自由」に関心を集中した[Hayek 1960；Berlin 1969]が、重要なことはむしろある基本活動の組合せの幅を広げることであり、異なる生活様式間に選択を行なっていく「積極的自由」こそがケーパビリティと関連しており、このような自由が保障されているとき、人はそれだけよい生活(well-being)を達成しているということができる。

これは厚生＝福祉経済学(welfare economics)の新しい展開といえる。つまり、主流派経済学では人間の厚生とは、パレート最適の状態において実現される人間効用の極大化にあった。このような人間効用の極大化が市場の失敗によって必ずしも実現していない場合、政府の保障政策や最低賃金、あるいは社会的移転によって個人の厚生を高めていく政策が福祉とよばれた。しかし、人間が単なる経済人ではなく、自由や人権を同時に求める主体的存在であることを認識するならば、そこに「ポスト効用主義」福祉経済学の新しい局面がひらける[Sen 1987a：p. 49]。つまり、人間は単に効用を追求している存在ではなく自由や人権を追求する主体であるというパラダイムの転換に基づく「人権の経済学」(Right-based theories)の流れである。この経済学における価値は功利＝効用や個人の厚生ではもはやなく、個人のよい生活(well-being)なのである。人間のよい生活は基本活動とそれを保障するコミットメントによって計られるが、ある一定のパラダイムに基づいて人間の基本活動間に価値優先順位を付することができる。この価値はすでに見たように、財の豊富さによるものでも、また効用の大きさに依存するものでもない。それは人の生活の質＝ケーパビリティの拡大＝自由に関連した価値づけでなければならない[Sen et al. 1992]。たとえば、一人当たりGNPという指標から見れば低い地域(たとえばインドのケララ州)が、基本活動(長い平均寿命や高い教育率等)やケーパビリティの点から言うと全国平均よりずっと高いということがありうる。人びとのよい生活＝福祉は必ずしも一人当たりGNPを指標とする成長の経済学では計れないのであり、開発／発展を計測する独自の指標が必要になる[Sen 1987c]。ここに一方では、期待寿命や教育等の社会指標の重要性が指摘されるし、また、他方では、地域やジェンダー等、指標によって示される「空間」(space)を特定する必然性が示される[Sen 1988]。特定空間ごとの社会指標を比較することによって、マクロ・レベルでの福祉理論とは異なった、地域や階層ごとのよりきめ細やかな福祉政策が可能になる[Sen 1987c]。

このセンのケーパビリティ理論が、国連人間開発報告の基礎になったことについてはさきに述べた。経済開発／発展はもはやマクロ的な経済成長論の場からはるかに抜け出て、個人の自由や人権を基礎とした個別的な地域、社会集団のよい生活実現の理論へと進展しつつある。これが「人間中心の発展」(human-centered development)の意味である。

四　むすびに

一九九〇年代に国際開発の分野で、開発理念および開発主体の面で大きな変化が起こっている。開発／発展はしだいに経済成長というよりも、むしろ人間の選択能力の拡大としてとらえられるようになってきた。それと共に、開発指標もＧＮＰ指標に代わって、社会指標が重視されるようになり、保健、教育、実質購買力などに基づく人間開発指標がつくられ、用いられるようになった。また同時に、開発主体の面でも、従来の世界システムにおいて開発を推進してきた営利企業、政府と並んで、市民社会という新しい主体が登場してきた。

こうした大きな変化と共に、経済理論の分野でも、従来の主流派経済学のパラダイムであった資本蓄積論(マクロ経済学)あるいは効用主義が批判され、倫理的経済学が登場してきた。A・センのケーパビリティ論はこのような経済学の再生・発展の一つの流れを担うものである。

ケーパビリティ論は、人間の幸福を主観的効用の充足に求めるのではなく、むしろ、人間の基本的活動(functionings)の組合せを選択し、実現していく能力の拡大にあるとみる。この場合に、基本的活動を保障する財サービスの賦存状況、またそれに対する権利(entitlements)が社会的に尊重されているかどうか、はケーパビリティの実現にとって重要な要素となる。このように考えれば、貧困とは所得の低さに由来するものではなく、むしろ、資源や機会へのアクセス(エンタイトルメント)が剝奪されている情況を指し、それによって基本活動の実現、そのための能力が阻まれている状態を意味している。人間にとって、単なる主観的効用の充足、極大化というよりもむしろ、選択能力としてのケーパビリティの拡大こそがよりよい生(well-being)を獲得していくために、価値あるものとするならば、人間は効用よりもそのような価値へのコミットメントを重要と考え、そのように行動することになろう。このような見方は、経済学の対象を単なる営利=市場活動に限るのではなく、さらに広範な人間活動へと広げるものである。経済人に代わって自由人が経済学の主体として登場する。それは同時に、人間の選択能力の拡大、積極的自由の実現を開発/発展の課題と考える新しい福祉経済学の到来を告知するものである。

ただし、センの経済学体系と今日の人間開発、人間=民衆中心型発展の理論、政策を比較すると、センの倫理経済学では、個人ベースのケーパビリティが課題であるために、必ずしも民衆参加、市民社会の開発アクターとしての登場がカバーされているわけではない。センは近著[Sen 2000]で、この個人の自由とそれを保障する社会システムとの関連の解明に取り組んでいるが、そこでも未だ、政策環境の問題(公共政策と非営利活動とのリンクの問題)は明示的には示されていない。コミットメント論と市民社会論を架橋する論理、現実分析が未だ必要とされている。

第III部の参考文献

（第8—10章）

J. Burger[1987]*Report from Frontier*, London : Zed Press.

DAC[1985]*25 Years of Development Co-operation*, A Review.

Id. [1989]*Development Cooperation in the 1990s*, Paris.

DAWN[1987]*Development Crises and Alternative Visions*.

Mahatma Gandhi[1912]*Indian Home Rule*（森本達雄訳『インドの自治』講談社「人類の知的遺産」六四巻、ガンジー編所収）.

I. Illich[1981]*Shadow Work*（玉野井芳郎・栗原彬訳『シャドウ・ワーク』岩波書店、一九八二年）.

J. Lipnack/J. Stamps[1994]*The Age of Network*, Oliver Wight Publishers.

J. Martinussen[1997]*Society, State and Market*, London : Zed Press.

Nishikawa Seminar, Graduate School of Asia-Pacific Studies[2000]*Social Development in Japan*, Tokyo.

Japanese NGO Forum for Social Development[1995]*Proposal to the UN Social Summit*, Tokyo（『社会開発サミットへの提言』西川　一九九七に所収）.

OECD[1994]*The OECD Jobs Study : Facts, Analysis, Strategies*, Paris（島田晴雄監訳『先進諸国の雇用・失業』日本労働研究機構、一九九五年）.

OECD[1981]*The Welfare State in Crisis*（邦題『福祉国家の危機』ぎょうせい）.

OXFAM[1995]*The OXFAM Poverty Report*, Oxford.

G. Rist et al.[1986]Il était une fois le développement……, Lausanne : Editions d'en bas.

G. Rist[1997] *The History of Development*, London : Zed Press.
UNCTAD[1997] *Handbook of International Trade and Development Statistics 1996–1997*, United Nations.
UNDP[1990-] *Human Development Report*, Oxford University Press.
UNRISD[1985] Socio-Economic Development : *An Inquiry into International Indicators of Development*, Geneva.
World Bank[1990] *World Development Report 1990*, Washington, D.C.
Id.[2000] *World Development Report 2000*, Washington, D.C.
アルスブルック／スウィフト〔一九九〇〕『未来を奪われた子どもたち』甲斐田万智子訳、明石書店。
上坂昇〔一九九三〕『アメリカの貧困と不平等』明石書店。
上村英明〔一九九三〕『先住民族』明石書店。
ヴォルフェンスベルガー〔一九八二〕『ノーマリゼーション』中園康夫訳、学苑社。〔一九九二〕『ノーマライゼーションの現在——当事者決定の論理』現代書館。
Ｎ・エリアス〔一九九四〕『社会学とは何か——関係構造、ネットワーク形成、権力』法政大学出版局。
Ｎ・エル・サーダウィ〔一九八八〕『イヴの隠れた顔』村上真弓訳、未来社。
海外コンサルティング企業協会（ＥＣＦＡ）開発研究所〔一九八四〕『発展途上国の社会開発ハンドブック』同協会。
Ｄ・コーテン〔一九九五〕『ＮＧＯとボランティアの二一世紀』渡辺龍也訳、学陽書房。
世界銀行〔一九九九〕『開発とエイズ』喜多悦子・西川潤訳、東洋経済新報社。
Ｊ・ドゥフルニ／Ｊ・Ｌ・モンソン〔一九九四〕『社会的経済』石塚秀雄他訳、日本経済評論社。
西川潤〔一九九一〕『援助と自立——フィリピン、ネグロス島の経験から』同文館。
西川潤〔一九九三〕「開発協力に占めるＮＧＯの役割」（『早稲田政治経済学雑誌』三一四号）。

西川潤[一九九四]『新版・貧困』岩波ブックレット。

西川潤編[一九九七]『社会開発——経済成長から人間中心型発展へ』有斐閣。

西川潤[二〇〇〇]『世界経済診断』岩波ブックレット。

J・フリードマン[一九九五]『市民・政府・NGO——力の剝奪からエンパワーメントへ』新評論。

ユニセフ[一九八八]『ストリートチルドレン』日本ユニセフ協会訳・発行。

横田克巳[一九八九—九一]『オールタナティブ市民社会宣言』I、II、現代の理論社。

J・リップナック/J・スタンプス[一九八四]『ネットワーキング』正村公宏監訳、プレジデント社。


（第11章）

H. Desroche[1991]*Histoires d'Economie sociale*, Syros, Alternatives.
J. Defourny et J. L. Monson[1992]*L'économie sociale*, CIRIEC/DeBoeck(富沢賢治他訳『社会的経済』日本評論社、一九九四年).
A. Giddens[1998]*The Third Way*, London : Polity Press.(佐和隆光訳『第三の道』日本経済新聞社).
Id.[2000]The Third Way and Its Critics, London : Polity Press.
A. Gueslin[1987]*L'invention de l'Economie sociale. Le XIXe siècle français*, Paris : Economica.
R. J. Holton[1992]*Economy and Society*, London : Routledge.
Ph. Cooke and K. Morgan[1998]*The Associational Economy*, Oxford University Press.
Th. Jeantet et R. Verdier[1984]*L'économie sociale*, Paris : Coopérative d'Information et d'Edition Mutualiste.
B. Magliulo[1991]*L'Europe sociale, des institutions et des hommes*, Paris : Nathan.
A. Neurisse[1983]*L'économie sociale*, coll. "Que sais-je ?", Paris : PUF.

K. Polanyi[1957] *The Great Transformation*, Boston : Beacon Press(吉沢英成他訳『大転換』東洋経済新報社).

Id. [1977] *The Livelihood of Man*, New York : Academic Press(玉野井芳郎他訳『人間の経済』二巻，岩波書店).

L. M. Salomon and H. K. Anheier[1996] *Defining the Nonprofit Sector : a Cross-National Analysis*, N. Y. : The Foundation Center(今田忠監訳『台頭する非営利セクター』ダイヤモンド社).

L. Walras[1990a] *Les associations populaires coopératives*, Œuvres économiques complètes, t. vi, Paris : Economica.

Id. [1990b] *Etudes d'économie sociale*, op. cit., t. ix, Paris : Economica.

M. Weber[1925] *Wirtschaft und Gesellschaft*, 2vol., 2erweiterte Aufl. Tübingen : Mohr.

Id. [1978] *Economy and Society*, Berkley : University of California Press.

M. Wize and R. Gible [1993] *Single Market to Social Europe*, London : Longman.

河野健二編[一九七九]『資料・フランス社会主義——二月革命とその思想』平凡社。

川口清史・富沢賢治編[一九九九]『福祉社会と非営利・協同セクター』日本経済評論社。

D・コーテン[二〇〇〇]『ポスト大企業の世界』西川潤監訳，シュプリンガー・フェアラーク東京。

杉原四郎他[一九八九]『アソシアシオンの想像力——初期社会主義思想への視角』平凡社。

恒川謙司[一九九二]『ソーシャル・ヨーロッパの建設』日本労働研究機構。

富沢賢治・川口清史編[一九九七]『非営利・協同セクターの理論と現実』日本経済評論社。

P・ドラッカー[一九九三]『ポスト資本主義社会』上田惇生他訳，ダイヤモンド社。

J・モロー[一九九六]『社会的経済とは何か』石塚秀雄他訳，日本経済評論社。

山内直人編[一九九九]『NPOデータブック』有斐閣。

（第12章）

Jeremy Bentham[1789]*An Introduction to the Principles of Morals and Legislation*(『道徳の原理――法と功利主義的道徳に就いて』堀秀彦訳，東京銀座出版社，一九四八年).

Issac Berlin[1969]*Four Essays on Liberty*, Oxford：Clarendon Press.

Mahboub ul Haq[1995]*Reflections on Human Development*, Oxford University Press(植村和子ほか訳『人間開発戦略――共生への挑戦』日本評論社，一九九七年).

Friedrich A. Hayek[1960]*The Constitution of Liberty*, London：Routledge & Kegan Paul.

John Stuart Mill[1863]*On Utilitarianism*, Everyman's Library edition.

Gunnar Myrdal[1956]*An International Economy*, New York：Harper.

Overseas Development Council(ODC)[1979]*Physical Quality of Life Index*, New York：Pergamon Press.

Barry W. Poulson[1994]*Economic Development. Private and Public Choice*, Minneapolis/St. Paul：West Publishing Co.

John Rawls[1971]*A Theory of Justice*, Cambridge Mass.：Harvard University Press(『正義論』矢島欽次監訳，紀伊国屋書店，一九七九年).

Id.[1982]"Social Unity and Primary Goods", in A. Sen and B. Williams(ed.) *Utilitarianism and Beyond*, Cambridge University Press.

Id.[1995]*Political Liberalism*, Columbia University Press.

Amartya K. Sen[1970]*Collective Choice and Social Welfare*, San Francisco：Holden Day. (rep. Amsterdam：North-Holland, 1979).

Id. *On Economic Inequality*[1973](杉山武彦訳『不平等の経済理論』日本経済新聞社，一九七七年).(Enlarged edition with a substantial annexe on *Economic Inequality after a Quarter Century*, by James Foster and Amartya Sen, Oxford : Clarendon Press, 1997.)

Id.[1981]*Poverty and Famines*, Oxford : Clarendon Press(黒崎卓・山崎幸治訳『貧困と飢饉』岩波書店, 二〇〇〇年).

Id.[1982]*Choice, Welfare and Measurement*, Oxford : Basil Blackwell(大庭健・川本隆史共訳『合理的な愚か者――経済学=倫理学的探究』勁草書房, 一九九六年).

Id.[1984]*Resources, Values and Development*, Cambridge University Press.

Id.[1985]*Commodities and Capabilities*, Amsterdam : North-Holland(鈴村興太郎訳『福祉の経済学――財と潜在能力』岩波書店, 一九八八年).

Id.[1987a]*On Ethics and Economics*, Oxford : Basil Blackwell.

Id.[1987b]*Hunger and Entitlements*, Helsinski : WIEDER.

Id.[1987c]*The Standard of Living*, Cambridge University Press.

Id.[1988]"The Concept of Development", in *Handbook of Development Economics*, vol. I, New York : Elsevier Publishers.

Id.[1990]"Development as Capability Expansion", in K. Griffin and J. Knight(ed.) *Human Development and the International Development Strategy for the 1990s*, Hampshire : Macmillan in association with the United Nations.

Id.[2000]*Development as Freedom*, New York : A. Knopf(石塚雅彦訳『自由と経済開発』日本経済新聞社).

A. Sen and B. Williams(ed.)[1982]*Utilitarianism and Beyond*, Cambridge University Press.

J. Dreze and A. Sen(ed.)[1989]*Hunger and Public Action*, Oxford : Clarendon Press.

E. Ahmand, A. Sen et al. (ed.) [1991] *Social Security in Developing Countries*, Oxford : Clarendon Press.
M. C. Nussbaum and A. Sen (ed.) [1992] *The Quality of Life*, Oxford : Clarendon Press.
J. Dreze, A. Sen and A. Hussain (ed.) [1995] *The Political Economy of Hunger*, Oxford : Clarendon Press.
United Nations Development Programme (UNDP) [1990, 1991, 1993, 1994, 1995, 1997, 2000] *Human Development Report*, 1990—. Oxford University Press.
United Nations Research Institute of Social Development (UNRISD) [1985] *Measurement and Analysis of Socio-Economic Development*, Geneva : United Nations.
西川潤[一九九四]『新版　貧困』岩波ブックレット。
西川潤編[一九九七]『社会開発——経済成長から人間中心型発展へ』有斐閣。

終章　内発性と自立をめざして
——社会的経済理論と社会・人間の開発／発展

1　内発的発展、社会的経済と人間開発／発展論の関係

本書ではまず、一九七〇年代にアジアで現れた内発的発展論の起源、現代的意義、国家との関係、近年のグローバル化の下での展開について論じた。

内発的発展論は、第二次大戦後形成された近代化論と経済成長論を車の両輪とする正統派の開発経済学に対して、内発的な発展、民衆の発展過程への参加を説いて、「量的な成長」から「質的な発展へ」という開発経済学のパラダイム変化に先鞭をつけた。

内発的発展論は一九九〇年代以降、第一には文化と発展の関係を重視する多系的発展論として、第二には世界経済の中心国起源の経済グローバル化、市場経済化の流れに対して、地域経済、地域振興に価値を見出す地域主義の理論として、第三には、民衆の発展過程への参加、民衆＝人間中心型発展(people/human-centered development)を支持する理論として、それぞれ展開している。

同じ一九九〇年代には、開発経済学の中でも、それまでの経済成長論から、むしろ人間の能力拡充、人間開発を重視するパラダイムの変化が起こった。A・センのケーパビリティ論の影響を受けた国連

開発計画の「人間開発」論がそれであり、人間開発論は、開発経済学の新しいオーソドクシーを形成しようとしている。

内発的発展論はマクロ・レベルの理論、人間開発論はミクロ・レベルの理論だが、両者をつなぐメゾ・レベルの経済理論として、社会的経済(エコノミー・ソシアル)の理論がある。

社会的経済の理論はもともと一九世紀に、資本主義的市場経済が形成・発達を始めた時点で、早くも現れた景気循環、失業、貧困等の社会問題を、社会の組織の仕方を営利的なものから非営利的なものに代えることによって解決することをめざし、出現した「社会によって経済をコントロールする」試みで、ラスキン、トンプソンら初期社会主義者とよばれる人びとが提唱した。J=S・ミルの協同社会主義もこの流れに入る。

社会的経済の理論はその後、一方ではマルクス主義の階級闘争説に支持母体としての労働者階級の一定部分を奪われたこと、他方では福祉国家の形成により、経済学の流れから忘れられていったが、近年、特に南の世界の興隆による新国際経済秩序の形成(国際分業論の否定)、それに伴う先進地域での福祉国家の解体と共に、とりわけヨーロッパで息を吹き返した。

今日の社会的経済の理論は、第一には協同組合、共済組合、NGO・NPO等非営利セクターの活動を説明する理論として、すなわち社会事業経済の理論として、第二には、社会組織を変えることによって市場経済の歪みを是正するという、言葉の本来の意味に従っての理論として、展開している。それは先進地域における市民社会の興隆と、その経済運営に占める役割を説明する理論でもある。とりわけケインズ経済学が想定した混合経済における国家の役割に限界がみえてきた今日、市民社会は一つには国家の民主性・透明性を保障するアクターとして、第二には多国籍企業主導型のグローバル化を、地球レベルでチェックするアクターとして、市場経済の歪み是正の機能と共に、その役割をますます強めていくことになろう。その意味では社会的経済学は、メゾ領域の理論であると同時に、非営利セクター、非経済要因、市民社会の経済に及ぼす影響の理論ともなっている。今日、人間開発論、民衆／人間中心発展論は、ますます、経済社会の質の改善、人間の選択能力の拡大を重視するようになっている。A・センは人間開発論を構築するに当たって、人間行動の基礎を効用＝営利の追求に求める新古典派のパラダイムを批判し、人間が自ら共感をもつ社会目的、社会行動にコミットするコミットメントの概念を人間行動の基礎とした。人間は営利以外の多様な目的のために行動することによって、自分の内に眠っているケーパビリティ(能力、潜在能力、そして潜在能力を能力に変える力)を実現し、自らの選択を拡大できる。こうした人間開発論の革新に対応し、メゾ、マクロ・レベルでの経済説明も革新されなければならない。すなわち、単なる市場均衡や利潤の極大化では説明できない開発パラダイム、社会動態(発展の過程、波及効果および結果)を説明するに当たって、メゾ・レベルでは社会的経済論の役割が、市民社会の経済学として重要になってくると考えられる。また、マクロ・レベルでは従来の国家論、経済成長論と並んで、文化や民衆参加を重視する内発的発展論の役割が注目されてくることになろう。これらの理論はいずれも、人間にとっての「豊かさ」を物質的な豊かさから、全人間的なそれへと転換させてとらえようとする、社会科学の流れを形づくっている。

2 豊かさ・貧しさの再考のために

一九世紀の古典派経済学(政治経済学)は、富=豊かさの形成を学問的課題とした。それ以降、経済学においては、「豊かさ」の形成はあまりに自明な前提として、学問的関心は、むしろ利潤を追求する個々人や企業の行動が、市場で引き起こす均衡・不均衡の問題、そして不均衡の是正のために政府がどう介入するか、という問題に移って行った。

経済学の伝統の中で、豊かさ、貧しさを再考するためには、残念ながら「経済人」を理論的前提とする主流派経済学(新古典派総合)の内部では、このような内省は見当らない。むしろ主流派経済学の「傍流」としての、構造論的、制度論的アプローチの中に、人間の全体的な(ホーリスティック)面を経済学の関心対象として捉えようとする発想が見出される。このような人間中心的発想は、世界の富の蓄積の中心となったアングロサクソン世界からはもたらされなかった。むしろ大陸ヨーロッパや南の世界で、世界を先進地域に引張られ、後追いする一連のシステムとして受入れるのではなく、自らの独自性、内発性を足場として世界を再解釈する試みの中から提起されてきた。

本書では、このような学問的流れを、一方ではシュンペーター、ミュルダールらからペルー、ゼングハースに至る、ヨーロッパ構造学派の展開にとらえている。シュンペーターの新結合論を土台としたペルーの人間発展論は、内発的発展論を人間の集団的創造(発展)と結びつけ、今日、開発経済学のオーソドキシーの位置を占めつつある人間開発/発展論の一つの源泉をなすものである。

またミュルダールからゼングハースへと展開する経済社会の総合的理解と、経済自立の条件の探究は、つねに普遍性を主張してきたアングロサクソン経済学とするどく対立して、むしろ経済個性の解明を関心とするマックス・ウェーバー以来のヨーロッパ構造学派の新しい展開となっている。それは同時に、「豊かさ」を単に物質的富の増大ととらえるのではなく、人間や社会のあり方(社会関係)の中に見出そうとする学問的方向を示すものでもある。その意味で、ヨーロッパ構造学派は、国連ベースの人間コミットメント、選択の自由拡大に基づく人間開発論の行く先を示すものと、これを考えることもできよう。

だが他方で、ヨーロッパ構造学派は南の世界のプレビッシュら構造学派、従属論に強い影響を受けていることを忘れてはなるまい。

南の構造学派、従属論は、主流派経済学の主張する世界の同質性という主張を否定し、南の世界の独自性、アイデンティティを構築することに努力した。その結果、南の工業化の必然性と共に、発展権という新しい人権概念の基礎を置いた。それは同時に、発展目標を単なるGNP(富)の成長から、人間の基本的必要(BHN)など、人間生活の充実へと据え直す方向への大きな一歩でもあった。

南の構造学派、従属論はこのように、先進国起源の経済成長論、近代化論と正面から対決することによって、世界(社会構造)と人間の生き方(貧困からの脱却)の相関関係という問題を提起し、世界を再解釈する理論的展開を導いた。構造学派ではそれは、工業化と経済構造改革という主張にとどまったが、従属論はさらにすすんで多系的発展論、地域主義へと展開し、アジア起源の内発的発展論と合体することになった。

従属論はマルクス主義の影響をも強く受けている(支配—被支配、搾取、不等価交換等の概念)が、やはりマルクス主義と共にヨーロッパ実証史学の影響を受けた世界システム論のベースともなった。世界システム論の普遍性主張に対して、フランスでは国家・地域個性を重視するレギュラシオン理論が生まれたが、構造学派、従属論、世界システム論、レギュラシオン理論はいずれもマクロ経済学のレベルで、主流派経済学の主張する市場経済の普遍性、発展段階説に対抗し、経済学と世界解釈の多様化、豊饒化の流れをつくり出すことになった。

こうしてマクロ経済学のレベルで、主流派経済学の資本蓄積(経済成長)、経済均衡論が唯一の経済学ではありえないという常識が確立して初めて、ここから生まれる認識空間の枠内で、豊かさ・貧しさに関するパラダイム転換を伴う一連の理論——内発的発展論、社会的経済学、人間開発/発展論——が展開することになりえる。

このパラダイム転換については、すでに現代世界の持つ人間(人権)抑圧構造、貧困創出構造を見据え、そこからの脱出、貧困解消、豊かさの創出をめざしてきた思想的流れがある。本書ではこれをガンジーとマザー・テレサの思想と実践に求めている。共にインドをベースとし(ガンジーの場合には南ア共和国も)、人権抑圧構造がつくり出す貧困を直視してきた二人は、この貧困克服の方向として、アヒンサー(真理、愛、非暴力、人間間の信頼)を重視した。

自律と人間関係の再構成に伴う愛=非暴力にめざめた社会——それは現代の平和運動のめざす方向

でもある。

すなわち、一九八五年にナイロビで開かれた第三回国連世界女性会議で採択された「二〇〇〇年将来戦略」では、平和に三つの定義を与えている。第一には戦争や紛争などが存在しない状態、第二は南北格差や貧困等、構造的暴力が存在しない状態、第三は、単に戦争や貧困が存在しないにとどまらず、人間同士が愛や信頼で結ばれた積極的平和の状態である。

このような積極的平和に支えられた豊かさを、今日までの経済学は知らなかった。

人間が基本的な必要を満たしていくことは、すべての人間がもつ内的な能力を発揮して生き甲斐を感じていく上でぜひ必要なことである。しかし一方では空前のモノの浪費、使い捨てが存在し、他方では大多数の人間が基本的必要すら満たしていくことができないとき、人間は幸福といえるのだろうか。このマザー・テレサらの問いかけを、私たちは経済学を学ぶ者としても真剣に受けとめなければならないだろう。ここに人間の非営利行動、市場(取引関係)以外の社会関係と豊かさの関係を追求する学問の基盤が存在する。それは豊かさを、物質的な豊かさを考慮に入れつつも、それからさらに精神的な豊かさを求める方向での学問的展開を準備するものと考えられる。それは人権と平和を基礎とする経済学の方向にほかならない。

今日まで、開発・発展はいつも物質的な富の創出(経済成長)と結びついていた。しかし、このような方向で、開発・発展を見直す場合に、他動詞として人間を客体＝対象化する「開発」と自動詞として人間を主体と考える「発展」はしだいに合致してくることが理解されるだろう。すなわち、人間の開発と発展はこの世界観の再構成を通じて、イクォールとなってくる。このように、人間の開発＝発展を新しい理論的パラダイムとして、「豊かさ」を新しい次元で追求する場合に、必要となる地域や社会の動きを説明する理論として、本書である程度整理した構造学派の諸理論、そして社会的経済学や内発的発展論のフレームワークが役立ってくるにちがいない。それは結局のところ、近現代世界で「営利追求」をベースとして発達し、その後の細分化、専門化の中で、学問が本来奉仕すべき「生きた人間像」を見失ってきた経済学を「人間中心」の方向に再構築していく多くの人びとの努力の流れに合し、その現代的展開に関わっていくものである。

本書が、このような方向で、内発的発展論、社会的経済学、人間開発論を統合的に考えていく際の一里塚となれば幸いである。

あとがき

本書は主として一九九〇年代に、著者が取り組んできた、社会、文化と経済を総合的に考えて、経済学を開発／発展問題を中心に見直そうとする作業をまとめたものである。題としては当初、「今日の開発経済学」を考えたが、焦点をはっきりうち出した方がよいとの編集部のお勧めにより、今の形となった。この半世紀、「開発」は豊かさをつくり出し、貧困をなくすべく進められてきたが、開発ブームが物質的繁栄を生み出す反面、世界的に貧困や人間生活の不安定さ（人権の剝奪 deprivation としての貧困）はかえって増してきているようにみえる。開発と富、貧困の関係を真剣に再考する時期が到来しているのではないか。

だが同時に、より立入ってみると、このような事態は、経済学が本来奉仕すべき人間像を見失って発達してきたことに由来するかもしれない。物質的利益万能でない人間像を経済学体系の中に据え直していく（〃ホーリスティック・アプローチ〃）ために、文化を重視する内発的発展論や、個人の自由な選択を重視する人間開発論はそれぞれ有効と考えるが、本書では、この両者の中間（メゾ）領域を地域、市民社会と考え、社会と経済・人間の経済的行動の関連を扱う制度・構造諸学派や社会的経済論を、人間の総合的理解という観点から整理した。それは同時に、経済学における「豊かさ」「貧しさ」を問い直す試みでもある。このような経済学の再構成はそのまま、開発経済学をさらに豊かにするものと考えている。

ただ本書では、文化やNGO活動に基づく内発的発展が、具体的にどのようなものかを、紙数の関係から示すことができなかった。その実例については、近刊予定の、西川潤編『アジアの内発的発展』(仮題、藤原書店)及び西川潤・野田真里編『仏教・開発・NGO』(新評論)を参照していただければ幸いである。

各章の初出は次のとおり。

はじめに——今日の開発経済学　書き下ろし

第1章　内発的発展論の起源と展開　鶴見和子・川田侃編『内発的発展論』東大出版会、一九八九年

第2章　国家と地域開発／発展　深瀬忠一・森杲・中村研一編『北海道で平和を考える』北海道大学図書刊行会、一九八八年(原題は「国家と地域開発」)

第3章　グローバル経済と内発性　『財政学研究』二五号、二〇〇〇年(原題は「グローバル経済と内発的発展」)

第4章　経済発展から人間発展へ——シュンペーターとペルー　大石泰彦・福岡正夫編『経済理論と計量分析』早稲田大学出版部、一九九二年(原題は「経済発展理論の展開——シュンペーターからペルーへ：人間発展理論の先駆者」)

第5章　構造学派から従属論へ——その歴史的意義　書き下ろし
第6章　世界システム論からレギュラシオン理論へ——制度的見方の展開　『経済セミナー』一九九〇年四月号(原題は「世界システム論からレギュラシオン理論へ」)
第7章　豊かさと貧しさ——ガンジーとマザー・テレサの仕事から経済学を見直す　『早稲田大学政治経済学雑誌』第三二三号、一九九五年七月一日(原題は「豊かさと貧しさ——ガンジーとマザー・テレサの仕事を考える」)
第8章　援助と自立　『世界』一九八九年一〇月号(原題は「開発援助と自立——ODAを考える」)
第9章　社会開発とは何か——自立の条件づくり　『早稲田大学政治経済学雑誌』第三二二号、一九九五年四月一日(原題は「社会開発——理論と政策」)
第10章　貧困と格差——貧困緩和の諸方策　『早稲田大学政治経済学雑誌』第三二五号、一九九六年一月一日(原題は「世界の貧困——国連貧困解消十年の課題」)
第11章　社会的経済——市民社会の経済学をめざして/EUの実例　『生活協同組合研究』一九九四年五月号(原題は「社会的ヨーロッパの建設と「社会的経済」理論」)
第12章　アマルティア・センの人間開発理論　『早稲田大学政治経済学雑誌』第三三四号、一九九八年四月一日(原題は「人間開発の理論的系譜——A・センの倫理的経済学の検討」)

終　章　内発性と自立をめざして――社会的経済理論と社会・人間の開発／発展　書き下ろし

これらの章のいくつかは、日本平和学会（第2章）、国際開発学会（第9章）、国際公共経済学会（第11章）、経済学史学会（第12章）、財政学研究会（第3章）、国際協力事業団職員研修会（第10章）等の場で当初発表されたものである。その際、コメントを寄せられた会員の皆様に感謝の意を表したい。

また、これらの理論的研究の大部分は、早稲田大学現代政治経済研究所の場での研究成果に負うている。同研究所並びに研究成果の発表の場を提供していただいた『早稲田大学政治経済学雑誌』および『世界』『経済セミナー』『生活協同組合研究』等の雑誌の編集者の方々にも謝意を表したい。

本書の上梓にあたっては、岩波書店編集部の山口昭男、上田麻里の両氏に一方ならずお世話になった。記して、感謝の意を表したい。

二〇〇〇年一〇月

著　者

■岩波オンデマンドブックス■

人間のための経済学——開発と貧困を考える

2000年11月27日　第1刷発行
2009年12月4日　第9刷発行
2019年7月10日　オンデマンド版発行

著　者　西川《にしかわ》 潤《じゅん》

発行者　岡本　厚

発行所　株式会社　岩波書店
〒101-8002　東京都千代田区一ツ橋2-5-5
電話案内　03-5210-4000
https://www.iwanami.co.jp/

印刷／製本・法令印刷

ISBN 978-4-00-730904-5　　Printed in Japan

事項索引

さ　行

た　行

な 行

は 行

ま　行

や　行

ら　行

わ　行

人名索引

あ　行

か　行

さ　行

た　行

な 行

は 行

ま 行

や 行

ら 行

わ　行